Seu filho precisa de você

Neil I. Bernstein, Ph.D.
com Brooke Lea Foster

Seu filho precisa de você

Lições para tornar-se um pai ainda melhor

Tradução
Júlio de Andrade Filho

PRUMO
conhecimento

Título original: *There when he needs you*

Originalmente publicada por Free Press, uma divisão da Simon & Schuster, Inc.
Imagem de Capa: © Image Source/Latin Stock

Direção editorial
Soraia Luana Reis

Editora
Luciana Paixão

Editora assistente
Valéria Sanalios

Assistência editorial
Elisa Martins

Consultoria técnica
Clene Salles

Preparação de texto
Rosamaria Gaspar Affonso

Revisão
Cid Camargo
Maria Aiko Nishijima

Criação e produção gráfica
Thiago Sousa

Assistente de criação
Marcos Gubiotti

CIP-Brasil. Catalogação-na-fonte
Sindicato Nacional dos Editores de Livros, RJ

B449s Bernstein, Neil I.
Seu filho precisa de você / Neil I. Bernstein; com Brooke Lea Foster; tradução Júlio de Andrade Filho. - São Paulo: Prumo, 2008.

Tradução de: There when he needs you
Inclui índice
ISBN 978-85-61618-26-1

1. Pai. 2. Pai e filho. I. Foster, Brooke Lea. II. Título.

CDD: 649.108
08-3154. CDU: 649.1

Direitos de edição para o Brasil:
Editora Prumo Ltda.
Rua Júlio Diniz, 56 - 5º andar – São Paulo/SP – Cep: 04547-090
Tel: (11) 3729-0244 - Fax: (11) 3045-4100
E-mail: contato@editoraprumo.com.br / www.editoraprumo.com.br

Em memória de meus pais,

que me ensinaram sobre o amor e a dedicação

Para meus filhos,

Daniel e Julie,

que transformam o "estar presente" em alegria

Sumário

Introdução

Meu pai era do velho método. Minha mãe dirigia a casa e ele apenas seguia suas ordens. Ela cozinhava, fazia a limpeza, cuidava das crianças e dava conta de qualquer outra atividade doméstica que surgisse pela frente. Ele ia diligentemente para o trabalho todos os dias – era um daqueles que cumpriam seu horário das 9 às 17 horas – e entregava o seu salário para minha mãe. Quando eu estava com problemas ou aborrecido, minha mãe se encontrava sempre por perto, em primeiro lugar, para me confortar. Meu pai ficava atrás, nos bastidores, sempre pronto se fosse chamado, mas raramente tomando a iniciativa ou a frente nas conversas. Meu pai era um bom homem, que colocava as necessidades dos outros antes das dele, mas não era um exemplo a ser seguido como um pai emocionalmente forte e expressivo. Claro que ele participava de meus eventos esportivos, levava meus amigos e eu para lá e para cá, e estava sempre disposto a ajudar quando eu precisasse. Mas, de algum modo, eu me ressentia da falta de sua proteção. Eu queria mais, mas não tinha a menor idéia de como lhe pedir isso.

Às vezes, meu pai me envergonhava. Ele era iletrado, usava roupas fora de moda e tinha um senso de humor meio cafona. Quando eu era criança, não possuía muitas coisas e de vez em quando sentia inveja daquilo que meus amigos tinham – luvas melhores para jogar beisebol, mesadas mais altas, roupas mais elegantes e sair para jantar fora uma vez por semana. Eu nunca reclamava, mas certa ocasião meu pai percebeu minha tristeza. Eu era um jovem estudante e dois de meus melhores amigos iam para a Flórida passar as férias de Natal – eu nunca tinha viajado de avião. Fui convidado para ir com eles, mas tive de recusar porque a passagem era cara demais. Sabendo que eu queria muito ir, meu pai me abraçou e disse:

– Sinto muito, gostaria que...

Ele nunca terminou a frase, porque ficou engasgado e eu tinha começado a chorar. Minha decepção foi de certa forma amortecida, porque percebi o quanto ele estava sentido por mim.

Depois que tive um filho e uma filha, consegui ver um lado diferente de meu pai. Minha mãe havia falecido um pouco antes do nascimento de meus filhos e ele estava sozinho, novamente. Aos 77 anos, ele rolava no chão com os netos, rindo, brincando e se divertindo com eles. Certa vez, perguntei a meu pai se ele havia feito a mesma coisa comigo quando eu era pequeno.

– Mas é claro – disse ele. – Você adorava lutar comigo.

– A gente conversava bastante, pai? – perguntei.

– A gente brincava na maior parte do tempo, mas você sabia que eu estaria por perto quando precisasse de mim.

Meu pai tinha razão. Ele era um homem de poucas palavras, mas sempre sabia o que dizer nos momentos oportunos. Quando cometi uma série de erros num jogo de beisebol da Liga Infantil, ele lembrou que Mickey Mantle tinha feito a mesma coisa no ano anterior e ninguém tinha caçoado dele. Anos mais tarde, ele se mudou para a Flórida. Meu pai se lembrou dos tempos em que não podia se dar ao luxo de me mandar para lá e brincou:

– Agora você pode vir para a Flórida sempre que quiser e terá hospedagem de graça.

Então eu sorri – e ainda posso sorrir agora, 15 anos depois de sua morte. Mas meu coração ainda dói por ele. Gostaria de ter tido a coragem de lhe dizer: "Pai, se algum dia eu me tornar um homem tão bom como você, vou me considerar um sujeito de sorte".

Deixe-me confessar uma coisa logo de início – não sou um pai perfeito. Meu pai não era perfeito. E certamente não espero que qualquer um que leia este livro seja um pai perfeito. Mas estou aqui para assegurar que não é preciso se dedicar 24 horas por dia, sete dias por semana, para ser um pai melhor. Apenas se exige um pouco de trabalho extra. Assim como muitos outros pais, perdi alguns jogos de meu filho, trabalhei até tarde muitos dias na semana e não consegui aproveitar umas poucas oportunidades para ensinar a eles algumas lições de vida. Ah, claro, o fato de eu ser psicólogo infantil tem ajudado um pouco, mas ainda havia aqueles momentos em que senti que não estava sendo um bom pai, como poderia ter sido. Lá estavam os sentimentos que eu não expressei, os conselhos da mãe que não acatei e, às vezes, fui indulgente demais e não defini os limites adequados para o comportamento deles. Mas agora sou capaz de olhar para trás, para aqueles anos cansativos mas gratificantes, e garantir que fiz o melhor que podia. E acho que meus filhos concordam. Ninguém me mostrou como ser um pai mais ativo, mais envolvido, e não havia livros sobre relacionamento entre pais e filhos – embora houvesse belos pais – que me ensinassem como equilibrar a vida profissional e a família, quais sentimentos manter comigo e quais deles devia compartilhar, e quais os segredos para fazer as pazes com meu próprio pai.

Então, improvisei e fui em frente. Apressava-me em sair do trabalho e ir para casa, arrumei tempo para os eventos especiais, trabalhei como voluntário na escola deles e tive mais do que algumas conversas incômodas com meu filho.

A boa notícia é que aprendi com minha própria experiência e com meus erros como pai, e aprendi também com meus pacientes, ao longo dos anos -- e você pode aprender do mesmo modo. Hoje em dia, como pai, você enfrenta um novo jogo. As expectativas que a sociedade e a nossa própria família tem em relação aos pais mudou: supõe-se que você deva estar ativamente envolvido, que deva expressar seus sentimentos e equilibrar com perfeição sua vida profissional e familiar – como se fosse uma espécie de Super-Homem ou Superpai. Muitos homens estão lutando para serem os melhores pais que eles conseguem ser face a essas expectativas, por vezes esmagadoras. Alguns até têm conseguido, mas muitos sabem que não estão sendo capazes. Alguns tiveram bons exemplos a seguir, outros juraram fazer as coisas de maneira diferente dos seus pais, mas outros ainda estão presos num malabarismo de alto risco, em que cada dia é uma aventura de múltiplas tarefas.

Você pode ser um grande pai sem precisar se tornar um superpai. Você pode aprender quais compromissos assumir, a expressar seus sentimentos de forma diferente e a mobilizar sua esposa ou outras pessoas importantes como seus aliados. Sei que você pode fazer isso, porque tenho ajudado outros pais e mães a se aproximar dos filhos. Trinta anos de prática terapêutica, com mais de 2 mil crianças e suas famílias, têm me ensinado as coisas que dão certo e aquelas que não funcionam na prática de cuidar dos filhos; o quanto podem ser úteis as experiências da vida para moldar uma relação entre pai e filho, e do que os pais e filhos realmente precisam para construir uma ligação duradoura. Há uma linguagem de sentimentos que precisa ser aprendida e, embora ela seja desconfortável para muitos homens, eles podem se tornar fluentes, apenas correndo alguns riscos e mantendo o rumo.

Nas páginas seguintes você vai ler histórias de pais perdidos que se encontraram, de homens oprimidos e inexpressivos, de pais que fariam qualquer coisa para os seus filhos. Em cada história reside um pedacinho de vida, uma lição, por vezes um suspiro de tristeza pelas oportunidades perdidas de envolver-se verdadeiramente, por vezes um pouquinho de humor. Escrevi este livro para aqueles milhões de pais que estão evoluindo, para as mães (e filhos) que passam horas tentando decifrar: "O que é que ele está pensando?" Essas mães e filhos muitas vezes me perguntam por que o homem mais importante na vida de um garoto é também o mais difícil de se aproximar.

Para ajudar esses pais a se compreenderem e a se aproximarem mais de seus filhos, decidi escrever esta obra.

UM PAI NÃO É UMA MÃE-MASCULINA

Dos pais periféricos e pais de meio período aos pais melhores e suficientemente bons

Encontrei Kevin numa tarde fria de outono. Sua esposa Larissa e seu filho Jason, de 14 anos, tinham chegado ao meu consultório às 16 horas. Nós nos encontrávamos lá para conversar sobre o que estava acontecendo com Jason. Ele estudava no 1º ano do ensino médio, tinha se tornado mal-humorado e deprimido, parara de conversar com a mãe e suas notas haviam caído assustadoramente.

Jason parecia desconfortável, tentando se sentar direito em meu sofá de couro, negro e escorregadio. Vestindo uma camiseta do Borat[1] e sapatos de boliche – dizia que gostava daquela roupa –, Jason raramente levantava os olhos quando eu falava com ele. Comecei uma conversa superficial, falando da escola, dos amigos. Larissa, uma mulher empertigada que usava um suéter rosa-pálido, muitas vezes respondia por ele.

Kevin chegou 15 minutos atrasado. Ele entrou afobado, quase sem fôlego, ainda usando o terno do trabalho. – Desculpe – disse. – Houve uma reunião de última hora no escritório que foi até mais tarde, mas pedi licença para sair e, bem, aqui estou eu. Lamento o atraso.

Larissa e Jason estavam irritados com a explicação de Kevin. Ele era advogado tributarista de uma grande empresa e estava sempre atrasado. Não era incomum que perdesse o jantar. E quando chegava em casa, estava sempre esgotado. Larissa também trabalhava como advogada, mas tinha um horário mais flexível. Jason e ela passavam a maior parte do tempo sozinhos. – Estamos acostumados a não vê-lo por perto – disse ela.

Esse comentário colocou Kevin na defensiva. Ele se perdeu em uma explicação de como trabalhava duro para garantir que sua família tivesse uma vida boa: uma bela casa num bairro seguro,

---

1 - O escandaloso repórter fictício do longa-metragem que leva o mesmo nome. (N. E.)

longas férias, a poupança para a faculdade de Jason. Kevin disse que sabia que Larissa queria essas coisas tanto quanto ele. E que estava disposto a fazer o sacrifício.

Sugeri que devia ser difícil para ele relaxar e passar um tempo com a família. Kevin suspirou. – Eu tento ir ao maior número possível de jogos de basquete de Jason – ele disse. – Mas o dia não tem tantas horas assim. Tentar ir aos jogos de basquete, Larissa me informou, significava que ele iria a apenas um jogo em toda a temporada. Evidentemente Kevin queria ir e por causa disso sentia que poderia ter ido a muitos mais. A verdade, porém, era que ele estava dividido entre o trabalho e a família.

Eu me sentia assim quando os meus filhos eram mais novos. Quando saía de manhã para o trabalho, meu filho se agarrava às minhas pernas. Eu corria para casa à noite para ter tempo de ler com ele uma história e algumas vezes já o encontrava dormindo. E então ia me deitar com um nó no estômago. Eu me sentia comprimido – como se meu amor por meu filho se confrontasse com o poder de minhas obrigações.

– Kevin é um bom homem – Larissa concordou. – Tento apoiá-lo, mas ele não está presente o bastante. E procuro fazer quase tudo por Jason. Dou cobertura a seu pai de certa forma, tentando ser mãe e pai ao mesmo tempo. E não é fácil ser um...

– Um pai sozinho – Kevin disse. Suas bochechas ficaram vermelhas. – É isso que ela fala, às vezes: que se sente como uma mãe solteira.

Jason escondeu as mãos sob as coxas. Ele olhou para o próprio pé e disse que estava acostumado a ouvir seus pais brigarem por causa do pouco tempo que o pai passava com ele. Eu lhe perguntei sobre como ele se sentia em relação a isso. – Posso ficar ouvindo meu iPod enquanto você fala sobre isso? – ele me pediu. Seus pais se entreolharam.

Kevin disse ao filho que desejaria poder passar mais tempo com ele, que se sentia como se estivesse sempre se desculpando. Completou dizendo que estaria sempre presente, se pudesse, e afirmou: – Estou fazendo o melhor que eu posso.

AFASTANDO-SE DE VELHOS ESTEREÓTIPOS SOBRE PAIS

Entre 40 e 50 anos atrás, os pais ficavam calados quando se tratava de assuntos familiares. Era trabalho das mães acordar as crianças, vesti-las para a escola, preparar os lanches e dar-lhes banho. Eram elas que consolavam os filhos quando eles iam mal nos jogos, e instruíam seus meninos a serem como o pai. E o trabalho de um filho era compreender o que significava ser pai observando o próprio pai de longe, acompanhando-o ao campo de golfe ou vendo-o virar a carne no churrasco. Esses "pais do tempo das cavernas" viriam para casa depois do trabalho, se jogariam em frente à tevê ou por trás de um jornal e apreciariam um copo de Martini ou uísque. Esses tipos de pais começaram a se tornar obsoletos à medida que mais mulheres ingressavam no mercado de trabalho e a quantidade de divórcios crescia, criando a necessidade de os pais ficarem mais envolvidos na rotina diária de seus filhos.

Esses pais do tempo das cavernas geralmente não aprendiam as boas habilidades parentais, porque a esposa é que tomava conta dos aspectos emotivos, expressivos e intuitivos ligados ao cuidado de outro membro da família, o que incluía os próprios filhos. E sempre que os meninos tinham um problema, esses homens da caverna diriam "engula isso", "seja homem" ou "fale com sua mãe sobre isso". Já as mães permitiam que seus meninos chorassem e expressassem uma variada gama de emoções. Os pais das cavernas resmungavam ou ironizavam seus sentimentos. *Tudo em família*, com Archie Bunker, definiu esse protótipo para toda uma geração; *Um amor de família*, com Al Bundy, fez o mesmo para outra geração. Esses homens eram geralmente considerados amorosos, inofensivos e risíveis. Eles trabalhavam duro, eram intolerantes em suas opiniões e marcavam presença em suas famílias da única maneira que conheciam. Suas esposas e filhos freqüentemente os desculpavam.

Ainda hoje, muitos filhos já crescidos defendem o comportamento pré-histórico dos pais. "Ele era um bom homem" foi o que disse um senhor de 45 anos sobre seu pai depois de ter passado 30 minutos relacionando todas as maneiras pelas quais seu pai não estivera presente.

Ser um bom homem não significa que você é um bom pai, lembrei a ele.

As expectativas em relação aos pais têm evoluído ao longo dos últimos cem anos. No século XVII, os pais educavam seus filhos no comércio e enfatizavam o respeito e a autoridade. Nos cem anos seguintes, os pais trocaram essa *persona* e se tornaram os melhores amigos e guias morais de seus filhos. Já no século XIX, os pais voltaram ao papel autoritário, mas, na virada do século XX, a "família patriarcal" tomou lugar e – quer as pessoas acreditem ou não – mas as mães e os pais cuidavam da casa juntos. Porém no século atual, o aumento do consumismo conduziu os pais para longe do papel doméstico e ele retornou ao papel de "provedor" da casa. Mesmo com o aumento da renda familiar dos últimos tempos, os pais continuaram a ser os principais sustentáculos da casa. Hoje, as mulheres ganham apenas 75% do salário dos homens.

Os pais cujo foco está apenas em "prover" tendem a criar filhos solitários. Esses pais oferecem festas de aniversário, cumprimentam os filhos nos eventos esportivos, oferecem viagens de verão, mas nunca têm tempo para eles. Eu me lembro de uma história de pai e filho no clássico filme *Uma história de Natal*. Ralphie, de 12 anos, sonhava ter uma espingarda de ar comprimido. Sua mãe, seu professor e até o Papai Noel disseram a ele: "Você pode se machucar". O pai de Ralphie fez uma surpresa na manhã de Natal, dando-lhe a espingarda. Mas quando o menino foi lá fora para experimentá-la, não o acompanhou. O pai não lhe deu nenhuma lição de como atirar nem assistiu a seus treinos. Ralphie se feriu com a arma e a mãe veio correndo para ajudá-lo. O trabalho do pai estava feito.

Muitos filhos desses pais pré-históricos juraram que nunca seriam como eles. Esses garotos fantasiavam sobre ter pais tão simpáticos e compreensivos como Ward Cleaver, Andy Griffith ou

Charles Ingalls. Eles aspiravam a ser os pais ideais: alguém que fosse o homem da casa, o provedor, o mentor, tivesse habilidade para qualquer tarefa, a imagem do pai-modelo. Suas imaginações foram alimentadas pelo grande sucesso de 1978, o filme *Superman*. Eles podiam imaginar que seus pais eram do tipo de Al Bundy. Mas eles viam a si mesmos como um Clark Kent. Ele foi o exemplo que mudou suas idéias sobre masculinidade. O Super-Homem tinha uma carreira bem-sucedida como repórter e um amor por toda a vida. Ele conseguia salvar o mundo – e podia fazê-lo em apenas um dia.

Essa geração de homens chegou a um consenso silencioso: eles não seriam grandes pais. Da mesma forma que as mulheres esperavam conseguir tudo – carreira, vida amorosa e uma família – além de ser Supermães, esses homens estavam em via de ser os míticos Superpais – os pais perfeitos.

Alan achava que estava perdendo a conexão com seu filho de 12 anos. Toda vez que chegava do trabalho, encontrava o filho em seu quarto, porta fechada, jogando Xbox ou navegando na Web, com música ao fundo. Quando Alan batia na porta para cumprimentá-lo, David nem chegava a responder, muito menos se virava para olhá-lo. Então, em fevereiro, Alan disse à esposa Mary que queria levar David para esquiar. Apenas eles dois. Seria uma experiência perfeita para estreitar os laços entre pai e filho.

David pareceu indiferente quando Alan comentou a idéia com ele. David perguntou se podia levar um amigo junto. Alan respondeu-lhe que não. Essa pergunta o machucou, mas fingiu não se importar. Ele disse ao filho que esse era um tempo para ficarem juntos. David concordou com relutância. Na semana que antecedeu a viagem, Alan se dedicou a planejar e a organizar as coisas; criou uma planilha listando todos os itens e as coisas que deveriam embalar, pagou as passagens antecipadamente e acessou o website do Hotel para estudar as pistas de esqui. Fez reserva no restaurante para o jantar, tomando o cuidado para que servissem bifes, porque queria que seu filho tivesse uma refeição suculenta depois de um longo dia esquiando. Alan começou a imaginar o tipo de conversa que teriam no carro – conversas profundas sobre a vida, do tipo que ele jamais tivera com o próprio pai.

No dia planejado para partirem, Alan atrasou-se mais do que o esperado para chegar em casa, preocupado porque já estavam atrasados. Enquanto ele corria para levar as malas para o carro, ficou apressando David. Depois de parar numa loja de conveniência para comprar um lanche, eles estavam prontos para pegar a estrada numa viagem que levaria cinco horas.

Logo que começaram a jornada, David ligou o rádio do carro e se desconectou da realidade. Alan tentou iniciar uma conversa falando sobre qual tipo de pistas de esqui eles usariam – a de peritos ou a intermediária? – e sobre em que lugar eles iriam parar para comer. David não parecia se importar com nada daquilo. Ele tomou alguns goles de seu refrigerante e olhou pela janela. Então, adormeceu.

A neve começou a cair.

Quando David acordou, havia um suave manto branco de neve sobre a estrada. Alan desejava ter uma conversa mais íntima, mas não sabia por onde começar. Em vez disso, ele trouxe de volta todos os velhos tópicos que sabia que seriam de interesse de David. Eles conversaram sobre como os Knicks estavam indo no campeonato, sobre o videogame favorito de David e sobre o que seus amigos estavam fazendo naquele fim de semana. Alan sentiu uma pontada de decepção. Sua conversa não era nem um pouco diferente das conversas forçadas e concisas que eles tinham em casa.

A neve começava a cair mais forte e Alan tinha problemas para enxergar a estrada. Eles pararam em um McDonald's para uma pausa rápida e uma ida ao banheiro. Quando voltaram para a estrada, estavam a apenas duas horas do resort. Daquele ponto em diante, eles iriam passar por uma estrada de duas pistas cheia de curvas, que atravessava vales e montanhas.

– Pai, tem um monte de neve na pista.

Alan encolheu os ombros, dizendo a David que os flocos de

neve pareciam bolas de algodão. Mas isso não significava que os flocos estavam caindo tão forte, diretamente no pára-brisas, a ponto de dificultar a visão da estrada.

– Pai – David finalmente falou –, nós ficaremos bem?

– Claro que sim. Este carro pode nos levar a qualquer lugar. É por isso que sua mãe e eu o compramos.

Mas Alan começou a ficar nervoso. Ele estava dirigindo a apenas 20 quilômetros por hora, mas podia sentir que a tração nas quatro rodas mal tocava a estrada.

– Estou com medo – confessou David.

Alan não respondeu. A verdade é que ele estava com tanto medo quanto o filho, mas não queria deixá-lo perceber. Finalmente, depois de alguns minutos de silêncio, ele confessou:

– Sabe, David, também estou um pouco assustado.

David aguçou os ouvidos.

– Você já ficou com medo assim antes?

– Quando eu tinha 15 anos – Alan respondeu –, eu e alguns amigos fomos nadar no rio Hudson. Eu não nadava muito bem, mas achei que devia ir junto com eles. A correnteza começou a me puxar para longe. Eu não conseguia voltar e pensei que aquilo era o fim. Então, senti um braço forte me puxar pelos ombros. Era meu amigo Bobby. Meu coração estava acelerado. Eu achei de verdade que fosse morrer.

– Como é que você nunca me contou isso antes? – David perguntou.

A pergunta o confundiu.

– Acho que eu nunca quis admitir que já tive medo.

– Isso aconteceu um monte de vezes comigo: fiquei com medo, mas nunca disse nada.

– Quando, por exemplo? – Alan perguntou.

– Como quando eu fiz aquele discurso na escola ou na manhã da final de beisebol.

– E por que nunca me disse que você se sentia assim?

– Porque achei que você diria que eu era um fraco.

Houve um forte ruído externo e, em seguida, um baque surdo. O SUV[2] parou. Alan saiu e deu uma olhada. A neve estava muito profunda para que eles pudessem passar.

– Estamos presos aqui. Vamos ter de esperar até que alguém apareça com um trator para remover a neve.

Eram 11h da noite.

Alan podia perceber que seu filho estava nervoso. Ele o encorajou a reclinar o assento e dormir um pouco. Lembrou-se de uma história de Leon Tolstoi que havia lido certa vez, *Senhores e servos*, sobre um homem rico e seu servo, cuja carruagem ficou presa numa tempestade de neve. Eles não sabiam quando a ajuda poderia chegar, então se aconchegaram para poder se aquecer. Na manhã seguinte, o mestre acorda e encontra o servo congelado, seu corpo cobrindo o do patrão para mantê-lo aquecido. Alan sabia que era ridículo pensar em sua situação daquela forma tão drástica. Ele amava seu filho de tal forma que sabia que faria qualquer coisa pra mantê-lo a salvo durante a noite. Ele faria a mesma coisa que o servo, se fosse preciso.

– O pessoal vai nos acordar quando chegar até aqui – disse Alan, de maneira tranqüilizadora.

A neve continuou a cair como um cobertor sobre o carro enquanto o vento soprava pela negra floresta que os rodeava. David parecia amedrontado; desse modo, Alan o puxou para mais perto de si. O garoto deixou a cabeça recostar nos ombros do pai. Foi a primeira vez em anos que ele e David tinham ficado fisicamente tão próximos. David se inclinou em direção ao pai em busca de apoio e conforto.

Enquanto Alan se abraçava ao filho, fechou os olhos e pensou sobre quando tinha sido a última vez que ele se sentira daquela maneira como pai. Isso acontecera quando David estava com apenas dois anos. Todos os dias, quando Alan chegava do trabalho, o pequeno abria seu sorriso luminoso, corria para a porta com suas pernas gordi-

---

2 - Veículo popular norte-americano. (N. E.)

nhas e dava ao pai um amoroso abraço de boas-vindas. Era a melhor sensação do mundo, e isso fazia com que Alan desejasse ser o melhor de todos os pais. A lembrança o aqueceu por dentro, mas também fez Alan querer saber como ele tinha passado de um sentimento tão indescritível de amor por seu filho para aquela sensação de afastamento. Naquele momento, a resposta não tinha importância. Alan abraçou o filho com mais força, como se não quisesse que David fosse embora. Ele queria que aquele momento se prolongasse. E foi o que aconteceu – mesmo depois que a ajuda chegou.

O PAI DE MEIO PERÍODO

Os pais de hoje jamais poderiam ser chamados de "pais pré-históricos". Eles pensam no futuro. Eles definem a masculinidade de modo diferente. Eles vivem em um mundo que foi transformado pelos direitos das mulheres e são muitas vezes parceiros nos cuidados da casa. Os pais de hoje levam seus filhos para as aulas de piano e para o campo de futebol. Eles sentam junto com os filhos para fazer as lições à noite, ensinam os meninos a andar de bicicleta, a pintar com os dedos e a pescar. E se um dos meninos se machuca, o pai vai enxugar suas lágrimas tão rapidamente quanto a mãe o faria.

Mas algo inesperado acontece no caminho desses homens, quando estão se tornando grandes pais. Eles se vêem aquém das próprias expectativas – e das expectativas de suas esposas e filhos. Por quê? É impossível desempenhar direito todos os papéis. Eles sentem a pressão para serem bem-sucedidos no trabalho, para estarem atentos às esposas e para serem um modelo de cidadãos em sua comunidade. E o mais importante: eles sofrem a pressão para se tornarem bons pais. O único problema é que seus próprios pais não lhes deram as ferramentas necessárias para que eles se tornassem bons pais. Assim, eles melhoraram, mas com freqüência acabam se vendo numa situação sem saída.

Apesar de todas as mudanças positivas proporcionadas pela paternidade, hoje em dia 56% dos pais pesquisados pelo National Center for Fathering disseram que passavam menos tempo com suas crianças do que seus próprios pais passavam com eles. De acordo com um estudo de 2001 do Child Trends, os pais estão envolvidos com as atividades escolares de seus filhos metade do tempo em comparação com as mães. Um estudo de 2004 relatou que os pais com filhos homens passam mais tempo no escritório do que os pais com filhas – e os pesquisadores especulam que os pais acreditam de maneira inconsciente que é importante demonstrar ao filho qual é o papel de um homem na sociedade. Infelizmente, apenas 37% dos homens pesquisados num estudo recente disseram estar satisfeitos com a sua capacidade de conversar com o próprio pai. Em outro, o Estudo Nacional das Tendências Parentais, apenas 44% dos pais relataram saber o que está acontecendo na vida dos próprios filhos.

Muitos pais enganam a si mesmos na crença de que vão mudar e se tornar mais envolvidos na vida de seus filhos nos próximos anos. E então o ano seguinte passa sem que haja nenhuma alteração.

Entretanto, os pais de hoje percorreram um longo caminho. Eles representam um grande avanço em relação aos pais pré-históricos, e o mais importante: eles querem estar mais envolvidos no mundo de seus filhos. Mas, como as mães de hoje, eles estão lutando para tentar equilibrar a vida familiar e a vida profissional. As mães muitas vezes dizem que seus maridos correm para cima e para baixo, tentando fazer todas as coisas direito, mas não se destacando em nenhuma delas. Suas famílias freqüentemente se sentem como se não tivessem o pai por completo. Mas um estudo recente apontou que 74% dos pais preferem um trabalho que seja "amistoso" do que um que tenha "resultados rápidos para a carreira", um bom exemplo de quanto os homens desejam ser melhores pais.

Mas o estudo não esclareceu nada sobre quantos pais realmente têm um "trabalho amistoso" – e poucos o têm. Menos de 50% dos pais que me procuram têm empregos que os deixam disponíveis para a família. Com tudo aumentando de preço nos últimos anos, desde imóveis até gasolina, eles sofrem intensa pressão para continuarem sendo os provedores do lar. Aqueles homens que gostariam de ter o tipo de "trabalho amistoso" são capturados na armadilha de quererem se equiparar "aos seus vizinhos". Alguns pais vêem o tempo de qualidade que passam com os filhos como se fosse uma reunião de trabalho – se não estiver agendada, não irá acontecer.

Muitos pais se iludem ao acreditar que ser bem-sucedido ou que ter um cargo importante irá elevar a sua imagem aos olhos dos filhos ou inspirá-los a também serem bem-sucedidos. Mas isso costuma ser simplesmente uma racionalização de sua obsessiva motivação para provarem a si mesmos que são capazes e para ficarem mais confortáveis no trabalho do que em casa. Muitos homens confundem o ato de dar coisas materiais com oferecer o bem mais precioso que eles têm – o tempo. Eles compram laptops, equipamentos esportivos caros, automóveis, esperando que seus filhos ignorem ou relevem a sua ausência e falta de atenção. Mas os garotos não se esquecem disso. Eles anseiam pelo pai. Pense nisso como "a saudade do pai". O anseio pelo pai está impregnado na vida do filho. Suas notas sofrem as conseqüências disso. Ele fica mais suscetível à influência dos colegas. Talvez o filho tire isso de letra – pode até se tornar bem-sucedido –, mas poderá passar boa parte de sua vida analisando por que não foi suficientemente bom para seu pai, tentando descobrir o que era mais importante para seu pai do que ele próprio. E esse legado tem boa possibilidade de afetar o relacionamento com o próprio filho.

Os pais são com freqüência "pais de meio período" para seus filhos, porque vivem envolvidos no trabalho, em prosperar na carreira. Um pai lutador é aquele cara que você vê no playground conversando durante mais tempo com outros pais do que interagindo com seu menino. Esse é o pai que você vê no jogo de futebol com a cabeça enterrada no seu BlackBerry ou tagarelando ao celular. Ele pode não estar jogado em frente a tevê com um uísque nas mãos, mas não tem nenhum problema em obrigar o filho a assistir ao jogo dos Patriots[3] em vez de assistir à *A Era do Gelo* pela milésima vez. Ele "se mostra" fisicamente para o filho, mas não tem muita certeza sobre o que deve fazer enquanto estiver lá. Esses pais não são "bons o suficiente".

Os pais de meio período não percebem que seus filhos se sentem tão ressentidos e feridos quando os vêem teclando seus BlackBerries durante um jogo de basquete, quanto ficariam se eles nem tivessem aparecido. "Às vezes, meu filho me olha nos olhos e pergunta se eu estou o escutando", um pai de 43 anos me disse. "Eu respondo: claro, sabendo muito bem que ele me pegou distraído de novo".

Um pai de meio período é um homem que se situa bem "no meio". Por um lado, ele está determinado a se tornar um bom pai, disponível para o filho e envolvido ativamente em sua vida. Por outro, não sabe como ser um bom pai. Espera que as competências parentais venham até ele naturalmente e não sabe como pedir ajuda. Alguns pais vivem tão sobrecarregados com o fato de estarem longe demais de seus ideais como pai que desistem de tentar. Outros são perseverantes, mas ainda assim não conseguem se conectar com os filhos, o que os faz renunciar aos cuidados paternos de uma vez por todas.

Recentemente, um de meus pacientes contou-me uma história que ilustra perfeitamente o pai de meio período. Steve é diretor-geral de uma pequena empresa. Seu filho Matty, de sete anos, queria aprender a andar de bicicleta, de modo que certa tarde eles foram ao parque. Matty disse ao pai que estava nervoso e Steve o tranqüilizou, afirmando que nunca o deixaria cair. Matty subiu na bicicleta enquanto o pai segurava o guidão para mantê-lo equilibrado. Quando o pai tentou levantar as mãos, o menino gritou. Matty não queria que seu pai fosse embora.

Depois de meia hora, Steve começou a ficar impaciente com o filho, pois ele estava agindo como um bebê. Matty disse que queria ir

---

3 - Patriots é o nome de um time de futebol americano. (N. T.)

para casa, mas Steve insistiu para que ele tentasse mais algumas vezes. Na tentativa seguinte, ele soltou a bicicleta, que deslizou por uns dez metros. Matty começou a chamar o pai, mas era tarde demais. Ele caiu no meio fio, raspando o joelho. E ficou no chão, chorando.

– Matty! – Steve gritou. – Levante-se e ande nessa bicicleta. Você é um homem ou um rato?

O menino de sete anos olhou zangado para o pai.

– Sou um rato – respondeu.

E agora, como encarar a situação?

Este é um ótimo exemplo de um pai de meio período. Ele levou o filho para ensiná-lo a andar de bicicleta e passar um tempo de qualidade com ele. Esse momento deveria ser sempre lembrado. Mas essa lembrança potencialmente maravilhosa tornou-se amarga, principalmente porque Steve tratou o filho como se ele fosse um funcionário com péssimo desempenho. A falta de paciência de Steve é um efeito colateral de seu trabalho estressante, mas também demonstra como é extenuante o esforço que faz para ser diferente de seu pai. Steve havia prometido a si mesmo que seria um pai diferente e poderia jurar para mim que não era nada parecido com seu próprio pai, mas, quando estressado, ele se tornava instintivamente um "pai das cavernas". Steve apelou para as antigas definições machistas para forçar Matty a fazer alguma coisa que ele não queria e que não era obrigado a fazer. E o resultado foi desastroso – ele perdeu a confiança do filho.

Qual teria sido a maneira correta de lidar com uma situação como essa? Permitam-me recontar a história de uma maneira que possa ajudá-lo a compreender e vislumbrar um "pai 360 graus", ou um pai que transforma completamente a sua experiência paterna.

Stuart é diretor-geral de uma pequena empresa e, uma tarde, decide ensinar seu filho Mark, de sete anos, a andar de bicicleta. Eles caminham algumas quadras até o parque. Mark diz que está nervoso e seu pai o tranqüiliza, dizendo que nunca vai deixá-lo cair. Mark sobe na bicicleta e Stuart segura o guidão para mantê-lo equilibrado. Quando o pai tenta soltar as mãos, Mark grita porque não quer que ele vá embora. Depois de meia hora, Stuart começa a ficar impaciente com o filho, pois acha que ele está agindo como um bebê. Mark diz que gostaria de ir para casa, mas Stuart pretende que ele faça outra tentativa. Ele não o pressiona, mas incentiva Mark a fazer uma pausa. Os dois caminham até onde ficam os balanços. E, enquanto Mark balança, Stuart lhe pergunta do que ele tem medo.

Mark responde que acha que vai cair.

Stuart diz a Mark que quando estava aprendendo a andar de bicicleta, ficava tão nervoso quanto ele. Tinha caído diversas vezes, antes de conseguir, enfim, se equilibrar. Stuart descreve para Mark como era boa a sensação quando finalmente conseguia.

– E qual é o problema se você cair? – Stuart pergunta. – Você simplesmente se levanta e tenta de novo.

Depois de meia hora, Stuart incentiva o filho a dar mais uma volta e Mark concorda. O pai agarra o guidão.

– Bem, Mark, agora pedale – ele diz. – Vou soltar as mãos assim que perceber que você está equilibrado.

Mark balança a cabeça nervosamente e começa a pedalar. Stuart solta as mãos por alguns segundos, mas não sai do lado do filho. Quando a bicicleta começa a balançar, Stuart a pega antes que o filho caia.

– Vamos tentar de novo? – Stuart pergunta.

Quando Mark diz que é o suficiente, o pai o abraça.

– Você foi corajoso – ele diz. – Vai conseguir na próxima vez.

Viu a diferença? Na primeira história, Steve é um diretor-geral estressado que fica impaciente com o filho. Na segunda história, Stuart transforma aquele que poderia ter sido um momento muito tenso naquilo que os educadores chamam de "o momento de ensinar"; um dia e uma lição que seu filho vai desejar lembrar para sempre.

Agora, deixe-me definir as coisas de maneira correta. Eu não estou dizendo que os garotos não devam ser educados para serem fortes. Estou apenas tentando dizer que se os pais e os filhos desejam se conectar em um nível mais significativo – e muitos conseguem –, então eles precisam de uma nova estrutura para fazê-lo. Quando Matty disse ao pai que era um rato, ele estava enviando um poderoso sinal. Ele ainda não tinha aprendido que supostamente deveria ser forte. Matty era apenas um garotinho que desfrutava uma tarde com o pai. Mas ele aprendeu que o pai queria que ele fosse algo mais. E esse momento pode ficar com a criança para sempre. E isso certamente perseguiu Steve. Ele se lembrou de que tentou ensinar Matty a rebater no beisebol no ano anterior, mas isso também terminou em frustração para ambos. E então ele se lembrou de como seu próprio pai tinha sido exigente – e o quanto ele o odiava por isso.

Homens como Steve e Alan não compreendem por que eles não conseguem se conectar com os filhos. Todos eles querem saber: "O que estou fazendo de errado?"

Em 2007, Bernie, de 43 anos, veio conversar comigo sobre seu filho Patrick, de 11. Olhando do lado de fora, Bernie tinha uma vida perfeita, uma casa enorme, e fora promovido no emprego. Ele jogava golfe aos domingos e treinava seu filho na equipe da Little League[4]. Mas se sentia ansioso e não estava dormindo à noite. Bernie sempre achava que não estava fazendo o suficiente pelo filho.

– Quando meu filho nasceu – Bernie me contou –, jurei a mim mesmo que eu seria um tipo diferente de pai, diferente daquele que meu pai foi para mim. Mas, apesar de minha promessa, ainda estou me debatendo com as mesmas coisas que ele fazia: tentando avançar em minha carreira, tentando prover a subsistência de minha família, e tentando encontrar bastante tempo para passar com meu filho. E, por mais que eu deteste admitir, sempre me vejo apressado e tenho problemas em deixar o trabalho e outras obrigações auto-impostas para estar por completo com meu filho.

O relacionamento de Bernie com Patrick estava abalado e o filho raramente pedia ajuda ao pai. E quando Bernie lhe perguntou o motivo, ele respondeu:

---

4 - A Liga Infantil de Beisebol. (N. T.)

– É mais fácil pedir para minha mãe.

Bernie sabe que Patrick disse isso porque a mãe está sempre por perto. E ele não.

Os homens estão trabalhando mais arduamente do que nunca e isso os mantêm longe da família. Uma pesquisa feita em 2003 com mais de 300 pais, conduzida pelo website CareerBuilder.com, constatou que 65% deles trabalhavam mais de 40 horas por semana; 25% trabalhavam mais de 50 horas. E esse é o tempo gasto apenas no escritório. Acrescente o tempo gasto checando e-mails em casa e respondendo ao celular durante o jantar. Os homens estão muitas vezes na estrada; 54% dos pais viajam a trabalho. Os pesquisadores confirmaram aquilo que eu vejo todos os dias no consultório: a pergunta mais freqüente que as crianças fazem é: "Quando meu pai estará em casa?" e, muitas vezes, é a mãe que tem de dar todas as explicações.

POR QUE AS ESPOSAS ESTÃO FRUSTRADAS

O que se segue é um trecho de uma sessão de terapia com Joe e Kathy Littles. Eles têm dois filhos, um de nove anos, chamado Clay, e outro de seis, Giles.

Kathy disse:

> Joe me prometeu que ele acordaria as crianças às 8h desta manhã e os deixaria prontos. Mas quando fui checar, às 8h20, eles ainda estavam de pijama. Clay jogava Game Boy. Giles procurava suas meias. Nós tínhamos de sair em 20 minutos. Então, onde estava meu marido?
>
> Joe estava na cozinha, lendo o jornal.
>
> Apressei as crianças para se aprontarem. E quando entrei com elas na cozinha, Joe sorriu para nós, como se as crianças tivessem se vestido sozinhas, por milagre. Fiquei com vontade de apertar-lhe o pescoço. Eu queria gritar, "Sou a única competente por aqui?",

mas as crianças tinham só dez minutos para comer antes de levá-las para o carro. Então, preferi não dizer nada. Mais uma vez não podia contar com Joe para fazer as coisas".

A fala de Joe:

> Acordei as crianças na hora e disse a elas para se arrumarem e descerem para comer em 15 minutos. Elas não são mais bebês e já deveriam ser capazes de fazer as coisas sozinhas. Então, antes de eu perceber, Kathy entrou na cozinha e me deu um olhar furioso. Ela vive apressando todo mundo, como se a gente fosse perder um avião ou algo parecido. Não havia nem cinco minutos que estávamos no carro quando ela ligou para o meu celular e começou a brigar comigo porque eu tinha esquecido as chuteiras de Clay. Ela não dá valor a nada que faço. Então, ela que faça tudo sozinha.

Joe não é exatamente um "pai das cavernas", mas sua percepção do papel de pai e parceiro no cuidado dos filhos precisa de uma readequação.

As mulheres têm o direito de se sentirem frustradas com o marido. Seu ideal de homem tem evoluído tão rapidamente quanto as idéias dos maridos com relação à paternidade. Há duas décadas um número maior de mulheres entrou no mercado de trabalho, gerando famílias com duas fontes de renda. Essas mulheres queriam tudo: ser grandes mães e bem-sucedidas profissionalmente, ser "supermães". Muitos homens também esperavam a mesma coisa de sua esposa. Mas para garantir que a carreira de ambos avance, exige-se a mesma parceria em casa e em relação aos cuidados com os filhos.

Maridos e esposas desejam gerenciar a família como casais. Os pais cozinham algumas noites. E as mães retiram o lixo. Os pais levam os filhos para os jogos de futebol e às consultas médicas.

Essa é a expectativa geral de ambos os lados, mas o que estou vendo, na realidade, é muito diferente. Os pais desejam participar da educação dos filhos, então, eles fazem o jantar e escapam de uma reunião no escritório a fim de participar de uma reunião de pais e mestres na escola. Eles vão até cuidar do jardim no sábado pela manhã e fazer compras para os filhos na parte da tarde. Eles certamente reforçaram a sua função dentro de casa. Mas poucas mulheres diriam que se casaram com homens que são seus iguais no cuidado com os filhos. Em vez disso, muitas delas se sentem traídas, como se seus maridos as tivessem enganado de alguma forma, fazendo-as pensar que eles fariam muito mais quando lhes prometeram que estariam muito envolvidos, pais mais disponíveis – uma nova geração de pais.

Os homens não foram propositalmente dúbios. Eles achavam que ser mais participativos como pais seria algo fácil de fazer. Para alguns, até que têm sido assim. Mas para a grande maioria de homens que vejo em minha clínica, isso tem sido um grande esforço. Eles não perceberam quão irrealista era pensar que seriam capazes de fazer tudo isso e ainda assim ser uma diferente geração de pai.

Então, você não pode culpar as mulheres por sua crescente frustração; elas estão casadas, mas muitas vezes se sentem como mães solteiras. Muitas dessas mulheres dizem que apreciam o que seus maridos fazem para ajudar, mas isso não é suficiente. Muitas delas estão na mesma situação em que a própria mãe estivera – esforçando-se demais.

– Eu me levanto e vou trabalhar – diz uma mãe de 29 anos. – Então, volto para casa, brinco com o bebê, trato de alimentá-lo, coloco-o para dormir, faço o jantar de meu marido, limpo a casa. E quando termino tudo isso, já são 10h da noite... hora de ir para a cama. Então, faço tudo novamente no dia seguinte. Eu me sinto fazendo todas essas coisas sozinha. E se as coisas não mudarem rapidamente, vou enlouquecer.

Um pressuposto subjacente em muitos casamentos é que as mães fazem, e que os pais fazem quando são solicitados. Uma mãe sabe se a roupa do filho deve ser lavada e então ela a coloca na máquina. Um pai de hoje faria isso alegremente, mas não consegue pensar sobre isso sozinho. Programas de tevê como Nanny 911[5], em quase todos os episódios, retratam pais incompetentes. A babá dá conselhos às mães, que, por sua vez, filtram a informação para seus maridos. Essa linha de comunicação seria de se esperar se elas fossem do tipo donas de casa, mas muitas mães trabalham – tanto no programa de tevê como na realidade. Por isso, mesmo que as expectativas sobre o papel dos pais e mães tenham se modificado, os pais ainda cuidam dos filhos externamente, e as mães são ainda consideradas o "apoio-alfa". E seus ressentimentos sobre a situação continuam crescendo.

Veja o caso de Joe e Kathy, o casal em destaque na história citada. Kathy pede a Joe que arrume os filhos e leve Clay para seu jogo de futebol, mas Joe é deliberadamente vagaroso. Ele não sente a mesma urgência para levar Clay ao jogo a tempo ou para lembrá-lo de levar as chuteiras. Isso deixa Kathy furiosa porque ela tem de abandonar o que está fazendo e trabalhar o dobro do tempo para compensar o desleixo de Joe. As coisas ficam mais tensas entre o casal porque Joe, que se considera um pai moderno e disponível, não consegue entender o que fez de errado. Ele chamou as crianças, disse-lhes para tomar o café-da-manhã e levou o filho ao jogo. Joe acredita que ajudou – seu trabalho está feito. Mas o que ele não percebe é que suas idéias sobre "fazer um trabalho" são baseadas num pressuposto desatualizado de que "dar uma mão" significa paternidade.

Kathy espera que Joe seja um parceiro no cuidado com os filhos. Ela espera dele que pense três passos adiante dela para satisfazer as necessidades das crianças, do mesmo modo que ela faz. Quando Joe esquece as chuteiras, esse fato ilustra que seus cuidados paternos ainda dependem das orientações de Kathy. Joe não acordou as crianças de forma independente, deu-lhes o café, nem avisou Kathy de que estava levando os meninos para o jogo de futebol, enquanto ela lia o jornal. Kathy teve de fazer uma lista de tarefas. E, quando manifestou a sua decepção, o marido disse que ela não apreciava nada do que ele fazia

---

5 - Supernanny no Brasil, no SBT (N. T.)

e que, da próxima vez, não ajudaria em nada – como se seu papel no cuidado com as crianças fosse opcional em vez de condição essencial.

Isso não é ser um bom pai – Joe é mais um exemplo de pai meio período.

Não culpo os homens por estarem confusos. Eles estão presos naquilo que eu chamo de "armadilha do pai": foram arrastados para a paternidade por seu desejo de superar os próprios pais, mas, quando eles próprios se tornaram pais, perceberam que não tinham nenhuma idéia de como fazer as coisas de forma diferente. Eles estão sendo pais no escuro, muitas vezes sem ter um modelo positivo, incertos sobre o que é considerado "suficientemente bom", "não muito bom" ou "mais do que suficiente". Muitos homens ainda não definem sua auto-estima com base na qualidade paterna que têm. Sem a certeza de como atingir a proximidade que eles anseiam ter com os filhos, estão colocando ainda mais pressão em si mesmos para atuarem tão bem em casa como fazem no trabalho. Eles querem fazer o melhor.

Você deveria saber que os seus sentimentos de frustração são legítimos e que não está sozinho ao sentir isso. As histórias dos pais que foram relatadas neste capítulo pretendem ajudá-lo a identificar os problemas que você está tendo, para que possa avançar no sentido de solucioná-los.

A minha esperança é de que você será honesto consigo mesmo sobre seus pontos fortes e seus pontos fracos, de forma que possa levar a sua paternidade para o próximo nível. Costumo dizer, homens, vocês podem se tornar os pais que sempre quiseram ser, o modelo que seus filhos precisam. Mas vocês precisam se abrir a si mesmos para mudar. Até o final deste livro, você verá que, ao se tornar um pai melhor, também se tornará um homem melhor.

DEFININDO A BOA PATERNIDADE

Harvey foi acampar com o grupo de escoteiros de seu filho em um final de semana. Ele não teve tempo para se preparar para liderar o grupo, porque era vendedor de software e vivia na estrada a maior parte da semana. Quando seu filho Hal lhe disse que os pais tinham sido convidados para o próximo acampamento, Harvey agarrou a oportunidade. Ele raramente ficava com seu filho de 12 anos.

Na primeira noite, os meninos ficaram acordados conversando ao redor da fogueira. Harvey gostou de ver seu filho interagindo com os outros escoteiros. Quando um dos meninos atormentou o outro sobre seu peso, Hal interveio, fazendo uma piada sobre as espinhas do valentão.

– Ninguém é perfeito – Hal disse.

Na semana anterior, Harvey tinha dito exatamente a mesma coisa para seu filho quando ele derramou leite sobre o sofá. Quando os olhos de Hal e de seu pai se cruzaram, Harvey fez o sinal de positivo. O filho sorriu.

Quando os meninos foram dormir, Harvey permaneceu conversando com os outros pais. Alguns se queixaram da esposa. Um deles estava passando pelo processo de divórcio. Então, eles começaram a comparar os videogames que haviam comprado para seus filhos e para onde levariam a família durante as férias. A conversa girou em torno dos carros que eles tinham, qual a taxa que deviam pagar pelo empréstimo, e que seria melhor não fazer um empréstimo. Harvey escutou. Ele tinha um belo carro e uma casa enorme, mas não sentia necessidade de contar isso para todo mundo. Ele mudou de assunto.

– Você acha que é um bom pai? – Harvey perguntou a um homem de boné.

Todas as vezes que Harvey pegava um avião, ele pensava sobre a possibilidade de um acidente, o que o fazia se preocupar com a família. O que eles fariam sem ele? Harvey tinha voado muitas vezes nos últimos tempos. E ultimamente esteve pensando bastante sobre seu relacionamento com o filho. “Sou um bom pai?”, ele se perguntara recentemente no meio de um vôo.

Os homens se mexeram desconfortavelmente ao redor do fogo. Um deles falou:

– Eu estou aqui, não estou? Se isso não me torna um bom pai, eu não sei o que mais possa fazer de mim um bom pai.

Alguns homens riram. Alguém perguntou se eles tinham assistido ao jogo dos Redskins.

Harvey me contou essa história quando falava sobre seus medos durante uma tarde em meu consultório. Ele vinha trazendo o mesmo tema, durante vários meses, depois de uma viagem, porque estava preocupado com o filho, que tinha se distanciado dele e de sua esposa. Hal respondia por monossílabos e ficava trancado no quarto. Eles não sabiam como lidar com essa mudança.

Harvey tentava ser um pai presente para o filho. Ele participava da maior parte dos eventos, mas faltou em alguns porque trabalhava duro e viajava muitas vezes. Então, ele enviava e-mails ao filho, com histórias sobre quem ele tinha encontrado naquele dia, o lugar onde estava, ou apenas dizendo que tinha saudades.

– Não permito que o trabalho tome conta da minha vida – ele me disse. – Alguns homens com quem trabalho ficam no escritório até mais tarde apenas para evitar ir para casa. Isso me deixa mal.

Eu iria falar com seu filho mais tarde, cujo comportamento não tinha nada a ver com o pai ou a mãe. Hal estava quase na puberdade e comportava-se naturalmente, como fazem os adolescentes. Mencionei essa possibilidade para Harvey e marcamos um horário com Hal.

Harvey pareceu satisfeito. Ele começou a se levantar para ir embora. Então, sentou-se de novo.

– Doutor, – ele disse – será que sou um bom pai?

Harvey precisava de incentivo. Respondi que eu seria verdadeiramente feliz se ele fosse meu pai. Ele não era perfeito, mas não precisava ser. Ele estava totalmente presente quando se encontrava perto do filho. Hal não precisava disputar a atenção de Harvey e nunca se sentira como alguém que tinha sido lembrado como última opção. Harvey saiu de meu consultório com um suspiro de alívio.

Como ele diz:

– Às vezes, você só precisa saber que está fazendo as coisas direito.

Você não precisa ser perfeito para ser um bom pai. Só precisa trabalhar duro e com mais consciência do que está fazendo agora. Esqueça esse negócio de ser o pai perfeito, o superpai. Não existe essa história de um pai que pensa em tudo, que dá tudo, que sacrifica tudo, que vence em tudo. Se essa pessoa existisse, seria um infeliz. Estaria vivendo para todo mundo, menos para si próprio.

Os pais que se sobrecarregaram com expectativas irreais sentem-se culpados e desgostosos. Eles não têm certeza de seu papel e constantemente fazem críticas sobre as suas competências parentais. Algumas vezes, ocultam suas dúvidas interiores agindo de forma excessivamente autoconfiante. Muitos homens que atendo desejam que eu diga que são bons pais, mas eu lhes pergunto se eles o são de verdade. Eles – e você – podem geralmente responder a essa pergunta. Se você se sente culpado, provavelmente não está dando ao seu filho alguma coisa de que ele precisa. Se você se sente próximo a ele, provavelmente está oferecendo o suficiente de si mesmo. E, se você nunca levou em conta os sentimentos de seu filho, então provavelmente não está lhe dando nada.

Os homens são orientados por tarefas, de modo que estou lhe dando algumas tarefas que irão ajudá-lo a aprender a ser um pai melhor. Você não tem de ser o melhor. Mas precisa ser suficientemente bom. Aqui estão as suas obrigações:

- Um pai "bom o suficiente" encontra o equilíbrio entre estar presente para seu filho e alimentar o próprio espírito.

- Um pai "bom o suficiente" deve assumir o compromisso de estar em casa para o jantar pelo menos duas ou três noites por semana.

- Um pai "bom o suficiente" mantém suas promessas e aparece quando diz que vai aparecer.

- Um pai "bom o suficiente" escuta atentamente e faz com que seu filho se sinta importante e compreendido.

- Um pai "bom o suficiente" manifesta abertamente seus sentimentos e encoraja seu filho a fazer o mesmo.

A paternidade é um estudo sobre as contradições – gentil e rude, sério e bobo, rigoroso e benevolente. Um pai é muitas vezes movido pelas dores e desilusões do filho, e está sempre procurando protegê-lo do mundo cruel. Não importa quantos erros um pai possa cometer, ele sempre vai desempenhar um papel indispensável no desenvolvimento de seu filho. Até um pai imperfeito pode ser suficientemente bom.

À medida que você continuar a leitura, encontrará pais que têm se esforçado para balancear trabalho e família; homens que estão tendo problemas para fazer as pazes com os próprios pais; homens aprendendo a expressar abertamente os seus sentimentos para seus meninos. E você vai ouvir mães e filhos que estimulam uma transformação no pai.

Você pode encontrar a coragem para mudar e novas maneiras para se tornar um pai por todas as épocas, e ainda se sentir bem consigo mesmo por estar presente "por completo" com seu filho. Não há necessidade de culpas ou desculpas. Basta fazê-lo. Seu filho está esperando.

É hora de tirar de suas costas o peso de ser pai.

CAPÍTULO 2

Os erros das gerações

Enfrentando seus pesares sobre o próprio pai, para que você possa se tornar um pai melhor

Peguei um avião para ver minha filha na Universidade de Michigan quando encontrei Steve, que me disse que seu filho de 31 anos tinha ido para a mesma universidade, mas que nunca o havia visitado lá. Ele usava uma espessa barba grisalha, por isso, imaginei que estivesse na casa dos 60 anos. Contei-lhe então o que ele tinha perdido – mesmo os jogos de futebol americano eram excitantes, mais de 100 mil pessoas festejando o mesmo time. Steve olhou pela janela do avião. E eu voltei ao meu livro.

Então Steve se voltou para mim e disse:

– Estou indo visitar meu filho neste final de semana pela primeira vez em anos.

– O que os manteve afastados por tanto tempo? – perguntei.

Ele me olhou com desconfiança.

– O que você faz? – ele perguntou.

Quando lhe disse que era psicólogo, ele sorriu.

– Cara, bem que um de vocês teria sido útil para mim – continuou, e passamos o restante do vôo conversando sobre seu filho. Steve abriu-se para mim durante aquela breve viagem de avião; estava extremamente ansioso com o fato de rever o filho.

– Vou ser franco com você – disse Steve.

Ele e o filho nunca tinham se sentido muito à vontade um com o outro, mas isso havia começado quando o filho ainda era adolescente. Com o passar dos anos, eles conseguiam falar de esportes e de seus planos, e isso era tudo.

– Eu o convidava para ir aos jogos ou shows – continuou –, mas ele sempre tinha outra coisa para fazer. Ele não ficava muito em casa depois que foi para a faculdade.

Steve sempre achou que a relação deles iria mudar, prometendo a si mesmo que trabalharia muito para que ela ficasse melhor.

Mas então o filho foi passar uns dias em casa e eles caíram de novo no mesmo e antigo padrão. E não ajudava muito o fato de que tinham pouco em comum: o filho era um artista e agora tinha pouco interesse por futebol; Steve tentou se interessar pelas pinturas do filho, mas elas eram tão abstratas que ele realmente não conseguia entendê-las.

Continuamos a falar sobre os arrependimentos que havíamos tido como pais. Eu lhe contei que gostaria de ter conhecido melhor meu próprio pai. E ele retrucou, dizendo que gostaria de poder ter conhecido seu filho.

– Nunca é tarde demais para começar – eu disse.

Steve olhou para fora da janela novamente. Então se voltou para mim com a testa franzida.

– Tenho a sensação de que ele vai se casar um dia desses – disse. – E é capaz de eu nem mesmo conhecer sua namorada.

MUDANDO O PASSADO

O ponto principal é que todos nós temos o que lamentar quando se trata de nossos próprios cuidados paternais e de nossas decisões. Os homens chamam essa atitude de "engenheiro de obra feita". As mulheres consideram isso como aprender uma coisa da maneira mais difícil. Praticamente todos os pais com quem já trabalhei sonham com uma segunda oportunidade, momentos com seus filhos em que as coisas seriam feitas de forma diferente. Eles vivem o seu dia-a-dia sob o peso de decisões que tomaram anos anteriores, dilapidando-se ao longo das escolhas que fizeram em suas carreiras e que os mantinham distantes de suas famílias, culpando-se pelas falhas em agarrar oportunidades para estabelecer uma ligação significativa com seus filhos. O amor de um pai para com o filho é tão grande que até mesmo 30 anos depois ele ainda pode lembrar a expressão no rosto de seu filho, quando disse que não poderia ir ao campeonato de futebol. Anos mais tarde, esse pai vai querer saber, perguntando-se em voz alta: "O que pode ter sido tão importante que me impediu de estar lá?" No entanto, muitos homens percebem que estão fazendo a seus filhos o que seus pais lhes fizeram. Ainda assim, não sabem como romper esse padrão.

Os arrependimentos muitas vezes vêm à tona bem depois que um pai condicionou o filho a desistir dele. Os pais raramente admitem onde erraram. Eles não são tão bons em demonstrar a vulnerabilidade e poucos têm coragem de pedir desculpas. Em vez disso, muitos homens embaralham seus arrependimentos, os colocam em um arquivo morto do coração e passam a vida toda sofrendo. Além da dor causada ao não expressar os sentimentos de pesar, as tensões entre pai e filho crescem por vezes a tal ponto que os dois se afastam. Muitos homens morrem sem nem mesmo dizer aos filhos que lamentam o fato de terem se afastado. E, por causa disso, os filhos nem sempre sabem os enormes sacrifícios que os pais fizeram por eles em nome do amor.

É importante que você admita os seus arrependimentos e chegue à essência que os constitui. Seu filho pode aprender uma poderosa lição ao perceber sua vontade em admitir que cometeu erros. Ele pode se colocar em seu lugar, por exemplo, e aprender com as histórias que você lhe contar – pode aprender lições práticas e lições emocionais, que irá guardar para sempre.

Os pais cometem alguns dos mesmos erros de geração em geração. Eles passam muito tempo no trabalho e não têm tempo suficiente para ficar em casa. Eles pressionam os filhos ao criticá-los. Nunca dizem "eu te amo". E muitos nem têm idéia do quanto estão prejudicando os filhos. Acham que estão fazendo o que há de melhor para eles apenas para descobrir, anos mais tarde, que foram exatamente essas ações que os prejudicaram terrivelmente também como filhos.

Você pode encarar suas próprias lamentações com relação a seu pai e sobre o modo como se relaciona com seu filho. Para ajudá-lo a reconhecer seus próprios desapontamentos – de modo que possa evitar perpetuá-los –, juntei algumas histórias diferentes sobre pais e filhos. Veja-as como parábolas, talvez até como histórias de advertência. À medida que você as estiver lendo, monitore suas reações e procure descobrir onde você e os seus enganos se encaixam. Lembre-se: nunca é tarde demais para que possa mudar de rumo e transformar o relacionamento com seu pai e seu filho.

CONTANDO A SEU PAI O QUE VOCÊ PRECISA CONTAR COMO ADULTO – ANTES QUE SEJA TARDE DEMAIS

Lowell era um banqueiro de 38 anos. Seu pai, Shorty, como os amigos sempre o chamavam, era um mestre de obras aposentado da construção civil, de 66 anos. Pai e filho não poderiam ser mais diferentes. Durante anos, eles discutiram sobre tudo aquilo que poderia ser objeto de discussão. Lowell iria demolir qualquer política conservadora dos Republicanos apenas para aborrecer o pai. E este martelaria de volta com críticas sobre o Partido Democrata. Se Lowell comentasse a compra de um carro novo, Shorty começaria a discutir sobre como os automóveis de hoje tinham baixa qualidade, apontando para seu Chevy Nova 1978, dizendo: "Ele ainda está andando tão bem como no dia em que o comprei". Lowell iria revirar os olhos; o carro era uma lata-velha e seu pai sabia disso. Shorty fazia muitos comentários sobre os filhos de Lowell e, que era muito indulgente com eles.

– Você está os estragando – dizia Shorty. – E por que eles têm tantas atividades depois das aulas?

Shorty era bom em fazer com que seu filho se sentisse mal. Mas quando sentei para conversar com Lowell sobre seu garoto de 11 anos, Brady, percebi que Lowell estava fazendo a mesma coisa com o filho. Ele discutia com o garoto com bastante freqüência e acumulava críticas, exatamente como o pai fizera com ele. E Brady estava se sentindo tão rejeitado quanto Lowell se sentira na infância e adolescência. Eu tinha certeza de que o antagonismo não resolvido com o pai estava se tornando um obstáculo no relacionamento de Lowell com Brady.

– Parece que seu relacionamento com seu pai foi sempre muito tenso – eu lhe disse. – Você já tentou conversar com Shorty?

Lowell balançou a cabeça em sinal de negação. – É impossível. Ele está sempre certo – respondeu.

– Mas você acha que seu pai realmente entende como faz você se sentir?

– Eu duvido – disse Lowell. – Ele age assim desde que eu era pequeno.

– Então, ele vai continuar fazendo isso até o dia em que morrer?

– Acho que sim – respondeu Lowell.

– Você não deveria permitir que seu pai o tratasse de uma maneira que não seria tolerada se viesse de qualquer outra pessoa – eu disse a Lowell. Sua esposa, Lisa, que também estava presente à sessão, disse que o marido suportava coisas do pai que não suportaria de mais ninguém. – O pai dele sempre me trata muito bem – disse ela. – Então, Lowell chega em casa e o lado desagradável de Shorty aparece.

Lowell admitiu que sempre fora difícil enfrentar o pai. Na verdade, ele nunca tinha conseguido fazer isso. Perguntei:

– Brady já enfrentou você?

– Ainda não – respondeu Lowell.

Algumas vezes você – e muitos outros homens – precisa ouvir coisas que não gostaria de escutar. Cada pedacinho de Lowell era igual ao pai, agora. Ele não era mais uma criança e devia deixar claro que o pai não poderia mais intimidá-lo da maneira que sempre fizera. – Talvez ele nem tenha idéia do modo como o afetou durante todos esses anos – eu disse. – Mas ele precisa ouvir isso e você precisa dizer. Lowell sorriu com malícia.

– Eu sei, você vai me dizer que falar com ele será uma completa perda de tempo – acrescentei.

– Vem cá, Lowell – Lisa entrou na conversa. – Não me diga que você ainda tem medo dele.

– Eu não – respondeu Lowell. – Acontece apenas que...

– Apenas o quê?

– É que eu detesto o clima de guerra entre nós. Tenho problemas para encontrar as palavras certas e, mesmo que consiga, ele muda de assunto ou transforma a conversa numa discussão.

Eu disse a Lowell o que costumo dizer a todos os meus pacientes nessa ânsia de se aproximar dos pais: seu pai não vai viver para sempre. Se amanhã ele morrer, você não vai se arrepender por não ter dito a ele como se sentia? Você não gostaria de manter um relacionamento mais próximo com ele nos anos que vocês dois ainda podem compartilhar?

Pedi a Lowell que fizesse um exercício de RPG[6]: Lisa faria o papel de seu pai. Lowell finalmente poderia dizer ao pai como estava se sentindo. – Pense nisso como um treinamento – disse a ele.

Lowell apertou as mãos. Nervoso, ele começou timidamente:

– Pai, eu nunca fui capaz de conversar com você – ele disse. – À medida que eu crescia, você estava sempre muito ocupado. Quando a gente conversava, você mudava a conversa para um sermão. Minhas opiniões e meus sentimentos não pareciam ter importância.

Lowell parou, ruborizado.

– Eu não consigo fazer isso – disse. – É muito idiota.

Chamei a atenção dele para o fato de que nunca dissera aquilo em voz alta. Era muito importante que ele o fizesse.

– Eu costumava pensar sobre por que você me teve – Lowell continuou. – Até hoje não podemos conversar sem discutir. Sou muito bem-sucedido e ainda acho que você não respeita aquilo em que acredito ou o que penso. Eu sempre quis um pai de verdade, alguém que estivesse por perto quando eu precisasse.

---

6 - *Role-playing game* (jogo de interpretação de personagem): espécie de jogo em que um ou mais jogadores personificam um papel a desempenhar. (N. T.)

Fiquei chocado por aquilo que ele acabara de falar. E eu o incentivei a dizer exatamente as mesmas coisas para seu pai.

Várias semanas mais tarde, Lowell passou na casa do pai, depois do trabalho. Ele havia tentado conversar com Shorty algumas outras vezes, mas tinha perdido a coragem em todas elas. Uma tarde, seu pai estava no jardim, podando o tomateiro. Lowell se inclinou perto dele e começou a limpar as ervas daninhas.

– Não comece a estragar as minhas plantas boas – Shorty ralhou.

– Por que você é sempre tão áspero comigo? – Lowell o repreendeu.

A frase tinha escapado e o coração de Lowell começou a bater furiosamente dentro do peito. Lowell não estava olhando para o pai, mas sabia que o velho estava lhe dando toda a sua atenção. As tesouras de podar de Shorty tinham silenciado.

– Eu não estou sendo áspero – respondeu Shorty, suavemente. – Eu só quero que você tenha a certeza de saber a diferença entre uma planta saudável e uma erva daninha.

– Gostaria que não fizesse isso – Lowell disse.

Para sua surpresa, o pai não começou uma discussão. Na verdade, ele não disse nada. Ambos ficaram em silêncio no jardim, podando as plantas e retirando as ervas daninhas na meia hora seguinte. Então Lowell se levantou.

– Preciso ir para casa para o jantar.

Seu pai balançou a cabeça afirmativamente.

Pode não parecer muito, mas, para aqueles dois, isso tinha sido um avanço. Lowell começou a se juntar ao pai no jardim com mais freqüência. Ele se sentiu mais à vontade para fazer outras perguntas: "Como era o vovô? Você gostava de trabalhar em construções?" Seu pai não abria o coração, mas respondia tudo o que podia. Shorty admitiu que seu próprio pai criticava tudo o que fazia, assim como ele fazia com Lowell. Ao longo dos seis meses seguintes, Lowell passou a conhecer melhor o pai. Eles ainda brigavam, mas as discussões agora se assemelhavam mais a debates entre duas pessoas iguais.

O relacionamento de Lowell com o pai mudou para sempre quando ambos estavam sentados na sala de emergência juntos, numa manhã, vários meses depois de nossa sessão. Brady, o filho de Lowell, estava recebendo pontos no joelho depois de ter levado um tombo de bicicleta. Lowell estava claramente incomodado, recriminando-se por não ter vigiado Brady mais de perto. Shorty pôs a mão sobre o joelho de Lowell.

– Todos temos o que lamentar em relação a nossos filhos – seu pai lhe disse.

Essa foi a desculpa que Lowell esperava durante todos aqueles anos. E permitiu que sua raiva em relação ao pai passasse e, finalmente, depois de ter reconhecido suas próprias deficiências, Shorty se tornou mais gentil com o filho, e Lowell gostou muito disso.

Logo depois, Lowell veio ao meu consultório, agitado. Brady tinha se recuperado rapidamente do tombo de bicicleta e estava passando cada vez mais tempo com Shorty. Os três tinham planos para ir pescar no próximo final de semana.

A mudança completa daquele círculo de convivência era animadora, mas só pôde acontecer depois que pai e filho deixaram o passado de lado. Pelo fato de Lowell sentir-se menos irritado sobre seu relacionamento com o pai, ele também estava menos irritado com Brady. Ele trabalhou duro para corrigir sua própria tendência de ser supercrítico, procurando perceber quando criticava Brady e até mesmo se desculpando algumas vezes, depois de ter sido rude inadequadamente.

Brady ficou um pouco chocado no começo. – Meu pai está agindo de modo estranho – ele me disse. Mas logo sua confiança aumentou e ele agradeceu ao pai por tê-lo de volta em sua vida. Claro, eles ainda discutem, mas suas brigas deixaram de ser uma tentativa de um superar o outro e se tornaram uma respeitosa troca de idéias.

Pense por alguns momentos em seu próprio pai. O que fazia você rir ou aquecia seu coração? Um de meus pacientes não conseguia parar de rir quando me contou o modo como seu pai caminhava pela casa com seus shorts puxados no alto, bem acima da cintura. – É como se ele tivesse saído do filme *A vingança dos nerds* – ele disse. Outro homem lembrou quando seu pai voltava das viagens de negócios com uma surpresa no bolso para o filho. – Isso era sempre emocionante. O pai pegaria a bugiganga e contaria uma história sobre o lugar de onde tinha vindo. O filho crescia, curioso em conhecer o mundo, e hoje ele também viaja a trabalho e sempre traz um presente para seus filhos. – Isso ajuda a me sentir perto deles – ele disse.

Você provavelmente também teve momentos em que seu pai fez o seu sangue ferver. Infelizmente, nossa tendência é nos lembrarmos mais desses momentos, porém é muito importante deixar passar a raiva dessa lembrança. Você precisa ver um padrão por trás dela e garantir que esse padrão não é o mesmo no qual você caiu.

Quando os pais estão se esforçando arduamente no relacionamento com os filhos, eu os desafio a sondar como era seu próprio pai. Em geral, não levamos em conta a forma e o estilo da paternidade de nosso pai. Pai é só pai. Mas pense nisso. Ele era controlador? Ou um molengão? Você o colocou num pedestal? Tinha medo dele? Com bastante freqüência, aquele problema que vem incomodando um homem e seu filho é o mesmo que perturbava esse homem e seu pai. As questões de paternidade e os padrões de cuidados com os filhos são normalmente transmitidos de geração a geração. Se um pai for emocionalmente aberto, irá criar um filho emocionalmente aberto. Os estudos científicos, assim como a minha própria experiência como terapeuta, demonstram que o abuso, a ofensa, o insulto e a violência perpetuam as mesmas atitudes. A questão é simples: você pode tentar ser um pai diferente do seu, mas se ele for o único modelo para você, de que outra forma poderá se comportar?

Jed veio me ver não há muito tempo; ele demonstrava complexos de inferioridade e respondia tudo rapidamente, na defensiva. Ele estava sempre irritado. Discursava longamente sobre tudo, desde o motorista que o fechara quando ele estava entrando no estacionamento da mercearia até o patrão que o incomodava sobre as suas cotas de vendas. Jed procurou-me porque seu filho estava brigando na escola e a esposa queria que ele a ajudasse a acalmá-lo. Mas Jed e o filho também estavam sempre brigando.

Não surpreende essa atitude de Jed, pois seu pai muitas vezes o tinha humilhado na frente das outras crianças. Quando Jed era bem-sucedido em alguma coisa, o pai o menosprezava. Seu pai tinha muito conhecimento em mecânica, mas Jed tinha mais talento com números. O pai lhe dizia que ele era "bom para nada". Levou meses para que Jed percebesse o quanto a sua raiva cotidiana estava enraizada na forma como seu pai o tratava.

– Como ele ousou fazer isso comigo? – lamentou, certa tarde.

O que Jed não tinha pensado foi sobre a maneira como seu próprio pai tinha influenciado o modo como exercia a sua paternidade – e como isso tinha influência sobre o seu filho. Todas as vezes que Jed explodia com alguém, seu filho estava assistindo. E agora, sempre que seu filho ficava bravo, ele fazia a mesma coisa que o pai.

Jed foi forçado a dar uma boa olhada em si mesmo. De início, ele não gostou do que viu, mas gradualmente fez a conexão entre o seu comportamento e o de seu filho e começou a tentar controlar seu temperamento. Ele aprendeu a respirar profundamente ou a socar a própria mão, como forma de extravasar seus sentimentos, e dar um tempo a si próprio para colocar os pensamentos em ordem e manter a calma. Ele se sentou com o filho e compartilhou as mesmas técnicas, admitindo que seu comportamento tinha sido um problema. Eles concordaram que iriam tentar fazer uma mudança juntos e decidiram que, quando um deles estivesse prestes a perder a calma, o outro diria uma palavra em código –"fervendo" –, de forma a colocar o comportamento em cheque. Jed também falou um bocado sobre seu próprio pai e pediu desculpas ao filho pela maneira como tinha perdido o controle. – Muita raiva pode lhe trazer um monte de problemas – ele disse. – Isso me trouxe problemas e vem lhe trazendo problemas. Eles se comprometeram a se ajudar mutuamente para romper essa herança familiar de raiva.

AJUDE A SI MESMO

Você faz a seu filho o mesmo que seu pai fez a você?

Você não quer pensar que pode estar ferindo seu filho, mas existe uma probabilidade de que você tenha sido condenado a um padrão geracional de comportamento paterno exatamente como aconteceu com Jed. Quer romper o ciclo? Comece por descobrir quais são esses padrões. Pergunte a si mesmo o seguinte:

- Sua esposa nunca comentou que você está agindo exatamente como seu pai? Em caso afirmativo, quando ela diz isso? Se não disse, pergunte-lhe se não enxerga qualquer similaridade – e escute atentamente.

- Pense nas coisas que seu pai fez que o deixaram irritado. Como o fazem se sentir hoje, quando pensa sobre elas? Você nunca agiu dessa mesma forma com seu filho?

- Quando você fica mais furioso com seu filho? Você se enxerga nele? De que forma? Bom, mau ou apenas neutro?

- Diga a seu filho que você deseja ficar mais consciente das coisas que faz e que o perturbam, de modo a deixar mais agradáveis os momentos em que passam juntos. Ele pode citar algumas dessas coisas?

- Quais são alguns de seus traços de que você não gosta (por exemplo, raiva, cinismo, rigidez)? Pense qual seria a origem deles e se dizem respeito a seu pai.

O PAI QUE VOCÊ NUNCA QUIS SER

Ryan não estava exatamente feliz por me ver depois de ter sido obrigado a sair mais cedo do trabalho para chegar ao meu consultório, às 16h. Ele tinha 47 anos e estava com olheiras, pois no dia anterior tinha ficado na firma de advocacia até meia-noite. Ele sentou-se, ainda com terno e gravata, e deixou claro que não era fã de terapeutas – seu irmão era um deles e psicoanalisava praticamente tudo –, mas sua esposa tinha implorado para que ele fosse. O filho dos dois, Will, era um adolescente que estava faltando às aulas, respondendo aos pais e saindo de casa quando deveria ficar lá. Ryan disse que estava disposto a tentar qualquer coisa para mudar essa dinâmica, pois Will estava o deixando em ponto de bala.

Eu lhe pedi: – Fale-me sobre seu pai.

Ryan bateu na perna com impaciência e me encarou gelidamente. Eu sabia o que ele estava pensando: "Saí do trabalho mais cedo por causa disso?"

– O que meu filho tem a ver com meu pai? – perguntou.

– Mais do que você pensa – respondi. – Pode acreditar quando digo isso.

Ryan balançou a cabeça.

– O relacionamento com meu pai era louco.

– Você precisaria ter crescido com um assassino serial para que sua história entrasse no Hall da Fama de meus pacientes – eu disse. Ambos rimos, o que o deixou mais relaxado. Então, ele começou a falar.

Ryan e seus irmãos tinham passado a infância pisando em ovos, quando estavam perto do pai. A mãe de Ryan temia que as crianças deixassem o marido irritado, então ela os mantinha no quarto fazendo a lição de casa. Ryan ainda conseguia ouvir o som do gelo batendo no fundo do copo quando o pai preparava um gim tônica assim que chegava do trabalho. Bebendo mais alguns drinques antes do jantar, por volta das 8h ele estava bêbado.

– Eu não era muito bom em ficar apenas cuidando de minhas coisas – admitiu. – O homem não tinha nenhuma paciência quando bebia, e adivinha quem era o seu alvo?

Apontei Ryan. Ele balançou a cabeça afirmativamente.

– Alguma vez ele participou de suas atividades escolares?

– Algumas vezes ele foi aos jogos de basquete, e eu ainda me lembro de uma vez em que ele se levantou nas arquibancadas depois que fiz uma cesta que deu a vitória ao nosso time. Ele gritou: "Este é o meu filho!" Puxa, isso foi muito bom.

– Então, ele ficou orgulhoso de você?

– Talvez, mas ele raramente demonstrava isso.

– Você já deixou o seu filho saber quando você se orgulha dele?

Ryan ficou quieto. Ele disse que fazia isso uma vez ou outra.

– Não é fácil.

– Agora, nós sabemos a razão – eu disse.

Quando era garoto, Ryan jurou que nunca seria como seu pai. Ele prometeu a si mesmo que jamais beberia, iria elogiar seu filho muitas vezes, jamais seria irrealista em suas expectativas. Aceitaria Will do jeito que ele era e o encorajaria quando se esforçasse. Mas, quando a estrela de Ryan começou a brilhar na firma de advocacia, ele passou a ficar impaciente com o filho. Não tinha tempo de incentivá-lo a ser o melhor – Will tinha de querer ser o melhor. Ryan tinha se tornado um perfeccionista tanto no trabalho quanto em casa – ele queria tudo perfeito. "Sem atalhos", Ryan sempre dizia a Will. No final de um jogo de futebol americano, Ryan não disse a Will: "Boa jogada, filho". Ele disse: "Por que você não atacou de forma mais agressiva?"

Ryan estava fazendo com o filho aquilo que seu pai tinha feito com ele, e isso estava afastando os dois. Ryan ainda não havia perdido de vista os comportamentos que não queria repetir – ele não era alcoólatra, estava quase sempre com o filho, não o humilhava em público. Ele não era responsável pelas ações de seu pai, mas era responsável pelas próprias ações e teria de encontrar um modo de ser um bom pai, apesar de sua herança tão maculada. Ryan teria de controlar suas interações com o filho de maneira cuidadosa, para que ele tivesse certeza de não estar repetindo os sofrimentos emocionais que tinha suportado. Ainda assim, Ryan tinha muito tempo para fazer as mudanças no seio de sua família. Will e Ryan vieram juntos conversar comigo e fomos capazes de eliminar o ressentimento entre os dois. Will pôde dizer que ele queria o apoio do pai, mas não queria se sentir pressionado o tempo todo. Ryan foi capaz de retroceder em relação a algumas expectativas quanto ao filho e permitir que ele procurasse os próprios interesses, sem que se sentisse magoado, caso não fossem os mesmos que os seus. Ele também foi capaz de estabelecer uma nova maneira de falar com Will, que comunicasse o seu afeto e sua preocupação sem ser crítico demais.

Os erros geracionais tendem a persistir se você não fizer um esforço consciente para eliminá-los. Os filhos de pais *workaholics* tendem a preencher seu vazio emocional com empregos estressantes. As crianças de pais divorciados podem passar a vida perguntando-se como elas teriam sido se os pais tivessem permanecidos juntos. Os filhos de pais rígidos muitas vezes lamentam a falta do amor paterno. E os filhos de alcoólatras compartilham uma verdadeira montanha de problemas emocionais e psicológicos.

Um paciente me contou que seu pai gritava com todo mundo assim que chegava em casa, insistindo em que ninguém mais, além dele, estava fazendo a sua parte das tarefas. Porém, ele próprio se viu fazendo a mesma coisa com sua família e detestou descobrir isso. Ele ficava frustrado com facilidade quando sua esposa e seu filho se queixavam de que ele ficava pouco tempo em casa, pois ouvia em suas vozes o eco desmaiado da voz do seu pai: "Você não está fazendo o bastante". Ele começou a se sentir tão ressentido com a esposa e os filhos quanto ficara com o próprio pai. E percebeu que não podia simplesmente ignorar os pedidos ou os sentimentos de sua família.

Então, lá estava o pai que espancava o filho por ser desobediente e, depois, se sentia tão mal em fazer aquilo que nem conseguia dormir à noite. Certa vez, havia prometido que nunca bateria em seus filhos da maneira como o seu pai fizera. O pai havia o perseguido pela casa com o cinto na mão, e ele ficara aterrorizado. Quando criança, nunca tinha entendido o que havia feito de errado. Mas, como adulto, caso alguém em sua família tentasse lhe dizer o que havia feito de errado, ele ficava na defensiva. Mal conseguia ouvir o ponto de vista do filho em uma discussão, porque via a si mesmo como uma vítima perpétua, sempre o garoto que tinha apanhado injustamente; ele reagia emocionalmente, mesmo quando as críticas que ouvia como adulto estavam longe de ser insultuosas. Logo percebeu isso e começou a trabalhar para mudar a perspectiva de si próprio e seu lugar no mundo, o que também melhorou o seu relacionamento com o filho.

Um paciente comentou comigo, de modo indignado, sobre a tendência de seu pai em desmoralizá-lo na frente de outras pessoas. Ele recordou vivamente como o pai encontrava falhas em praticamente tudo o que fazia: "Se eu recebesse três notas boas e uma nota ruim, ele reclamava da nota ruim. Se eu limpasse meu quarto, ele iria vasculhá-lo como um sargento até encontrar alguma coisa que eu tivesse esquecido de fazer. Acho que era a sua maneira de me manter em meu lugar e de fazê-lo se sentir melhor". Mas esse paciente tinha se tornado tão crítico em relação ao filho que ficou chocado quando percebeu o erro geracional inconsciente que vinha cometendo.

O excesso de crítica e a negligência emocional desviam a autoconfiança, enfraquecem a segurança e estimulam a depressão. Infelizmente, muitos homens repetem os padrões negativos que os pais estabeleceram para eles. Seja honesto consigo mesmo sobre como você age como pai. Por acaso, está cometendo os mesmo erros de seu pai?

E como se pode quebrar esse ciclo? Em primeiro lugar, você precisa compreender de que tipo era seu pai. Uma coisa é você apreciar um homem; outra coisa é avaliar um pai. Você precisa identificar o padrão de que não gostava em seu pai, reconhecer de que modo isso o afetou negativamente e monitorar quando fizer a mesma coisa com seu filho. Pode ser difícil, mas sua esposa – ou mesmo seu filho – provavelmente será capaz de identificar aqueles momentos. Aqui está um exercício para ajudá-lo.

AJUDE A SI MESMO
A procura da alma

Tenho feito este exercício de exame de consciência com muitos pais e ele realmente ajuda. Você pode responder sozinho às perguntas ou pedir à sua esposa para examiná-las com você:

- De que forma seu pai o desapontou?
- Quando você sentiu a rispidez de seu pai?
- Qual o melhor momento que você passou com seu pai? Por que foi tão especial?
- Como você desapontou seu filho?
- Você consegue pensar em algumas coisas de que não gostava na maneira como o seu pai o educou? Você está fazendo algumas dessas coisas com seu filho?
- Você é parecido com seu pai? Em que sentido?
- Você consegue se lembrar de alguma coisa eficaz que seu pai lhe tenha ensinado?
- Quais eram as expectativas de seu pai em relação a você e como elas o afetaram?
- Como seu pai tratava sua mãe? Você trata sua esposa do mesmo modo?
- Você sente que recebia apoio e aprovação de seu pai?
- Seu pai alguma vez falou de seu avô? Do que você se lembra?

- Você está satisfeito com a relação que tem com seu filho?
- Dê uma boa analisada em si mesmo. Existe alguma coisa em você que deveria mudar?

NÃO CONHECE SEU PAI? APRENDA SOBRE ELE

Muitos homens não conhecem bem os pais, apesar de amá-los e passarem algum tempo com eles. Se você realmente pensar sobre isso, será que vai conseguir explicar como seu pai é como pessoa? Os homens gostam de fazer atividades quando estão juntos – assistir a um jogo de futebol, jogar golfe, nadar na academia –, mas normalmente eles não se sentam em volta da mesa perguntando uns aos outros sobre profundas questões pessoais. No entanto, invejamos as nossas esposas quando fazem isso com os pais delas.

Você ainda pode conhecer seu pai. Toda família tem o seu historiador, a pessoa que conhece os fatos e tem o discernimento para contar a história da família – a vovó ou tia Sadie, tio John ou aquele vizinho por mais de 40 anos. Seja quem for, procure-o, explore cada pedacinho da cultura familiar que ele possa recordar. Junte os pedaços. Se você compreender as suas raízes, poderá entender aqueles ressentimentos de longa data. Você terá uma compreensão maior do que levou seu pai a agir daquela maneira, o que pode levar a um entendimento e até, se necessário, ao perdão. Esse tipo de investigação é uma forma relativamente sem sofrimento de chegar até seu pai. Você não tem de falar com ele, se ele for uma pessoa difícil. Você pode falar sobre ele. Muitas vezes, isso acaba fornecendo o incentivo suficiente para iniciar um diálogo pacífico com o homem que você mais quer conhecer.

Veja o caso de Peter, que, aos 33 anos, não entendia o pai. Ambos tinham um relacionamento cordial, mas nunca muito próximo. Peter conversava com a mãe com bastante freqüência, mas quando perguntava sobre o pai, recebia poucas respostas. Ela sempre dizia que ele era um homem bom, um sujeito calmo. Isso fazia Peter concluir que sua mãe também não compreendia o marido.

Certa noite, Peter convidou sua tia Elsie, irmã de seu pai e fofoqueira da família, para jantar com ele. E ela contou a Peter muitas histórias engraçadas sobre seu pai, mas ele realmente não perguntou por que o pai parecia tão distante, como se sua mente estivesse em algum outro lugar. – Ele sempre foi muito fechado – disse Peter. – Estou começando a achar que existe uma razão para isso. Elsie balançou a cabeça afirmativamente. Ela disse que o pai de Peter era uma alma torturada.

– Ele sempre foi reservado – comentou. Quando cresceu, nunca se viu envolvido em problemas; trabalhou duro na loja da esquina e nunca exigiu muita coisa; pedia a Elsie conselhos sobre as moças, mas principalmente não deixou que as pessoas se aproximassem muito. Ele tinha um pequeno grupo de amigos com quem jogava basquete, mas, fora isso, era um solitário. Peter perguntou a Elsie qual seria o maior arrependimento de seu pai, na opinião dela. A tia hesitou. Ela não tinha certeza se devia contar. Quando Peter sentiu que ela estava se esquivando, repetiu a pergunta.

– Ele se afastou do amor de sua vida – Elsie respondeu.

Era o verão de 1973, e o pai de Peter viajava como mochileiro pela Europa. Estava escrevendo em seu diário numa doceria parisiense, certa tarde, quando uma mulher de olhos negros e batom vermelho perguntou-lhe se ele queria mais café. Pelo resto da tarde, não tirou os olhos dela. Perguntou-lhe se não gostaria de jantar naquela noite. E, durante o jantar, ele soube que a garota era estudante de arte. Ela o convidou para ver suas esculturas. E passaram os meses seguintes juntos.

– Quando seu pai voltou – Elsie continuou –, ele a trouxe junto. Acho que seu nome era Juliette e ela era linda. Juliette não gostou dos Estados Unidos. Sentia falta do ritmo da vida parisiense. Finalmente, um dia, ela voltou para casa. Implorou para que seu pai fosse junto. Mas ele não quis deixar a família para trás. Trocaram cartas durante alguns meses, mas acabaram se separando. – Foi então que seu pai encontrou a sua mãe – disse Elsie. – Sua mãe era muito diferente de Juliette, que era um espírito livre, incentivando o pai de Peter a trabalhar com sua música e a não levar o mundo tão a sério. Sua mãe, ao contrário, tomou as rédeas de tudo desde o começo. Ela queria uma bela casa, jóias caras. Foi ela quem o empurrou para seu primeiro emprego na área de vendas.

Peter ficou fascinado com essas informações e finalmente sentiu que compreendia por que o pai se comportava daquela maneira. Seu pai era bem mais do que aquele acomodado vendedor com quem crescera: ele tinha tido um lado romântico. Ele havia sido um aventureiro. Ele sentira dor. Foi um alívio saber que seu pai era – *gulp* – humano.

O fato de ouvir essa história não apenas ajudou Peter a entender o pai, mas lhe deu alguma coisa a mais para perguntar-lhe. Quando Peter tocou no assunto, seu pai passou a tarde relembrando a época em que colhia azeitonas na Toscana ou os mergulhos que deu nos riachos cristalinos dos Alpes. Ficou envergonhado quando começou a falar sobre Juliette, mas Peter entendeu. Ele me disse que, pela primeira vez em sua vida, sentiu que não tinha nada mais a lamentar sobre seu relacionamento com o pai. Peter disse: "Nós temos mais em comum do que eu jamais pensei". Ele era apenas um sujeito sossegado. E sentia que tinha vivido uma vida plena.

LAMENTOS NÃO RESOLVIDOS

Vamos ser francos. É um trabalho árduo construir uma relação pai e filho mais tarde na vida. Apesar de nossos melhores esforços, há momentos nos quais os obstáculos serão grandes demais. Quando isso acontecer, você deve fazer as pazes com seu pai, respeitando o jeito que ele é. Na essência, você deve desistir de reparar a relação. Não defendo isso muitas vezes, mas, em certas ocasiões, as tentativas de melhorar as relações com seu pai podem ser tão extenuantes que as coisas poderão piorar. Algumas vezes, é melhor aceitar aquilo que não se pode mudar. E isso requer bastante esforço.

Jimmy fala sobre suas tentativas fracassadas em tentar se relacionar com o pai de forma mais espontânea agora – mas ele sofreu um bocado por causa delas. Assim como Lowell e Shorty, Jimmy e seu pai eram totalmente opostos. O pai de Jimmy era um empresário bem-sucedido e um patriota conservador. Jimmy ouvia Grateful Dead[7] quando adolescente, fez algumas trilhas pelo campo, quando estudante universitário, e foi chamado para as causas liberais já adulto, sendo voluntário nas campanhas presidenciais de Bill Clinton. Depois da faculdade de Direito, Jimmy começou um trabalho como Defensor Público e hoje dirige uma equipe de 12 sobrecarregados e mal pagos fiéis colaboradores.

O pai de Jimmy nunca aprovou nenhuma das decisões do filho, e este ficou cansado de seu desprezo por sua vida e motivações. Como resultado de anos de discussão, eles se distanciaram. Ainda assim, Jimmy ligava para o pai e tentava conversar. Ele não diria nada sobre seu trabalho, mas falaria sobre o primeiro dia de sua filha na escola ou sobre as aulas de balé da menina. Seu pai não responderia muita coisa; pediria apenas para falar com a neta e, depois, desligaria o telefone. No que se refere ao pai, ele estaria punindo Jimmy pelo resto da vida por ser tão diferente dele. Depois de meses de terapia, Jimmy percebeu que estava dando murros em ponta de faca. Ele havia tentado se encontrar com o pai durante anos. Mas o homem não estava disposto a ceder. No entanto, a filha de Jimmy continua a ter um bom relacionamento com o avô.

Gil também teve de desistir de mudar o pai. Gil, um advogado de 37 anos e dois filhos pequenos, raramente vê o pai, que se divorciou da mãe quando ele tinha nove anos. O menino foi viver com a mãe, que mais tarde acabou se casando de novo; o pai se

---

7 - Grateful Dead foi uma banda de rock norte-americana formada em 1965 em São Francisco. O grupo era conhecido por seu ecletismo, já que fundia em suas músicas elementos do folk, blues, jazz, psicodélico e gospel. (N. T.)

mudou para outro estado. O pai de Gil não era um malandro – ele deu apoio financeiro às crianças e enviava as passagens de avião para que Gil e sua irmã mais velha fossem visitá-lo nas férias. Mas eles nunca se sentiram realmente como uma família. Gil se lembra de se sentir desconfortável na casa do pai; por exemplo, ele devia se sentar direito no sofá quando estivesse assistindo a tevê. Não havia nenhuma briga traumática nem qualquer comportamento particularmente doloroso, mas existia pouca ligação entre eles; Gil na verdade encarava o seu padrasto como pai. Depois que Gil entrou na faculdade, ele e o pai conversavam apenas uma ou duas vezes por ano. Mas quando os filhos de Gil nasceram, ele desejou ter um relacionamento mais significativo com o pai. Passou a ligar mais vezes, a convidá-lo para ir até sua casa nos feriados, trocar idéias com ele sobre golfe (já que essa era a única coisa que o pai fazia nesses dias). Mas o pai de Gil não se mostrava interessado. Ele rejeitava os convites muitas vezes, dizendo que seria demais ele voar através do país apenas para uma visita. Depois de um tempo, Gil desistiu.

Vários anos depois, Gil veio me ver. Ele queria saber se era errado descartar o pai de sua vida. – Eu me sinto culpado – disse. – Será que deveria continuar tentando?

A resposta é não. Há momentos nos quais tudo o que você pode fazer é aceitar a realidade, mesmo que esta seja muito dolorosa. Às vezes, nossos pais acabam não sendo quem esperávamos. Tanto Gil quanto Jimmy estavam sobrecarregados pelos seus sentimentos de decepção com relação a seus pais. Então eles desistiram – e se livraram da raiva. Agora, eles têm vida própria. Tiveram filhos que precisavam de bons pais. E ficaram aliviados ao saber que tinham feito a coisa certa.

A raiva pode consumir muito de sua energia emocional, criar confusão nos relacionamentos e deturpar a sua existência. Eu realmente acredito em trabalhar aquelas questões pendentes de longa data, mas algumas vezes nem o pai nem o filho tornam possível essa resolução. Um irá recusar-se a estar na presença do outro. Já o outro permite que seus ressentimentos afetem seu relacionamento com seus irmãos ou netos. Algumas vezes, a única forma de obter a paz será concordar ou discordar e evitar o outro. Mas, meus amigos, se vocês se encontram em um impasse, o que é preciso fazer é reconhecer quanto você contribuiu para isso e não simplesmente culpar a outra pessoa.

Se as coisas podem ser resolvidas, alguém precisa se comprometer a ceder. E antes que você desista de seu pai, sugiro que tente ser o primeiro a ceder. Estar certo é raramente mais importante do que estar perto.

Há uma antiga tradição judaica observada no Yom Kippur – O Dia do Perdão –, durante as orações no templo. Os familiares são convidados a se virar um para o outro e pronunciar a palavra hebraica *Selichah* – cuja tradução livre é: "Por favor, me perdoe as dores que eu possa ter lhe causado este ano". A outra pessoa responde com *Mechilah*, que quer dizer: "Eu o perdôo". Esse ritual simbólico e emotivo foi concebido para nos ajudar a ter responsabilidade pelo próprio comportamento e para abrir as portas da reconciliação.

Talvez esta seja uma oportunidade para você fazer isso com seu pai ou filho. Ela oferece aos dois a possibilidade de um recomeço.

AJUDE A SI MESMO

Uma conversa ao pé do túmulo

Alguns homens perdem o pai antes que possam resolver os problemas entre eles. Esse é um fardo difícil de suportar, mas você pode chegar num acordo para que não fique se sentindo numa prisão perpétua. No início de minha carreira, um supervisor sugeriu que eu visitasse a sepultura de minha mãe e falasse sobre todas as coisas que nunca foram ditas entre nós. De início, eu recusei a idéia. Mas depois, resolvi tentar.

Foi bem embaraçoso no início. Eu ficava olhando para os lados para ver se alguém estava me observando. Mas logo falei as coisas que estavam em meu coração – pedi desculpas a ela. Agradeci a ela. Falei a ela sobre minha vida. E quando meu pai se juntou a ela, dez anos mais tarde, fiz a mesma coisa com ele. Contei a meu pai sobre a formatura de meu filho na faculdade e também que minha filha tinha ingressado em outra. Um dia, disse-lhe que gostaria que tivesse sido mais forte, que não tivesse sempre cedido o papel para minha mãe. E contei-lhe que já o havia perdoado por aquilo que ele não foi – um empresário bem-sucedido, um pai emocionalmente expressivo – e depois lhe agradeci por ter sido quem foi – um homem doce e generoso. "Você estava fazendo o melhor que podia. Vejo isso agora com meu filho. Também estou fazendo o melhor que posso", eu disse a ele. Converso com meus pais uma vez por ano e procuro me reconciliar com eles devido a alguns problemas que tivemos e que têm me acompanhado ao longo dos anos.

Essas conversas teriam sido maravilhosas se as tivéssemos, pessoalmente, mas isso é tudo o que eu tenho. O cemitério é um paraíso seguro e pacífico onde você tem a sagrada oportunidade de sentir o espírito de seus pais. Convido-o a fazer o mesmo.

QUE TIPO DE ARREPENDIMENTOS VOCÊ TEM?

Falamos muito, neste capítulo, sobre nossos arrependimentos e queixas com relação a nossos pais. Mas você tem algum arrependimento, ou algo a lamentar, sobre sua própria conduta como pai?

Quando me reúno com pais mais jovens, eu os incentivo a pensar sobre qual tipo de pai eles gostariam de ser e, então, a avaliar o tipo de pai que são, na realidade. Peço a eles que se imaginem se aproximando dos imponentes portões brancos do céu, quando alguém lhes entrega um cartão onde estão as seguintes perguntas:

- Quando seu filho precisou de você, de que maneira você se aproximou dele?

- De que forma viveu sua vida, para que ela fosse um exemplo positivo para seu filho?
- Olhando em retrospecto, diria que fez tudo da melhor maneira possível?
- Seu filho concordaria com você que ambos tiveram um bom relacionamento?

Digo a todos que sejam honestos consigo mesmos quando estiverem avaliando seu desempenho paterno. Eles não vão receber pontos extras pelo tamanho de suas casas, pelos carros que dirigem ou pela opulência de suas contas bancárias. Ao longo dos anos, pude observar três tipos de reação dos homens a quem fiz essas perguntas. Alguns se sentiram incomodados só de lerem as perguntas; eles tinham problemas quando se viam diante de sua atitude paterna de meio período, periférica. Outros eram duros consigo mesmos, confessando que já se sentiam arrependidos por não terem passado tempo suficiente com os filhos. E apenas uns poucos deles diziam que não mudariam uma vírgula em seu comportamento.

O vínculo entre pai e filho é algo não dito, inexplicável, é um fato aceito, mas amplamente não discutido. Os pais presumem que seus filhos sabem como se sentem em relação a eles. Eles supõem que os filhos compreendem por que estão tão cansados, que não suportam falar sobre o último jogo de futebol que o filho venceu, ou sobre suas notas baixas em matemática. Mas os filhos não entendem. Eles sabem tanto quanto você quando tinha a mesma idade e achava que estava sendo rejeitado. Seu longo dia no escritório não é uma desculpa para se afastar de seus filhos.

Às vezes, parece que é preciso uma tragédia bem próxima para que percebamos o que é mais importante.

Carl era o cérebro por trás de uma grande agência de publicidade. Aos 45 anos, ele amava seu emprego, que exigia muita dedicação e muitas horas de trabalho. – Vou tirar o pé do acelerador qualquer dia desses – costumava dizer à esposa, que vivia implorando que passasse mais tempo com seus dois meninos. Em vez disso, ele passava a maior parte do tempo correndo de um lugar para outro. Ele até ia a um dos eventos das crianças, mas voltava ao trabalho logo depois que tudo terminava. Ele assistia à peça na escola, mas pulava a parte dos cumprimentos e dos sorvetes, ao final da festa.

Quando estava na cama com sua esposa, certa noite, Carl sentiu uma dor aguda no peito. Ele era um sujeito jovem, "deve ser azia, com certeza", ele pensou, e tomou alguns antiácidos. Mas a dor persistiu. Poucas horas depois, Carl acordou, com as mãos no peito, sentindo-se desmaiar. Sua esposa o levou para o carro e dirigiu até o pronto-socorro. Assim que chegaram, Carl foi ligado a um monitor cardíaco, pois estavam convencidos de que se tratava de um ataque do coração. Uma enfermeira mediu-lhe os sinais vitais.

– E se... – ele começou a dizer. Sua esposa o fez calar-se. Mas Carl não conseguia parar de pensar em todas as ocasiões em que tinha fugido dos "sorvetes finais e dos cumprimentos" das festas de seus filhos. Ele também não conseguia se lembrar da última vez em que tinha passado alguns momentos sozinho com seus garotos. "E se eu não tiver nem mais um minuto com eles?", pensou.

Alguns minutos mais tarde, o médico veio com o resultado do eletrocardiograma. Ele sorriu. – Você não teve um infarto – o médico disse. – Foi um ataque de pânico. Você tem estado sob forte estresse? Carl fez um breve resumo de seu trabalho, de suas horas, de sua vida. Ele olhou para a esposa: – As coisas precisam mudar – disse ele. Foi um momento crucial. Carl estava voltando para casa – do hospital, mas também em espírito. Disse: – Eu quero conhecer meus meninos.

AVÔS QUE EXIGEM OS FILHOS

Quando o final da vida se aproxima, alguns homens se sentem confortáveis em admitir os seus arrependimentos – pelo menos para si mesmos. Alguns deles trabalham ativamente para desenvolver um relacionamento melhor com o filho já adulto, para tentar consertar uma vida de desavenças, passando mais tempo com a família. Já os pais que tiveram dificuldades no relacionamento com os filhos freqüentemente perdoam e esquecem essas falhas ao se tornarem avôs mais atenciosos. Eles conseguem a sabedoria graças à experiência, pois já sabem o que deu certo e o que não funcionou na relação com os filhos. E agora têm a oportunidade de fazer as coisas direito.

Um homem pode muitas vezes sentir o amor de seu pai apenas por meio de seus filhos. Um paciente me contou que seu pai, um disciplinador rígido, revelava um lado mais suave sempre que passava um tempo com o neto. Ele levava a criança para tomar sorvete e lhe comprava bichos de pelúcia. Disse: "Eu ficava desconcertado. Meu pai nunca fez isso para mim". Claramente, seu pai estava tentando recuperar o tempo perdido.

Dennis, com 84 anos, tinha se casado duas vezes e estava para se casar novamente. Ele havia se beneficiado de uma bem-sucedida carreira médica e vivia uma vida em plenitude, mas tinha arrependimentos com relação ao filho, Mark, agora com 54 anos. Mark estava crescendo justamente no momento em que a carreira de Dennis começou a se consolidar. – Eu não lhe dei muita atenção – disse Dennis. – Não tanta quanto eu deveria ter dado. Seu relacionamento era ainda mais tenso porque Dennis não tinha muito a ver com Mark, que era um atleta, sempre competindo em torneios de basquete. Dennis preferia a ocupação criativa de seu filho mais velho, Paul. – Ele foi o que eu sempre quis ser – disse Dennis.

Mark foi para a faculdade e tornou-se professor. Paul acabou viciado em drogas e viveu em casa até a sua morte devido a uma hepatite C, em 1997. Ainda assim, Dennis protegeu Paul. – Ele era um garoto que adorava ficar à toa, eu nunca fiz isso, mas bem que gostaria de ter feito – disse Dennis.

Em retrospecto, Dennis acha que Mark se agarrou à sua preferência e foi isso que causou as tensões no seu relacionamento. Outras tensões surgiram quando Dennis se divorciou da mãe de Mark, uma alcoólatra. Depois de muitos anos implorando a ela que buscasse ajuda, ele desistiu. E nunca disse ao filho que sua mãe tinha essa dependência, preferindo mantê-lo longe dessa dor. Mas Mark cresceu odiando o pai por tê-la abandonado. – Lamento não ter contado a ele – Dennis diz. – Acho que nosso relacionamento teria melhorado consideravelmente. Eu contei à minha filha sobre esses sentimentos, mas nada disse a Mark, nunca fiquei à vontade a seu lado.

Nos últimos anos, Dennis decidiu aproximar-se do filho. – Um homem na minha idade não tem muito tempo sobrando – disse. Ele começou então a visitar Mark, sua esposa e suas duas netas tantas vezes quanto podia. Mark levava o pai para jogar golfe com um grupo de amigos, mas tomava cuidado para nunca ficar sozinho com ele, o que o pai entendeu. Quando Mark mencionou que estava preocupado com as demissões em seu trabalho, Dennis o incentivou a falar sobre isso. – Tomei cuidado para ouvir tudo o que ele estava dizendo. Eu me tornei seu confidente, mais do que jamais tinha sido.

Dennis disse que o melhor momento que ele teve com o filho foi quando Mark tinha planejado jogar golfe com ele e alguns amigos, mas estes deixaram de ir, na última hora, o que fez com que pai e filho jogassem golfe sozinhos no início da manhã de um dia frio de inverno na Virgínia. Dennis realmente não jogou, simplesmente assistiu ao filho jogar. Mark explicou os segredos de como jogar em cada buraco. Eles olharam para as montanhas distantes e falaram sobre a beleza da natureza. Mark ficou tão animado em dividir seu mundo com o pai que parecia tão inocente quanto uma criança – e naquele momento pareceu a Dennis que ele era capaz de ser aquele pai atencioso que sempre desejara. – Isso parece não ter importância – disse Dennis. – Mas significou tudo para mim. Fui atrás dele e ouvi. Nós concordamos em tudo. Foi maravilhoso, porque nunca havíamos estado em tanta sincronia.

Bud, um analista de 70 anos, aposentado da CIA, costuma dizer que é muito mais fácil ser avô do que pai, especialmente porque não é preciso fazê-lo todos os dias. Os filhos de Bud sempre foram importantes para ele. Mas Bud ama cegamente seu neto de três anos, mais que qualquer outra pessoa em sua vida. Ele passa um dia por semana com o neto e aguarda com prazer tudo aquilo que vão fazer juntos. Eles vão ao parque, ao zoológico e assistem a tevê. Perguntei se ele tinha passado tanto tempo assim com seu filho. – E perder um dia de trabalho? – ele sorriu. – Jamais!

Muitos avôs com quem eu tenho conversado falam de sentimentos semelhantes. É mais fácil fazer esse tipo de coisa quando se tem mais tempo e idade suficientes para saber o que deu errado na primeira vez. – Eu realmente gosto disso – disse um avô de 68 anos. – Mas é bom saber que você está devolvendo para seus pais. Outro vovô me disse: – Devo ter passado mais tempo com meus netos do que com meu filho. Quando você fica mais velho, seu tempo se torna mais precioso e você pensa seriamente sobre a forma como vai gastá-lo. Outro avô confidenciou: – Eu me sinto como se estivesse compensando os meus netos pelo tempo que não passei com o pai deles.

Infelizmente, muitos outros avôs apresentam o mesmo tipo de arrependimento. Eles vivem dizendo: – Puxa, como gostaria de ter me envolvido mais. Também dizem: – Passei tempo demais me preocupando em ganhar mais dinheiro. E provavelmente transferi muita responsabilidade para minha esposa, deixando-a cuidar das crianças sozinha. E é sempre mais fácil olhar para trás e dizer o que você deveria ter feito. Mas ainda tenho algum tempo sobrando. Acho que dá para consertar as coisas e fazer algumas daquelas que eu deveria ter feito.

Um pesquisador aposentado de 73 anos me disse que não via a hora de ficar um tempo com seu neto, porque podia ficar sozinho com ele – sem sua ex-esposa por perto. Quando seu neto era pequeno, ele adorava tomar conta dele, dar a mamadeira, trocar as fraldas e coisas assim. – Minha mulher não me deixava nem entrar no quarto quando meu filho era bebê. Eu nunca tinha trocado uma fralda antes. Agora me sinto bem mais participativo, acho que sou um avô bem mais competente do que fui como pai.

No livro *Letters to Sam*, o autor Daniel Gottlieb escreve cartas reflexivas a seu neto na vida real, compartilhando seus conhecimentos em praticamente todos os assuntos, desde garotas até como permanecer jovem de coração. Um dos momentos mais tocantes do livro se refere às histórias que ele conta sobre o próprio pai, a quem chama de Pop-Pop. Ele e Pop-Pop demonstravam pouca afeição mútua. Quando Pop-Pop faleceu em seu apartamento em Atlantic City, Gottlieb relata que foi então que aprendeu que só descobrimos nossos arrependimentos quando alguém que amamos se vai.

> Nós nos vimos pela última vez um dia antes de ele morrer. Era um dia em que ventava demais. Quando cheguei a seu apartamento, ele estava sentado defronte da janela, aquecido pela luz do sol. Puxei uma cadeira para me sentar a seu lado. Depois que descansei meu braço sobre seus ombros, ambos ficamos olhando o mar lá embaixo, sem dizer nada.
>
> Um vento forte soprava areia diretamente para o oceano, apagando todas as pegadas dos banhistas. Parecia até que, se aquele vento não parasse, toda a areia da praia seria arrastada para dentro do mar. A praia estava sendo varrida. Enquanto eu assistia à renovação daquela praia, movi minha mão para o peito de meu pai, trazendo-o mais para perto. Sem olhar para cima, ele agarrou a minha mão, beijou o polegar – a única área onde eu consigo sentir alguma sensação – e gentilmente esfregou seu queixo nele.
>
> No dia seguinte, sua enfermeira o encontrou morto no mesmo lugar, sentado em sua cadeira favorita na sala de jantar, de frente para o oceano... E muitos dias depois de sua morte, sempre que alguém me perguntava se eu precisava de alguma coisa, co-

meçava a chorar. "Sim," eu pensava. "Eu queria sentir seu queixo se esfregando de novo em meu polegar, mais uma vez."

Enquanto eu viver, enquanto estiver com você, ficarei muito contente em lhe falar sobre seu Pop-Pop. Ele era um homem pequeno – pequeno em estatura, e a marca que ele deixou no mundo também era pequena. Ele não dirigiu nenhum desses grupos ou organizações. Tudo o que ele fez foi se casar com uma mulher que ele adorava e criar dois filhos que eram capazes de amar e de ter compaixão. Ele viveu e amou. Mas deixou o mundo praticamente do mesmo jeito que o encontrou.

Algum dia, Sam, você também vai avaliar seu próprio pai. Você vai ver que papel ele teve na vida de sua família, em sua própria vida e na vida de sua mãe. E vai saber a dimensão do impacto que ele causou no mundo. Mas sei que nenhum desses julgamentos ou formas de medir tem alguma importância. O que realmente importa é a forma como vocês olham juntos para o oceano[8].

Então, veja, um bom pai não é julgado pelas suas conquistas ou pelos bens materiais que acumulou durante a vida. Ele é lembrado por aquilo que foi – um homem devotado à esposa, que ensinou suas crianças pelo seu exemplo, ou que sempre esteve ao lado dos filhos quando precisaram dele. A medida de um homem vem a partir de quem ele é internamente, não quem ele projeta externamente. Muitos daqueles "superpais", "pais das cavernas" ou "pais de meio período" oferecem a seus filhos oportunidades, em vez de emoções, uma herança que vem de gerações e que precisamos interromper. Estime o seu pai por quem ele foi e reconheça quem ele não foi – e use essa informação para reescrever o tipo de relacionamento que você tem com seu filho hoje e em todos os dias depois disso.

---

8 - De *Letters to Sam* © 2006 de Daniel Gottlieb. Usado sob permissão de Sterling Publishing Co., Inc.

CAPÍTULO 3

FILHOS EM ANDAMENTO

Servindo como um pai nas etapas do desenvolvimento

Meu pai me deu o maior presente que alguém poderia dar a outra pessoa – ele acreditou em mim.

– Jim Valvano, treinador de basquete,
Universidade do Estado da Carolina do Norte,
time da NCAA Competição

Hank tinha 33 anos quando sua mulher ficou grávida. Apesar de eles terem se casado com cerca de 20 anos, propositalmente esperaram um pouco até poderem ter filhos, porque ele acreditava que estaria mais maduro e estável financeiramente. Em outras palavras, estaria pronto. – Cara, eu estava enganado – ele me contou.

Ao observar seus amigos com os bebês e achando que eles estavam se divertindo, Hank tinha se enxergado levando o garoto em viagens e dormindo com ele em barracas sob as estrelas. Ele não tinha considerado que, antes de poder fazer isso, seu filho seria primeiro um bebê chorão e necessitado de cuidados. Hank descobriu, então, que recém-nascidos davam um bocado de trabalho. Na ocasião em que veio me ver, ele estava devastado. – Eu chego do trabalho exausto. E minha esposa espera que eu assuma as tarefas depois do jantar – ele disse. – Eu não quero assumir nada, eu quero mesmo é descansar.

Às vezes, a esposa de Hank colocava o bebê nos braços dele, o acariciava na bochecha e saía para a academia. E Hank não sabia o que fazer. O filho começava a chorar e chorar e Hank ficava aterrorizado ao ver as lágrimas caírem. – Querida, onde está a chupeta? E a mamadeira? Querida, ele não pára de chorar.

Quando o filho nasceu, a esposa de Hank decidiu que seu marido precisava de um tempo com ele para criar uma intimidade entre os dois. Além disso, ela queria dormir até tarde nos sábados de manhã. Seria trabalho de Hank se levantar, alimentar o bebê, trocar as fraldas e brincar com ele. Hank amava o filho, mas admitia ser um pai relutante. Ele se sentia como se tivesse desistido de muita coisa. – Meu filho acorda e já quer brincar imediatamente – Hank me disse. – Eu quero dar um tempo algumas horas antes de fazer qualquer coisa. Relaxar. Ler o jornal. Então, eu entro com força total. Mas acho que ser um pai não funciona desse jeito.

A pesquisa é definitiva. As crianças que sentem falta de pais mais interessados e de modelos masculinos adequados não vão bem na escola. Elas estão em grande risco de apresentar problemas. E são mais propensas a ter dificuldades em seus relacionamentos na vida. As crianças, e até mesmo os adultos, lutam a vida toda sem os pais. Os pais cuidam dos filhos de maneira diferente das mães. Eles não são, em geral, os maiores educadores do mundo, mas podem fazer coisas pelos filhos que as mães não são capazes de fazer. Eles os ensinam a se defender, a urinar, a fazer a barba e a dar o nó na gravata. Eles podem se recordar das ereções que tinham em sala de aula e como lidavam com isso. Um pai não é uma mãe-masculina nem deveria ser. No entanto, existem situações nas quais os pais podem tentar ser mais cuidadosos com seus filhos. Por exemplo, quando uma criança que está engatinhando cai e se machuca, não é o momento e nem a idade para que se diga a ela que não chore. Você precisa saber como confortar e incentivar seu filho em cada estágio. Você irá aprender a cuidar dos filhos à sua própria maneira, com base na experiência – ouça atentamente a voz do seu filho, observe os outros pais e se adapte à situação.

Todos os homens querem saber como cuidar direito de seus filhos. Mas ser pai é difícil. Nós não recebemos um manual junto com o recém-nascido dizendo-nos o que fazer, como se sentir, e quando será o momento de mudar as prioridades. Mas bem que poderíamos ter um manual, e é exatamente isso que vou lhe dar neste capítulo.

DO RECÉM-NASCIDO ATÉ O PERÍODO EM QUE COMEÇA A ENGATINHAR

Nunca vou esquecer a primeira vez em que troquei as fraldas de meu filho. Eu espalhei toda a parafernália essencial – fraldas, toalhas, talco, tudo estranho para mim –, deitei meu filho e tentei trabalhar numa velocidade distorcida. Eu o segurei com uma das mãos enquanto procurava pelos apetrechos com a outra, preocupado que aquele minúsculo e escorregadio corpo poderia cair do trocador. E se eu o machucasse? Por isso, eu o coloquei sobre um cobertor no chão e comecei tudo de novo.

Seu choro, seus gritos e meus medos, suas pernas que não paravam de chutar – nós estávamos em uma sobrecarga sensorial, e eu ainda tinha de colocar a nova fralda nele, o que aprendi rapidamente ser uma espécie de arte. Tentei levantar seu bumbum e deslizar a fralda por baixo, mas quando eu o desci, de alguma forma ele a chutou para longe. Reposicionei de novo, e ele fez aquilo novamente. Foi frustrante: "Como pode ser tão difícil trocar uma droga de fralda?"

No começo, eu era um pai orgulhoso, exatamente como muitos homens são antes de lidar com os cuidados do bebê. Os bebês explodem em nossa vida. Eles viram nosso mundo de cabeça para baixo. Aqueles homens que costumavam aconchegar-se às suas esposas para momentos improvisados de intimidade estão agora subitamente rondando os trocadores. Estão aquecendo as mamadeiras no lugar de preparar o chocolate quente ao pé da lareira. E quando o bebê chora no meio da noite... não se espera que a mãe seja a única a se levantar.

Ainda assim, muitos homens se sentam no banco de trás durante os primeiros anos de cuidado com os bebês. Eles contam com suas esposas para assumir a parte mais pesada da tarefa, alegando que o "instinto maternal" da mulher sobrepuja suas periclitantes habilidades. Eles se excluem da equação da paternidade. Por outro lado, pode acontecer que esse novo "instinto maternal" da esposa impeça que o pai passe algum tempo com o recém-nascido.

Por exemplo, Craig, de 34 anos, diz: – Minha mulher e meu bebê estão tendo um caso de amor. Desde o momento em que seu filho nasceu, ele se sentiu como se estivesse "segurando vela". Gillian estava sempre às voltas com o bebê, amamentando-o, bajulando-o, sempre falando sobre ele. O bebê a dominava. Craig costumava ter a maior parte da atenção de sua esposa, mas agora, com o bebê, "ela estava muito cansada para mim". Craig disse: – Algumas vezes eu me pergunto se eles sabem que estou por ali. Claro, eu ajudo com algumas tarefas, com a logística, mas sempre fica essa sensação perturbadora de que sou dispensável.

Os pais não costumam admitir isso, mas eles têm problemas em compartilhar a esposa com seus filhos e filhas. Um homem celebra o nascimento de seu primeiro filho tanto quanto chora a perda da esposa do jeito que a conhecia até então. – Você está diferente desde que o bebê nasceu – um homem de 35 anos disse à esposa. – Não consigo apontar a diferença exata, mas você mudou. As mulheres reconfiguram seu mundo em torno de seus recém-nascidos. E se uma mãe é a Lua para o filho em relação à Terra, o pai é freqüentemente a mais distante das estrelas.

Existir à margem de um lar é uma grande mudança para a maior parte dos homens. Eles não querem dizer isso porque acham que pareceriam ridículos, mas estão inicialmente invejosos do relacionamento entre suas esposas e seus filhos. Não é apenas porque a energia das esposas está agora dividida, mas porque eles nem sempre sabem como se aproximar do bebê. – Por que isso não acontece com a mesma facilidade comigo? – um jovem pai me perguntou.

Você precisa saber, desde o começo, que é a parte mais importante na vida de seu filho. Você não precisa ficar de escanteio. Sua esposa e seu filho precisam da sua presença. Você não pode se afastar, ficar assustado e deixar sua esposa à própria sorte. A ligação entre as mães e os bebês acontece porque elas trabalham a favor dessa ligação. Elas passam horas a fazê-lo por meio de todas as pequenas tarefas de cuidar de uma criança. A maior parte das mães – assim como os pais – está aprendendo a cuidar de uma criança. Elas não são naturalmente melhores para fazer isso. Você pode e precisa fazer essas pequenas coisas, também. Esqueça esse negócio de ser o Super-Homem. Os homens gostam de fazer listas, de realizar missões, de pagar as contas, cuidar do jardim, trocar fraldas, aquecer as mamadeiras – tudo extremamente útil, mas eles precisam também passar um tempo com seus bebês. Você não pode esperar que o vínculo simplesmente passe a existir. O bebê precisa saber que seu pai gosta de ficar com ele. Se o bebê grita depois de ser colocado em seus braços, você precisa de mais tempo com ele – e não menos.

Aqui estão cinco maneiras de manter sua esposa perto e seu filho ainda mais perto:

Aproveite todas as oportunidades

Observe e escute seu filho. Tente se familiarizar com seus movimentos. Fique por perto – é tão simples. Tome parte ativa na vida de seu filho desde o começo. Ofereça-se para levá-lo ao pediatra, dê comida a ele. Esqueça o medo de fazer perguntas. Não há problema em ter dúvidas.

Quando estiver segurando seu filho, converse com ele, deixe-o perceber que está ali. Brinque com ele. Os bebês ficam muito conscientes de sua presença se agir assim. Um bebê fixa os olhos no pai e os mantêm ali enquanto o pai estiver interagindo com ele. Em um ou dois meses, a criança estará sorrindo e balbuciando palavras ininteligíveis quando você chegar em casa. Os pais que dedicarem algum tempo para se vincularem ao seu bebê serão enormemente recompensados. – Senti como se tivesse ganhado na loteria quando as primeiras palavras de meu filho foram "Pa-Pa" – um homem me contou.

Ajuste os seus horários. Acorde no meio da noite quando o bebê chorar. Aprenda a viver com menos horas de sono. Isso constrói o caráter. Se o seu bebê está acordando às 6 da manhã e caindo no sono às 8 da noite, você precisa dar um jeito de pegá-lo acordado. Se você não o fizer, vai se tornar "um pai de fim de semana".

Ele não é "apenas um bebê"

Não cometa o erro de dizer: "Ele é apenas um bebê. Estou planejando fazer mais coisas com ele quando ficar mais velho". Essa é uma racionalização muito fraca para não se envolver com seu filho. Você está lançando as bases para o relacionamento com ele, estabelecendo o tom para uma vida inteira de interação. Os bebês estão em sintonia com as pessoas à sua volta até mesmo durante os seus primeiros anos. Seu filho irá aguardar ansiosamente seu retorno para casa depois do trabalho ou será que ele nem vai notar a sua chegada?

Colin, de 29 anos, não percebeu a importância dos primeiros anos de seu bebê. Ele disse: – Não passei muito tempo com ele. Deixei praticamente tudo por conta de minha esposa, concluindo que ela era perita nessas coisas e que faria todo o trabalho. Mesmo quando me senti meio de lado, disse a mim mesmo que tinha coisas mais importantes para fazer do que ficar trocando fraldas, como, por exemplo, pagar as contas e construir a minha carreira. Quando meu filho tinha três anos, minha esposa estava irritada comigo por causa da minha falta de participação e meu filho naturalmente gravitava ao redor dela. Eu sentia como se precisasse meter o nariz onde não devia apenas para conseguir a sua atenção. E quando fazia isso, ele dizia: "Cadê minha mãe?" Levou quase um ano até que eu conseguisse recuperar parte do tempo precioso que havia perdido. Mas agora estamos esperando outra criança. Desta vez, vou fazer as coisas direito desde o começo. Eu aprendi da maneira mais difícil.

Falando como bebê

Ouvi muitos homens dizendo que falar como bebê é uma coisa muito boba. Isso é como dizer que as conversas sobre futebol ou sexo são idiotas. Falar como bebê não é idiota. A linguagem dos bebês é sua forma de comunicação. E você pode aprendê-la mais cedo do que tarde. Os bebês respondem ao som e ao tom de nossa voz tanto quanto às próprias palavras. Repetir "Oi, Bebê!", "Bu!" ou "Da!" centenas de vezes fazem um bem que você não imagina. Quando seu filho murmurar, murmure de volta. Não estou sugerindo que você não deva falar normalmente com o seu bebê. Na verdade, você deve fazer isso – é outra maneira de se conectar com seu filho. Aponte o nome dos objetos no quarto; fale sobre eles. Fale sobre o seu dia, seus sentimentos, para onde pretende levá-lo no final de semana. É claro que ele não vai entender, mas isso não importa. Enquanto você conversa com seu filho, está definindo um padrão de fácil comunicação para o futuro. Você estará dizendo a ele, de forma não-verbal, que gosta de estar com ele e que ambos se sentem cada vez mais confortáveis com a presença do outro.

Assim que os bebês começam a engatinhar, também começam a usar a voz – e de vez em quando você vai achar que precisa de um intérprete. Quando meu filho tinha um ano de idade, ele balbuciava coisas pela janela do carro todas as vezes que passávamos por determinada rua. Minha esposa e eu estávamos confusos, até que o ouvimos fazer isso quando uma ambulância passou a nosso lado, e percebemos então que era a sua maneira de expressar emoção. Muitos pais ficam emocionados quando conseguem decifrar o que os seus balbuciam. Um deles recordou como seu filho gritava "pássaro" toda vez que o Garibaldo aparecia na Vila Sésamo, um programa de tevê infantil, e de repente ligou essa expressão com os pássaros de verdade que voavam à sua volta no parque. Outro pai riu vivamente quando me contou como seu filho falava "Até logo" para o caminhão de lixo que passava toda semana. É fascinante assistir seu menino começar a compreender o mundo que o rodeia – o que inclui você mesmo.

Assim que seu filho encontrar a voz, incentive-o e passe a conversar com ele. Eu digo aos pais para conversar com seus filhos a partir de um ano, como se eles tivessem oito anos. Conte a eles sobre a sua vida; faça perguntas e as responda por ele; assim, ele começa a se acostumar ao processo de dar e receber quando estiver na presença de outras pessoas. Aprenda aquilo que o faz rir – porque no final, isso vai fazer que vocês dois riam juntos.

Seja criança novamente

O mundo é um lugar maravilhoso e fascinante para os nenês. Todos os dias eles vivem uma nova aventura. Por que não se juntar a eles nessa jornada? Alguns dos melhores pais são aqueles que estão dispostos a se encontrar com os filhos na terra dos brinquedos. Fique de joelhos, rasteje em volta, imite os sons dos animais, ria a plenos pulmões. Você não precisa de um arsenal de brinquedos para ser um bom pai. O que você faz com o brinquedo é muito mais importante do que o brinquedo em si. Você pode transformar as marionetes e os brinquedos de pelúcia num mundo de movimento. Os nenês que estão começando a engatinhar adoram quando se dá vozes a esses animais e eles conversam uns com os outros.

Às vezes, as mães se queixam de que seus maridos são muito brutos. Uma delas me contou que seu coração saía pela boca todas as vezes em que seu marido jogava seu bebê para cima e ele ficava no ar alguns segundos, mas o marido sempre o agarrava. Não há nada errado nisso. É desse jeito que muitos homens brincam. Mas é preciso ser cuidadoso. Alguns pediatras me contaram histórias de crianças que se machucaram inadvertidamente por causa de pais exagerados.

Leve seu filho com você

Não importa se você vai para a mercearia ou para o quintal, encontre uma maneira de incluir seu filho. É parte do processo para criar um vínculo. Coloque o seu filho para trabalhar no jardim ou leve-o ao supermercado. Sim, é mais trabalho para mantê-lo ocupado, mas não tenho outra maneira de enfatizar a importância de passar um tempo um com o outro. Siga suas crianças em seus mundos. Vá até o playground onde sua esposa o leva normalmente e observe seu filho brincando. Você vai conhecer outros pais e partilhar histórias. E, além disso, a mãe terá um descanso.

A INFÂNCIA MARCA A ATENÇÃO DO PAI

Quando o meu filho estava com quatro anos, ele tinha medo do escuro. Eu ia ficar com ele, lia uma história para dormir, e quando ele não conseguia mais manter os olhos abertos, saía de seu quarto na ponta dos pés. Muitas vezes, ele acordava logo depois de eu fechar a porta. Certa noite, me chamou porque disse ter ouvido um barulho, afirmando que tinha alguém ou alguma coisa no armário. De início, eu lhe disse que não era nada. Não havia nada lá, mas meu filho estava assustado e convencido de que algo estava lá dentro. Então, percebi que deveria abandonar a lógica e pensar como alguém com quatro anos.

Comecei o show e me aproximei do armário como um detetive nos filmes. Abri a porta com bastante efeito e gritei: "Muito bem, pode sair daí!" Meu filho olhou com olhos arregalados. Quando não houve nenhuma resposta, eu disse: "Se você puser as mãos em meu filho, eu vou quebrar a sua cara e você vai chorar sem parar. É melhor nunca mais voltar por aqui ou vai se arrepender. Vou transformar você em cocô de cachorro!" Meu filho começou a rir histericamente. Então, se aconchegou em seu travesseiro e fechou os olhos, com a certeza de que o intruso nunca mais voltaria. Lá estava eu, o pai matador de dragões. Isso foi o mais próximo que jamais cheguei de bancar o super-herói – e adorei cada minuto.

Os nenês começam a engatinhar e depois se transformam em rapazinhos muito mais rápido do que os pais podem imaginar. Dentro de alguns anos, um pai terá em casa um menino completo, seguindo-o por todos os lugares, procurando sua atenção e ouvindo cada palavra. Mais do que qualquer outra coisa, os meninos desejam o amor e a aceitação do pai, muitas vezes, pedindo-os diretamente. Quando os pais se juntam aos filhos em seus mundos, ouvem com freqüência: "Pai, me levante" ou "Pai, me segure forte" ou "Pai, me leva pro zoológico hoje?" Mas esses meninos logo aprendem a deixar de perguntar essas coisas quando os pais deixam de responder. Eles passam a guardar os sentimentos para si mesmos e deixam de pedir ao pai aquilo de que precisam.

Pior ainda, eles podem também aprender a infeliz lição de que qualquer atenção é melhor do que nenhuma. É por isso que às vezes esses meninos se comportam mal – apenas para chamar a atenção do pai –, o que é o início daquele ciclo que muitos tiveram com os próprios pais: ou seja, um pai que está fisicamente perto, mas ainda assim mantém um relacionamento distante, no qual os filhos passam algum tempo com o pai, mas nem sempre lhes dizem o que passa pela mente.

Preste atenção

Os pais podem ter um diálogo aberto, uma relação estreita com seus filhos desde o início, mas muitos não conseguem perceber que essas interações precisam começar cedo. Quando um menino diz: "Me abrace apertado, pai", muitos pais vão apertá-lo em resposta a este tocante e claro sinal. Mas é também importante responder aos sinais aparentemente menores, como: "Brinque de carrinho comigo" ou "Eu quero ver os tigres hoje, pai". Essas são maneiras de seu filho pedir a sua atenção. Um menino não vai pular para cima e para baixo gritando: "Olhe pra mim!" Em vez disso, ele tenta estabelecer um relacionamento com seu pai, pedindo que ele lhe faça cócegas ou que o abrace – algo inato que faz com que ele queira ficar perto do pai.

Claro que o pai está cansado quando chega do trabalho e que brincar de carrinho pode parecer insignificante num momento em que os pagamentos da hipoteca e os desafios no emprego estão em turbilhão em sua mente. Mas brincar de carrinho é muito importante. Mesmo que você fique sentado no sofá assistindo a tevê com seu filho brincando ao seu lado – feliz por estar perto –, assistir a tevê junto com ele não fortalece o seu relacionamento. Você está meramente "existindo" com seu filho, não interagindo no mundo dele e respondendo às suas necessidades de atenção.

Muitos pais desperdiçam seus momentos com os filhos. Sei que fiz isso por muitos anos. Mas você pode conseguir mais ao reconhecer as pistas fornecidas por seu menino. Então, você poderá monitorar com que freqüência você o desapontou e ter certeza de que estará dizendo "sim" mais vezes do que "não".

Nos primeiros anos da infância, a imaginação das crianças corre solta, e os bons pais encontram uma maneira de alimentar essas fantasias em vez de esmagá-las. Eles dizem "sim" quantas vezes puderem. Seja o Papai Noel, a Fada dos Dentes ou o Homem do Saco, você se torna mais alguém brincando – passa a ser o seu trabalho homenagear e valorizar os tradicionais mitos da infância. Um pai que eu conheço contou a seu filho que a Fada dos Dentes era um "monte de bobagens" e que ele não faria parte dessa "tradição idiota". Se o menino quisesse dinheiro, ele teria de fazer uma tarefa na casa. Esse foi um pai que se esqueceu de ser criança e que acabaria por contaminar o garoto com sua própria atitude podre.

Lembro-me de Tennyson, que escreveu "Quantos pais eu já vi / Um homem sóbrio, entre seus meninos / Cuja juventude estava cheia de ruídos tolos". Ele nos lembra que muitos homens se esqueceram do que é ser criança – cheia de esperança e otimismo e aberta a todas as possibilidades. Eu também fiz isso, naqueles anos lá atrás, até que meu filho me ajudou a perceber que eu precisava entrar em seu mundo imaginário a fim de matar o dragão que ele ouviu no seu armário. Aquele momento mudou a perspectiva – e nos deixou mais próximos.

Definir limites

Além de ajudar seu filho a desenvolver os sonhos e a imaginação, uma das lições mais importantes que se pode ensinar a ele nos primeiros anos é aceitar limites e aprender o autocontrole. Mas o que eu entendo por limites? Bem, é importante que ele saiba coisas como qual tipo de comportamento é apropriado e qual não é, quando ele pode ser travesso e quando não pode, quando seus pedidos são razoáveis e quando está querendo demais. Todos nós já vimos crianças num acesso de mau humor. Observe o pai. Ou ele vai ignorar a criança, deixando todo mundo ouvindo a choradeira, ou ele também vai ter um acesso de nervos. Seja como for, ele não está definindo os limites adequados. Você precisa ser coerente para que seu filho aprenda a ter autocontrole.

Um paciente chamado Mickey se lembra de como ele e seu filho brincavam muitas vezes de luta. Eles rolavam no chão, socando um ao outro, gritando e berrando. – Quando era hora de parar – ele me disse –, o motorzinho de meu filho ainda estava acelerado. Ia demorar alguns minutos para que ele se acalmasse. Mickey estava em dúvida quanto à maneira de acalmar o filho. Em outras palavras, ele precisava de uma lição para fixar os limites. Eu sugeri que conversasse com o menino antes de começar a brincar e lhe explicasse que quando dissesse que já era o bastante, era realmente o bastante. Mickey foi para casa e brincou com seu menino naquela noite. Explicou ao filho sobre saber quando parar. Começaram a lutar. Quando Mickey disse que já estava na hora de parar, o filho o acertou na cabeça com o travesseiro. Mickey entendeu que ele não tinha ouvido na primeira vez, mas na segunda ele ficou firme. Reiterou a sua conversa sobre a hora de parar. Fez a mesma coisa nas vezes seguintes. Levou algumas semanas, mas logo seu filho se acostumou a parar quando ele ordenava.

O ato de brincar pode ensinar seu filho como refrear as suas ações, expressar seus sentimentos e respeitar os direitos dos outros. Converse com qualquer professor do jardim-de-infância e você vai ouvir a mesma coisa: as crianças gostam de limites, elas anseiam por isso. Elas gostam da sensação de que existe uma maneira certa e uma errada de fazer as coisas e de que estão escolhendo o caminho certo. Com as crianças na tenra idade, qualquer situação pode ser transformar num momento para ensinar.

Veja o caso de Billy, cujo filho de nove anos, Lee, ficava tão frustrado quando estava jogando videogames que jogava o controle no chão e pisava em cima. Billy e sua esposa queriam que Lee parasse com isso e perceberam que eles podiam ensinar uma lição de peso – apenas jogando videogame. Billy teve uma conversa com o filho e perguntou por que aquilo o deixava tão irritado. Lee disse que não sabia, então Billy fez a mesma pergunta de várias maneiras diferentes: "O que o está irritando?" "Você não gosta dos personagens?" "Você fica com raiva de si mesmo?" Finalmente, o menino confessou o que estava errado: "Eu me sinto um idiota porque não consigo terminar o jogo."

Billy tinha imaginado aquilo que estava incomodando Lee e disse a ele que sabia como se sentia. – Eu sempre queria ganhar os prêmios quando jogava pebolim na sua idade – ele disse. – E muitas vezes fiquei de mãos vazias.

– Mas tem um monte de coisas que eu não consigo fazer, pai – Lee disse. – Isso me deixa louco. E às vezes os outros meninos gozam com a minha cara. Isso me dá vontade de gritar.

Billy ficou tocado pela revelação do filho. Ele não tinha de dizer nada profundo; precisava apenas ser honesto consigo mesmo, ouvir seu filho e lhe contar o que estava em seu coração. – Sabe de uma coisa, Lee? Você pode não ser o melhor em tudo, mas enquanto estiver tentando de verdade, ficarei orgulhoso de você – ele disse. – E se alguma vez quiser praticar alguma coisa para tentar melhorar, me avise. Eu vou ajudá-lo.

O valor da paciência

Os filhos se lembram dos momentos em que sentiram o amor e o orgulho dos pais. Chris, professor de história de 31 anos, jamais se esquece de uma experiência que teve aos nove anos. – Eu nunca tinha arremessado antes e o treinador me chamou para fazer isso – ele disse. – Obedeci só porque tinha de fazer aquilo, mas estava tão assustado que achei que fosse errar. Isso é uma daquelas coisas que nunca se esquece. Não me lembro em que jogada estávamos. Mas me lembro da barreira. Escurecia e o juiz era um rapaz muito atento. Arremessei pela primeira vez e eliminei os primeiros três batedores logo de cara. Lembro-me da torcida gritando. Era um jogo bem quente da Little League, e eu estava envergonhado por toda a atenção, mas também estava muito animado. Lembro-me vivamente de meu pai sentado numa mesa de piquenique bem atrás da base principal, erguendo as mãos no ar depois de cada arremesso e então pulando quando aconteceu a última investida. Senti que ele estava orgulhoso de mim, como se estivesse no momento mais feliz que já havia passado comigo. Sei que ele tem sido feliz, mas essa lembrança de 20 anos atrás ainda permanece...

Esse foi um momento de definição para Chris – mas poderia ter sido muito diferente. A paciência é um longo caminho, quando se trata da paternidade, mas já vi pais estragarem momentos como esse para seus filhos e para o resto da equipe. Eles gritam para que os meninos atirem a bola de um jeito mais difícil ou gritam quando eles perdem o arremesso, ficando irritados: "Pare de ser um bebê chorão". Crianças humilhadas não aprendem muito bem. Sua autoconfiança sofre e elas não querem ficar junto com pais que os deixam envergonhados. Não estou sugerindo que você nunca grite com seu filho, mas certifique-se de desenvolver sua paciência ao lidar com o menino. Isso é vital para ser um bom pai.

Se a paciência não é o seu forte, avalie o seguinte conselho antecipadamente da próxima vez que seu filho ficar aborrecido: pense em como se sente quando alguém perde a paciência e grita com você. A raiva amplia uma experiência negativa. Seu filho já está provavelmente magoado e triste porque está desapontado consigo mesmo ou com você, de algum modo. Então, a sua raiva vai deixá-lo menos suscetível de se esforçar no futuro. É assim que você quer que ele se sinta? Talvez se lembre de um momento em que seu pai gritou com você e de como se sentiu mal. Você tem muita orientação, cuidados e coragem para dar ao seu filho. Por que sabotar sua autoridade e a confiança dele em você ao demonstrar a sua raiva? Na próxima vez em que se irritar com ele, experimente isto: conte de trás para frente para manter a calma. Ou pense em alguma coisa agradável durante um minuto antes de reagir. Uma vez que o resultado mais provável de sua gritaria será deixar as coisas ainda piores, faça um comentário neutro ou pergunte a ele sobre seu comportamento e motivação.

Ainda assim, se você não conseguir ficar calmo, talvez seja bom fazer meditação, ioga, cursos sobre como controlar a raiva ou terapia para descobrir a raiz de sua raiva. Certamente, você não deseja perpetuar este tipo de emoção descontrolada em seu filho.

Kyle, um gritador regenerado, explicou que a coisa mais difícil para ele era diminuir suas expectativas quanto ao filho. Ele sempre perdia a calma quando o menino não correspondia ao seu potencial. – Não sei por que eu esperava que ele fosse tão perfeito – ele confessou. – Estou certo de que eu não sou perfeito. Mas ainda assim ele perdia a paciência vezes sem conta. Depois de trabalhar com isso durante alguns meses, Kyle começou a perceber quando seu humor começava a inflamar e procurava se controlar antes de ferir os sentimentos do filho. Às vezes, ele regredia, mas gradualmente conseguiu refrear seu comportamento impaciente. Como disse sua esposa, enquanto ele estava se recriminando por perder a calma: – Você está tentando melhorar ao máximo. Isso faz com que você ganhe pontos comigo e com nosso filho. Então, dê também a você mesmo um pouco de mérito.

Conversa entre pai e filho

Meu filho tinha cinco anos quando recebi um telefonema de meu vizinho falando sobre ele. A melhor amiga de meu filho e ele foram encontrados brincando nus no armário dela. Em todo caso, os autores do crime eram cúmplices, mas ficou óbvio que precisávamos ter uma conversa. Fui até seu quarto e perguntei suavemente o que eles estavam fazendo no armário. – Brincando – respondeu ele.

– Mas vocês dois estavam sem roupa – eu disse.

– Eu sei, mas estava calor.

– Mas você não devia fazer coisas assim.

– Por quê? – meu filho quis saber. – Foi divertido.

Eu me vi tropeçando em minhas próprias palavras. Não sabia por onde começar a explicação do "por quê?".

Todos nós tropeçamos um pouco nos primeiros anos. Ainda que eu fosse um psicólogo infantil bem treinado e que já tivesse conversado várias vezes com pais e jovens sobre sexualidade – e por isso eu deveria me sentir mais à vontade –, de algum modo essas mesmas regras não pareciam se aplicar a mim e a meu filho.

Está tudo bem com o fato de você hesitar. Talvez não consiga colocar seu ponto de vista na primeira vez, e se veja murmurando e gaguejando. Seu filho pode deixá-lo sem palavras, algumas vezes. O que é importante é que você compreenda que não há problema se não conseguir lidar com alguma coisa. São esses os momentos em que você deve procurar conselhos com sua esposa ou seu pai, um terapeuta ou um conselheiro na escola. Mesmo que queira evitar um tópico de conversação – talvez você não se sinta à vontade falando sobre sexo ou não saiba explicar por que está se divorciando –, você precisa entrar na conversa e não se esquivar do assunto. Seu filho não vai "se esquivar" de um comportamento ou compreendê-lo milagrosamente. Quando meu filho de cinco anos perguntou por que não deveria brincar pelado no armário, entrei em parafuso. Eu não queria ter essa conversa. Mas deixei rolar. Eu sabia que ele precisava entender por que estava errado.

– Meninos e meninas não deveriam brincar sem roupas juntos – eu disse a meu filho naquele dia. – Isso não é respeitoso.

– O que isso quer dizer, pai?

– Isso significa que não fazemos coisas para ferir outra pessoa – eu disse.

– Mas ela é minha amiga – disse ele, parecendo confuso. – Nós não machucamos um ao outro.

– Eu sei, mas você podia ter feito isso – disse a ele. – E se ela não quisesse tirar a roupa de verdade? E se você não quisesse? Um dos dois podia ter se magoado.

Ele balançou a cabeça afirmativamente. – Quero que você respeite as meninas, tudo bem? – eu disse. Houve alguns minutos de silêncio. Ele concordou novamente.

É isso que nós, os pais, precisamos fazer – tentar explicar o que é certo e o que é errado em palavras e por meio de nossas ações. Precisamos ficar conectados aos nossos filhos nas situações cotidianas e nos desafios do crescimento. Se os pais se aproximam dos filhos, há muitas lições que eles devem absorver. Les fez um maravilhoso trabalho ao lidar com seu filho Tim, de 11 anos, quando descobriu que o garoto estava importunando um menino mais novo no ponto de ônibus. Em vez de gritar com Tim, Les perguntou-lhe o que ele achava que o outro rapaz estava sentindo ao ser perturbado por alguém maior que ele na frente de outras pessoas. De início, seu filho ficou relutante em responder. Les insistiu. – Você prefere que eu apenas te castigue? – ele perguntou a Tim.

– Não – Tim respondeu.

– Então, tente responder a minha pergunta – ele insistiu. Você podia ouvir a raiva crescendo na voz de Les.

– Você não precisa gritar, pai – Tim disse. O garoto começou a chorar.

Les parou e percebeu o que estava motivando a sua reação. E contou ao filho que quando ele próprio era pequeno, três rapazes o seguraram na rua. Eles arrancaram-lhe as calças e fugiram com elas. – Eu fiquei muito perturbado e envergonhado – Les contou ao filho. – Portanto, responda a minha pergunta. – Como você acha que eu me senti?

Tim entendeu o que seu pai queria dizer, e disse que o menino provavelmente estava louco da vida porque ele não podia fazer nada sobre isso. – Acho que ele também ficou envergonhado – Les disse. – Tenho certeza que alguns de seus amigos estavam rindo dele.

Les pediu ao filho que pensasse sobre como se sentiria se alguém o importunasse. Tim admitiu que não iria gostar nada disso. Les abraçou o filho. Ele sentiu que ambos tinham tido uma boa conexão de pensamentos e que Tim agora sabia um pouco mais sobre o tipo de pessoa que ele desejava que se tornasse. Mas ele pediu que Tim fizesse mais uma coisa. – Quero que você vá até a casa dele amanhã e peça desculpas – Les disse. A princípio, Tim recusou. Depois, concordou com relutância. Naquela tarde, Les ensinou uma importante lição – o poder da empatia e o respeito pelos outros e por seus sentimentos. Isso é essencial na construção de uma boa personalidade.

Ouça

Ouça com atenção. Algumas vezes as perguntas dos garotos revelam maiores preocupações ou receios. – Alguém pode quebrar o nariz, se tomar um soco na cara, mas não sair sangue? O filho de Lenny, de oito anos, fez essa pergunta um dia. Lenny não respondeu, mas perguntou se alguém lhe tinha dado um soco no nariz recentemente. O garoto forçou uma risada. – Sim – ele disse. – Michael me deu um soco ontem! Os meninos tentam às vezes dizer coisas aos pais sem realmente falar nada. Mas você pode bancar o detetive e ler nas entrelinhas.

PREPARANDO AS CRIANÇAS PARA A ADOLESCÊNCIA

À medida que as crianças ficam mais velhas, seu pendor para entrar em desacordo com os adultos e afirmar a sua independência acontece quase em tempo integral. Os pais dizem muitas vezes que até mesmo os pré-adolescentes querem saber o "por quê?" e protestam quando a atitude do pai "não é justa". Como diz o velho ditado, "Com oito, eles têm todas as perguntas. Com 18, eles têm todas as respostas".

Os rapazes começam a testar uns aos outros quando se tornam mais competentes e aprendem a dominar seu ambiente. Seja na lanchonete, seja no campo de futebol, seja na casa do amigo, começa a batalha de um querer sobrepujar o outro. Os rapazes na pré-adolescência vão esticar as suas cordas vocais e flexionar sua musculatura, e os pais precisam ajudá-los a baixar um pouco a bola e aprender a usar as duas mãos ao mesmo tempo. Tal como um garoto de dez anos me disse uma vez: "Quando estamos no recreio, estamos sempre discutindo sobre quem é o melhor e quem vai ficar com qual time. É importante que a gente se imponha senão os outros caras vão achar que somos fracos". Isso é bastante normal, mas seu filho precisa saber que ele pode se opor se toda aquela ostentação e aquele exibicionismo ultrapassarem os limites e se tornarem uma intimidação ou uma ameaça. Colocar-se perante os outros nem sempre significa ficar com a multidão e acompanhá-la, só porque eles sempre fizeram isso.

Na pré-adolescência de seu filho, você deve impor os limites. Deve ajudar seu filho a aprender a controlar os impulsos e entender como se comportar naquele grande mundo à sua volta, fora do lar. Assim como aquele pai que ensinou seu garoto como se controlar depois da sessão de lutas, esse tipo de instrução sobre autocontrole e inteligência emocional é geralmente necessário durante o período da pré-adolescência.

Há alguns anos, encontrei Manny, um dos mais brilhantes alunos de sua classe, um líder que sempre era procurado pelos colegas. Mas, aos 11 anos, ele era também o palhaço da turma, sempre interrompendo a aula com suas piadinhas. A professora estava cansada da falta de respeito de Manny à autoridade dela, e mandou um bilhete aos pais, reclamando que ele sempre tinha sido um tagarela e que sua brilhante personalidade o tinha salvado muitas vezes de uma situação embaraçosa ou difícil, "mas eu não consigo mais terminar uma aula".

O pai de Manny, Bruce, ficou exasperado com o filho. Por que ele faria uma coisa dessas, sabendo que entraria em apuros? Será que ele precisava tanto assim de atenção? Será que existia algo sobre a professora que o importunava? Todas essas perguntas estavam sobre minha mesa alguns dias mais tarde, quando Bruce e Manny vieram me ver. Perguntei ao pai se ele teve esse comportamento quando tinha a idade de Manny. Ele sorriu ligeiramente e acenou a cabeça afirmativamente. – Eu também era o palhaço da turma – disse ele –, mas nunca fiquei em apuros como nosso Manny aqui.

Manny disse que sabia dessa história do pai. – Então, você está repetindo a história do velho, hein? – perguntei. Manny concordou orgulhosamente. Comecei a esquentar a cabeça em busca de uma solução, já que eu não queria sugerir nada que modificasse aquele senso de ligação que Manny tinha com o pai. Bruce entrou na conversa.

– Quando eu tinha mais ou menos a idade dele, meu professor me chamava na frente da classe de tempos em tempos e pedia que eu contasse algumas piadas durante alguns minutos – disse Bruce. – Isso ajudava a me acalmar e, além do mais, era muito divertido. Será que fazer algo parecido poderia te ajudar, Manny?

Manny disse que talvez desse certo, e que seria legal se o pai telefonasse para a professora e tentasse arranjar alguma coisa parecida. Pai e filho forjaram um acordo. Algumas semanas depois, Bruce ligou para informar que havia conversado com a professora, que tinha concordado em fazer uma experiência. Manny seria o centro das atenções por alguns minutos, duas vezes por semana.

– E está dando certo – Bruce contou. – A professora me disse que o comportamento de Manny está mais tolerável.

Para ter uma conversa como aquela entre Manny e seu pai, você não precisa ir ao consultório de um terapeuta. Na verdade, as melhores conversas não se encaixam no estereótipo de um papo sério, homem a homem, olho no olho. Pais e filhos usualmente passam mais tempo fazendo atividades em conjunto do que realmente conversando sobre seus sentimentos, mas durante as atividades uma conversa necessária pode acontecer, e entendimentos indispensáveis podem surgir. Passe algum tempo com seu filho fazendo coisas que ofereçam a oportunidade de uma conversa – vá ao cinema ou a eventos esportivos, jogue bola ou cartas, construa casas na árvore, ou ajude-o em projetos da escola, vá fazer compras (sim, os homens fazem isso), corram, vão nadar, ou entrem em lojas de eletrônicos só para ver. Seu filho pode certamente ir com você fazer algumas de suas coisas, mesmo que diga que são entediantes. Não existe razão para que seu relacionamento gire apenas em torno disso. Afinal, ele precisa aprender sobre a atitude de dar e receber que há nas relações humanas, entender sobre comprometimento e as diferentes formas de passar um tempo juntos. Então, se você estiver em casa, na rua ou em férias, aproveite essas oportunidades.

Também não há nada de errado em assistir a tevê juntos, de vez em quando. Ou jogar videogames, pingue-pongue, ou mesmo trabalhar em projetos separados na mesma sala. Evite colocar elaborados *home theaters* ou outros equipamentos eletrônicos no quarto de seus filhos, porque, como isso os desencoraja a interagir com a família, você será forçado a dar um fim neles. Configure um espaço comum em sua casa onde se localizem poltronas confortáveis, a tevê de tela grande e o computador. Dessa forma, todos estarão sempre no mesmo espaço. Os pais que conseguem fazer que o tempo em família se torne um ritual quando as crianças ainda são novas terão menos trabalho quando elas entrarem na adolescência. Não será preciso obrigá-las a ficar com os familiares, porque elas já estarão habituadas a isso.

Os despertares e os desafios na adolescência

Se a infância é o momento em que pai e filho se encontram, então a adolescência é o tempo em que perdem um ao outro. Muitos pais têm pavor da adolescência. Será que todas aquelas histórias horríveis sobre os jovens são verdadeiras? Será que a adolescência é uma viagem de recreio hormonal, com sexo liberado, embriaguez desenfreada e uso de maconha? Será que os adolescentes de hoje são uma geração oportunista e estão preocupados apenas consigo mesmos?

A resposta é sim e não, dependendo de quem perguntar. A Partnership for A Drug-Free America relata que o uso de drogas e álcool tem diminuído nos últimos anos nos Estados Unidos. Mais do que nunca, os estudantes do ensino médio estão freqüentando a faculdade e procurando uma formação mais avançada em escolas. Mas em um livro intitulado *Generation Me*, a psicóloga social Jean Twenge revela que hoje a cultura sexual dos jovens é em geral mais tolerante, eles não confiam na autoridade e nos costumes sociais tradicionais, e o ego e a auto-estima deles são maiores do que os de qualquer geração anterior, e estão também mais ansiosos e deprimidos.

Para mim e outros psicólogos e educadores, não há dúvida de que muitos jovens de hoje se acreditam merecedores. Aqueles pais que dão aos seus filhos tudo o que eles desejam supõem que eles estarão numa situação melhor, mas muitas vezes não estão. Essa generosidade pode estar ligada com o aumento da demanda por mais roupas de marca, sapatos, aparelhos eletrônicos e dinheiro – bens de que as crianças não precisam. Assim que você estabelecer limites para o comportamento de seu filho, terá também de definir os limites de suas expectativas. Se você der tudo antecipadamente, estará apenas definindo para ele futuras decepções. Seu filho não vai entender a importância de se estabelecer metas e de trabalhar arduamente para atingi-las – vai achar que tudo lhe será entregue, incluindo um curso em uma faculdade de alto nível.

Bill Marriott Jr., patriarca da rede de hotéis Marriott, insistiu que cada um de seus filhos e todos os netos trabalhassem durante o verão em um dos hotéis da família. Eles também deviam adotar um apelido para que ninguém soubesse que eles eram da família Marriott, e por isso ninguém os trataria de maneira diferente dos outros empregados. Todos os filhos lhe dão crédito por ter feito da família Marriott o que eles representam hoje – um grupo de irmãos trabalhadores determinados a ser o nº1 na indústria hoteleira.

Então, pense sobre o que está ensinando a seu filho sempre que lhe dá presentes. O que você quer que ele sinta a respeito de si mesmo e de você? Será que ele gosta daquilo que lhe tem sido dado? Será que ele agradece aos amigos ou familiares que lhe dão presentes e deseja retribuir? Que tipo de impacto um presente em dinheiro vai ter a longo prazo?

O que você precisa saber sobre os rapazes adolescentes

Conheci, amei e cuidei de jovens com todos os tipos de problemas, desde depressão e rebeldia até abuso de substâncias químicas, fracassos escolares, conflitos familiares e pequenas crises de confiança. Também cruzei com rapazes que foram eficientes, fazendo as coisas direito e deixando seus pais orgulhosos. As semelhanças entre esses dois grupos são bem maiores do que suas diferenças. Mas talvez você precise de um esforço adicional para compreender seu filho adolescente e acrescentar algumas novas maneiras de lidar com ele no cotidiano.

Um pai me contou que odiava ver os adolescentes andando em bandos pelos corredores do shopping, vestidos como gângsteres ou mendigos. Então, seu próprio filho chegou a essa idade – e ele sentiu que não mais o conhecia. Esse refrão é um padrão comum entre os pais de adolescentes ao longo dos anos. A adolescência é um período de grandes mudanças. Aqueles atraentes menininhos que conhecíamos e amávamos cresceram e ficaram irreconhecíveis. Entre os 12 e os 15 anos, o corpo de seu filho vai se desenvolver rapidamente, mas sua mente não vai acompanhar o mesmo ritmo. Certas partes do cérebro – o corpo caloso e o córtex pré-frontal – só estarão totalmente desenvolvidas quando o adolescente se transformar em um jovem adulto, entre os 18 e 20 anos. Isso tem uma importância especial quando se considera que essas partes do cérebro são responsáveis pelo controle emocional, pelo refrear dos comportamentos impulsivos e pelo exercício dos bons julgamentos. Pelo fato de seu filho ainda possuir um cérebro imaturo, você precisa estabelecer limites claros no comportamento dele. É preciso insistir em que ele obedeça às regras estabelecidas e que você imponha conseqüências para qualquer desobediência. Justamente porque seu filho não consegue prever que conseqüências terá, caso ele siga seus impulsos, os limites que você estabeleceu lhe servirão de proteção.

Os jovens adolescentes estão preocupados principalmente com seu corpo e com as mudanças que acompanham a puberdade. Eles são uma turma de pessoas autoconscientes, sempre se comparando com seus pares e procurando aceitação, olhando constantemente sobre os ombros para ver o que o outro cara está fazendo. Seja a sua aparência, sejam as roupas que usam, seja o tamanho de seus músculos, eles se colocam sob a lente de um microscópio. E caso não gostem do que estão vendo, muitas vezes irão culpar o pai ou a mãe por aqueles defeitos perceptíveis.

Um pai me contou que seu filho de 14 anos exigiu que ele comprasse um conjunto de pesos porque queria se exercitar. O filho gritava com ele, insistindo que era culpa do pai ele ser tão magro, o que o tornava vítima de brincadeiras de seus amigos. – O que eu devo fazer? – o pai me perguntou. De acordo com os médicos, os jovens na puberdade não devem levantar pesos muito pesados, então, eu sugeri que ele comprasse para o filho dois alteres de 4,5kg cada um, e se o menino ainda os estivesse usando meses depois, ele poderia comprar um conjunto de pesos como presente de Natal. Naturalmente, seu filho se frustrou com a proposta, mas foi esperto o suficiente para saber que aquilo era melhor do que nada. Ele fez exercícios durante umas poucas semanas, mas logo perdeu todo o interesse. Os adolescentes são volúveis.

Eles também são sarcásticos. Não é incomum que os rapazes zombem dos pais. Numa certa idade, eles se tornam mestres em fazer piadinhas. Para eles, os pais são uns malucos sem controle que sentem prazer em estragar a vida dos filhos. Os pais não sabem dizer a eles aquilo que é perigoso – especialmente aquelas coisas que seus amigos estão justamente fazendo. Se um pai pede para falar com os pais de seu colega de classe para descobrir se eles realmente permitiram que seu filho voltasse para casa na hora que quisesse ou que ele possa beber em casa, o rapaz irá dizer que está violando o seu espaço. Você terá de ignorar isso e descobrir por si mesmo.

É um grande erro responder ao sarcasmo do adolescente também com sarcasmo. Por mais durão que ele tente aparentar, seus sentimentos são feridos facilmente. Num exemplo bastante extremo, eu assisti a um rapaz de 15 anos atacar todas as coisas em que seus pais acreditavam. Com sarcasmo e hostilidade, ele insistia que seus pais eram dois impostores. Grande parte de sua raiva resultava das regras "injustas" que ele achava que o pai tinha imposto. Seu pai respondeu de modo irado. Ele achava que o filho era um moleque ingrato e que não merecia nada daquilo que tinha. A resposta do garoto foi: "Viu? Isso é o que eu queria dizer: eles estão sempre me colocando pra baixo e nunca me levam a sério".

Ele tinha se esquecido completamente de seus ataques verbais de alguns minutos antes. Após mais algumas visitas, chegamos a um consenso: cada membro da família tinha de reconhecer o seu papel no problema. O pai precisava ouvir com mais atenção os pedidos do filho, sem ignorá-los. O filho precisava fazer suas demandas sem acusações, e aceitar um "não" como resposta. Depois de alguns meses, um respeito mútuo recém-descoberto começou a melhorar o relacionamento – embora de tempos em tempos eles caíssem de volta no mesmo padrão, repetindo suas deficiências e prometendo mudar novamente. Mas o relacionamento como um todo acabou melhorando à medida que eles se tornavam mais e mais conscientes do que estavam fazendo um ao outro.

Grande parte dessas manobras é uma tentativa do filho para começar a se separar do pai, definindo-se como uma pessoa independente. Mesmo sendo difícil como é, isso é parte de uma transição saudável para o meio da adolescência – idade acerca dos 14 aos 16 anos. Os pais podem geralmente sobreviver aos protestos dos filhos, deixando-os soprar o vapor para fora. Diga-lhes que entende suas frustrações. Mas que você precisa estabelecer limites também sobre aquilo que pode e não pode ser dito numa discussão. Seu filho pode discordar veementemente citando uma regra ou dando uma opinião, mas isso não justifica as ameaças, o ato de jogar as coisas, ou qualquer outro comportamento abusivo ou violento. E o mesmo é válido para os pais. Você deve dar o exemplo ao discutir adequadamente e de forma construtiva. Você pode ainda especificar aquilo que é capaz de tolerar e quais serão as conseqüências quando seu filho cruzar a linha: primeiro, dê uma advertência. Depois disso, imponha as conseqüências. Os jovens são menos propensos a esticar a corda quando sabem o que os espera.

O humor adolescente pode mudar rapidamente. Basta perguntar a Stuart. Certa noite, seu filho Rex, de 16 anos, sentou-se com ele alegremente durante o jantar para conversar sobre sua participação na próxima peça da escola. Algumas horas depois, Stuart foi até seu filho na cozinha e perguntou: – O que está acontecendo? A pergunta deve ter feito Rex sentir-se questionado, pois respondeu ao pai com impaciência, dizendo que ele era muito intrometido. – Me deixe sozinho – Rex falou. Stuart ficou magoado e confuso com esse confronto, mas não reagiu. Mais tarde, ele descobriu que Rex tinha batido o telefone na cara da namorada, pois ela havia lhe dito que ia sair com suas amigas na sexta à noite – e não com ele. Em vez de falar sobre seu ciúme e sua dor, Rex agrediu o pai. Stuart poderia ter respondido referindo-se ao humor do filho. Ele poderia ter dito: "Você parece irritado... Acho que alguma coisa deve ter acontecido para perturbá-lo". Uma frase em aberto como essa dá a seu filho uma opção para responder. Talvez Rex tivesse mordido a isca e partilhado a sua angústia, porém, mais uma vez, pode ser que não. Ele poderia ainda ter ficado na defensiva. Mas sempre vale a pena tentar. Cedo ou tarde, a lei das probabilidades iria trabalhar com vantagens para o pai.

Os rapazes estão sempre lutando para encontrar sua identidade. Eles já estão desempenhando alguns papéis na escola: o socialite, o atleta, o estudioso, o pré-universitário, o artista ou o músico. Muitos adolescentes já têm uma imagem, um papel a eles prescrito, que eles adotaram para a aprovação de seus pares, e avaliam e reavaliam a si próprios constantemente. Caso seu filho esteja ou não conversando sobre isso com você, de toda a forma ele está refletindo sobre o tipo de pessoa que é, onde se encaixa neste mundo e qual é a opinião dos outros. Um garoto adolescente está tentando simultaneamente agradar ao pai e se rebelar contra ele. Durante o lento crescimento de seu filho, você foi como um modelo para seu comportamento. Você, suas palavras e atos irão guiá-lo, mesmo se achar que ele não está ouvindo o que você diz ou observando suas atitudes.

Herbie se recorda claramente de ter passado por essa fase com seu filho de 15 anos, Jared. Calmo e introspectivo na maior parte do tempo, Jared perguntava a todo momento a Herbie sobre como ele tinha decidido se tornar arquiteto. Herbie respondia às perguntas e tentava fazer com que Jared lhe dissesse sobre o que estava pensando. Um dia, seu filho confidenciou-lhe que tinha a sensação de que era diferente dos outros meninos na escola, que ele não se encaixava no grupo. Herbie não sabia aonde seu filho queria chegar e lhe pediu que lhe explicasse o que aquilo queria dizer. Jared disse que era difícil explicar, mas nas conversas seguintes Herbie teve uma idéia mais clara do que se passava na mente do filho. Jared era do tipo criativo, nem sempre se relacionava facilmente com os outros meninos e estava mais interessado no mundo interior de pensamentos e imagens sobre o que seu futuro poderia lhe reservar do que nos dramas adolescentes de seus amigos. Ele estava procurando a aprovação do pai, querendo que Herbie lhe dissesse que não havia problema em ser diferente. Jared poderia ter tido muito mais problemas em aceitar as próprias diferenças se o pai não tivesse deixado bem claro que o amaria, não importando quem ele fosse.

Comunicação: a raiz dos bons relacionamentos

A boa comunicação implica confiança e uma verdadeira partilha dos sentimentos. A boa comunicação não significa dar sermões a seu filho. Os pais e filhos que conseguem conversar confortavelmente um com o outro têm muito mais facilidade de enfrentar os desafios dos jovens adultos. Eles podem arejar as diferenças de opinião de modo civilizado, negociar amigavelmente soluções para problemas, partilhar de verdade suas experiências e ficar seguros na presença do outro. Os adolescentes que conversam regularmente com seus pais estão mais propensos a ficar longe de problemas e a estabelecer relações mais estreitas e saudáveis com pessoas de ambos os sexos.

Porém, na maior parte das vezes, isso não acontece: pais e filhos adolescentes não conseguem conversar. Um rapaz de 15 anos me contou que seus pais não tinham a mínima idéia sobre o que estava acontecendo em sua vida, quem eram seus amigos, ou o que se passava em sua mente. Outro jovem a quem aconselhei insistia que seu pai nada sabia sobre ele. – Ele nem consegue dizer que tipo de música eu escuto – ele me disse. Procurei seu pai, que tristemente balançou a cabeça em concordância; ele não conseguia dizer o nome de nem uma banda sequer. Por outro lado, os pais não conseguem fazer seus filhos saírem de suas cavernas – também conhecidas como quartos – para conversar com eles, mesmo quando os adultos se esforçam para descobrir o que os está absorvendo por tanto tempo lá dentro.

Quando pais e filhos conseguirem formar um vínculo estreito durante a infância, eles conseguirão transpor os problemas mais íntimos e complexos da adolescência. Mas mesmo para os pais e filhos com estreita ligação, a adolescência pode ser particularmente difícil. Muitos meninos que falavam abertamente com seus pais quando eram crianças começam a se afastar e a se calar quando adolescentes. Eles são tímidos, reservados e propensos a se retraírem emocionalmente quando suas preocupações se tornam cada vez mais pessoais. Você pode ter notado que seu filho sempre parece estar com pressa. Ele pode até conversar com você de forma muito breve, mas irá cortar sua palavra antes que você tenha a chance de dizer o que pensa. Haverá também momentos em que ele estará com um daqueles "humores" e não vai falar com ninguém de modo algum. Você pode se sentir ferido quando o ouve ao telefone com seus amigos ou ao vê-lo rindo e conversando *online*. Crie coragem – esse é o comportamento dos adolescentes que parecem adorar todo mundo menos o pai e a mãe.

Eles detestam falar sobre a escola, mas seus pais adoram, talvez porque alguns meçam o sucesso dos filhos pelas realizações acadêmicas destes, então, isso apresenta uma contradição entre eles. Para alguém que esteja na nona série, o futuro parece a anos-luz de distância. E boas notas não têm importância. Henry estava determinado a descobrir por que Ellis tinha notas medíocres, mas Ellis garantiu que as coisas ficariam bem, se ele o deixasse em paz. Aqui está uma de suas conversas típicas:

Pai: Detesto ser um chato, mas você não tem de entregar um trabalho daqui a três dias?

Ellis: É, mas ainda tem muito tempo.

Pai: Você sempre deixa as coisas para a última hora. Acho que é por isso que só tira notas vermelhas em vez de notas boas.

Ellis: Larga do meu pé, pai. Eu vou fazer o trabalho.

Pai: Mas eu chequei com seu professor e ele disse que você devia ter entregue um resumo ontem.

Ellis: Bem, eu falei para ele que eu estava atrasado.

Pai: É isso que eu quero dizer. Você nunca faz as coisas de acordo com a programação do professor.

Ellis: Você sempre me critica. Tudo o que você sabe fazer é falar sobre a escola.

Pai: Bom, se você fizesse as coisas direito, eu não iria te importunar tanto.

Você não precisa ser psicólogo para saber que essa conversa era uma causa perdida. Mas vamos dar uma olhada pra ver como Henry poderia ter abordado o assunto de maneira diferente:

Pai: Eu acho que suas aulas devem ser muito chatas. Você não parece muito interessado nelas.

Ellis: É, eu não consigo me concentrar na escola.

Pai: Isso é mal. Eu me lembro de me sentir da mesma forma quando entrei no colégio. Eu não estava muito satisfeito com aquelas coisas, e o primeiro ano do Ensino Médio foi o meu pior ano.

Ellis: E o que você fez?

Pai: Bom, eu passei raspando. Foi difícil concluir, mas eu tive uma nova oportunidade no segundo ano.

Ellis: Acho que eu não quero mudar de escola. Meus amigos estão lá e mesmo que não seja tão legal, eu posso tentar fazer melhor.

Pai: Vamos tentar fazer alguma coisa. Talvez eu possa ajudar. Podíamos arrumar um professor particular, tentar mudar você de classe no próximo ano, ou conversar com o conselheiro da escola. Estou aberto a qualquer idéia que você tenha.

Ellis: Vou pensar sobre isso, pai. Não tenho certeza do que eu quero fazer. Não é que eu não me importe com as notas, mas não estou preparado psicologicamente para resolver esta questão por mim mesmo.

Pai: Eu entendo que é uma situação difícil. Vamos conversar mais daqui alguns dias. Nesse meio tempo, me diga se precisar de ajuda com o trabalho que tem de entregar nesta semana.

Esta seria uma conversa muito mais produtiva. O pai ouve, não julga nem critica, e se oferece para ajudar. Ele se mantém aberto para outros diálogos e o filho é compreensivo. Ambos saem da conversa se sentindo compreendidos e confortáveis um com o outro. Não resolveram o problema, mas ambos estão conectados e prontos para tentar encontrar alguma solução.

Entre no mundo deles. Felizmente, há muita coisa que pode ser feita para reduzir o fosso de comunicação entre pais e filhos adolescentes. Assim como existem muitas coisas que podem ser feitas para entrar num mundo de uma criança pequena, é possível tentar mergulhar em diversos aspectos do mundo de seu filho adolescente. Uma das maneiras para tentar conseguir entender seu filho é passar algum tempo no quarto dele. Quais são os pôsteres na parede? Os nomes daquelas bandas de rock ou das estrelas do esporte lhe são desconhecidos? Estes são temas fáceis para iniciar uma conversa. Pergunte a seu filho quem são aquelas celebridades. Se você tiver medo de se sentir ridículo por estar tão por fora, existe uma estratégia alternativa: procure essas celebridades no Google ou pesquise na Wikipédia. Então, você estará mais bem preparado para começar uma conversa sem se sentir totalmente por fora.

É uma de suas responsabilidades se familiarizar com a cultura dos jovens. Assista o E! News, leia as revistas *Rolling Stone* ou *People*, surfe na net. Seu filho vai levar você mais a sério e estará mais propenso a se abrir quando sentir que o entende. Aprender sobre o mundo de seu filho demonstra que você se importa com ele.

À medida que os adolescentes ficam mais velhos, e por mais difícil que seja, você precisa descobrir formas novas e diferentes de mostrar que gosta deles. Pense nessa pesquisa como se fosse um depósito num banco emocional. Você pode ter de esperar um tempo para fazer uma retirada, mas os lucros são enormes. Então, fique em sintonia – veja se seu filho coleciona borboletas ou sucessos do *hip hop*, se ele "come e dorme futebol", ou se está obcecado pelo estilo de vida dos góticos. Tudo isso são maneiras de conseguir uma conversa e fazer uma aproximação.

Nunca desmereça os interesses de seu filho ou os trate com desprezo, pois você vai enfraquecer e desligar a sua confiança. Na verdade, qualquer forma sutil de rejeição é perigosa. Muitos rapazes me disseram que seus pais lhes davam presentes de aniversário que eles não queriam apenas para afastar seu interesse de algo sobre o qual estavam loucos para ter. Um rapaz pediu um novo videogame e, no lugar, recebeu um par de sapatos esportivos de um esporte que ele não queria praticar. Veja bem, eu não sou um defensor ardoroso dos videogames, mas a pressão que o pai estava exercendo sobre o filho para que desistisse de uma coisa para fazer outra que ele tinha escolhido realmente não fez com que o garoto o admirasse. Isso mostrou quão pouco ele o compreendia. Outro rapaz me disse que seu pai costumava fazer comentários maliciosos sobre o corte de cabelo de seus amigos. Aquele pai achava que estava sendo engraçado, mas os sentimentos dos adolescentes são feridos facilmente, e quando o pai ironizava os amigos do filho, este se sentia como se estivesse sendo humilhado.

Às vezes, os pais realmente precisam sair do caminho para se conectar com os filhos. Howard confidenciou a mim que não sabia o que falar para seu filho de 14 anos, J.R., porque eles tinham muito pouco em comum. Howard não gostava de rap e J.R. amava, sendo obcecado por Ludacris, Nelly, Dr. Dre e Jay-Z. Ele ouvia rap, treinava rap e assistia aos shows. Ao contrário de Howard, J.R. não gostava de esportes, marcenaria e nem mesmo jogava videogame.

Sugeri que Howard convidasse o filho para um show de rap na cidade, mas ele imediatamente recusou, porque não queria ser obrigado a passar por aquilo. – E se isso significar construir uma relação com J.R.?" – perguntei-lhe. – Nada do que você tentou deu certo. Howard entendeu o meu ponto de vista, folheou o jornal e encontrou um show de rap que aconteceria em breve. Pediu a outro pai que levasse seu filho junto, para deixar as coisas mais suportáveis. Seu filho ficou entusiasmado, o que o surpreendeu, pois pensou que J.R. pudesse ridicularizar seu súbito interesse.

Durante o show, J.R. se tornou mais flexível com o pai. Eles riram de algumas apresentações e falaram sobre os temas das músicas. O filho disse a Howard que achava legal que eles saíssem numa noite durante a semana, e o pai reconheceu que a música não era assim tão ruim. O mais importante foi que ambos deram um passo adiante para uma relação mais próxima. Duas semanas depois, quando o filho ouviu que os pais estavam procurando uma nova casa, disse que gostaria de ir com eles, naquele final de semana. Havia meses que J.R. não pedia para fazer alguma coisa com os pais.

Inicie uma conversa. Se você pretende desenvolver uma relação sólida com seu filho, precisa aprender a conversar com ele de forma regular. Entre 10 e 15 minutos por dia é uma meta razoável para ser atingida. Dê uma parada no quarto dele, antes de dormir, ou peça-lhe que venha falar com você quando ele tiver um minuto livre. Tente conseguir a atenção de seu filho, tirando-o do computador ou da tevê. Não tente conversar quando ele estiver pronto para sair; a tendência é que ele não preste atenção ou lhe atire uma migalha como resposta, composta de duas palavras: "Tá legal". Se isso acontecer muitas vezes, diga-lhe que quando ele puder lhe dar toda a atenção, você gostaria de passar alguns minutos com ele. Você também pode tentar conversar com ele quando estiver indo de carro para algum lugar, quando ele estiver fazendo um lanche tarde da noite, ou quando não tiver nada para fazer e estiver vagueando pela casa.

Se você perguntar a ele sobre a escola ou os amigos e receber alguns grunhidos como resposta, mude a estratégia. Os adolescentes são conhecidos por dizer que nada está acontecendo e por reclamar que os pais não se cansam de fazer as mesmas perguntas a toda hora. Fale sobre algumas notícias recentes – uma briga no jogo do dia anterior ou a apreensão de drogas no shopping. Fale sobre o carro que você pretende comprar. Depois peça opinião. As quatro palavras mais importantes que você pode usar para lubrificar as rodas da engrenagem de uma conversa são: "O que você acha?". Os adolescentes também adoram dar opinião e mostrar que sabem alguma coisa – é uma oportunidade que eles apreciam. E quando estiver conversando com seu filho, certifique-se de que seja uma troca de mão dupla. Isso quer dizer que o pai fala, o filho escuta; o filho fala, o pai escuta. Nada de sermões de mão única.

Comente sobre suas próprias experiências na adolescência. Os filhos costumam se interessar em ouvir o que os pais aprenderam quando cometeram erros parecidos. Isso faz com que eles se sintam seguros em dividir as próprias preocupações. Mas não comece a falar sobre como você era um bom aluno, como foi difícil a sua infância, ou como nunca se dirigiu a seus pais do modo como ele se dirige a você. Os adolescentes interpretam essas observações como acusações morais de seu caráter em vez de convites para que compartilhem seus próprios sentimentos e experiências. Em outras palavras, tudo aquilo que você fez direito é aquilo que eles estão fazendo errado.

Levou algum tempo para que Brett e Corey, seu filho de 13 anos, aprendessem a conversar. Uma noite, Corey precisava de uma carona para ir à casa de um amigo que ficava a 40 minutos de distância, onde passaria a noite. Brett concordou em levá-lo, mas com uma condição – que Corey desligasse seu iPod. Desesperado pela carona, o rapaz concordou. No início, eles ficaram em silêncio.

– Quantas pessoas estão dormindo na casa de seu amigo? – Brett perguntou.

– Eu acho que umas três ou quatro – Corey respondeu.

– Isso deve ser divertido – Brett disse. – O que vocês vão fazer? Assistir a um filme?

Corey suspirou e revirou os olhos. – Não sei, pai, a gente vai ver.

Brett se sentiu rejeitado. Muitos pais desistem de falar com os filhos em momentos como este. Alguns pais tentam falar sobre o jogo de basquete da noite anterior. Outros acabam não dizendo nada. Brett não desistiu, ele foi penosamente em frente, determinado a encontrar algo sobre o que pudessem conversar.

– Sabe, quando eu era criança – Brett disse a seu filho –, nós costumávamos fazer algumas coisas bem furtivas quando íamos dormir na casa dos outros.

Corey sentou-se direito. – Como o quê? – ele perguntou.

– A gente passava trote pelo telefone usando os nomes de pessoas que encontrava na lista. Por exemplo, Dunn. A gente ligaria e diria: "Você é o Dunn?" Quando alguém dissesse que sim, a gente responderia: "Então limpe a sua bunda", e desligávamos imediatamente. A gente achava isso a coisa mais divertida do mundo.

Corey parecia estar se divertindo. – E ninguém pegou vocês?

– Bem, passamos alguns apuros, mas não havia identificador de chamadas naquele tempo.

– Nós fazemos coisas parecidas também – Corey disse.

– De que tipo?

– Faz algumas semanas, mandamos um e-mail para um cara fingindo ser a garota de quem ele gosta, dizendo que ela queria se encontrar com ele. Foi hilário. De vez em quando, a gente pede uma pizza e manda entregar num outro endereço – disse o garoto.

– Isso é sacana – respondeu Brett.

Os dois riram e conversaram durante o resto do trajeto. Brett disse ao filho que sabia que essas pegadinhas eram divertidas, mas que ele deveria tomar cuidado. Que talvez ele pudesse realmente prejudicar alguém. – Eu não estou orgulhoso daquilo que eu fazia – disse o pai. – Você pode me prometer que vai tomar cuidado e que, pelo menos, vai pensar sobre o que estiver fazendo?

Corey balançou a cabeça afirmativamente. Em seguida, eles se prometeram mutuamente continuar conversando. – Eu gostaria de saber o que se passa em sua vida – Brett disse a ele.

Se Brett tivesse desistido logo no início da conversa, ele jamais teria se aproximado do filho de forma tão significativa.

Quando seu filho tranca você do lado de fora, procure outra forma de entrar.

Fixando limites razoáveis

Você terá de continuar a fixar limites para seu filho durante seus anos de adolescência. Os jovens precisam aprender a aceitar as regras e limitações de comportamento como uma preparação para entrar no mundo dos adultos. Como aquela "voz masculina" da autoridade que pode relembrar como é ser adolescente, você é a melhor pessoa para servir a ele neste papel. No entanto, fixar limites é um trabalho para ambos os pais, e quanto mais o pai e a mãe estiverem na mesma sintonia, maior será a probabilidade de o jovem atingir suas expectativas. Como vimos nos capítulos anteriores, os homens muitas vezes trazem sua bagagem de pai para a mesa. Se o seu pai foi um linha-dura, você pode seguir a mesma escrita – ou escolher fazer o oposto. Mas você precisa equilibrar a fixação dos limites oferecendo ao adolescente algum tipo de liberdade que seja apropriada para a idade dele. Os pais tiranos não se dão melhor do que aqueles mais liberais. Um grande número de pesquisas sugere que os pais excessivamente controladores com freqüência criam adolescentes rebeldes e que os pais extremamente permissivos criam adolescentes-problemas. Então, evite os extremos – tome medidas informadas e pensadas.

Programe os limites que você fixar – o horário para se recolher, a hora para aprender a dirigir, as festas, as atividades em grupo – de acordo com a idade de seu filho, seu nível de responsabilidade e seu desempenho no passado. Não seria razoável permitir que um garoto de 13 anos fique até as 11 horas da noite sozinho, durante um final de semana, mas também não seria razoável esperar que um jovem de 17 anos volte para casa às 22 horas da noite, principalmente se ele for "um bom menino" e se todos os seus amigos forem ficar até mais tarde. Em qualquer idade, um pai deveria saber pelo menos onde seu filho está indo, com quem está saindo e ser informado, caso ele mude os planos. Você precisa saber o que está acontecendo; então, procure descobrir onde os rapazes se encontram e o que os outros pais consideram como permissões razoáveis. Se você ainda tem dúvidas sobre o que vem a ser algo "típico", verifique com o conselheiro da escola de seu filho.

Mas estabelecer as regras ainda não é o bastante. Você precisa explicar o que está pensando e permitir que seus filhos tenham a oportunidade de também se explicar. Isso não significa que você deva dobrar-se às exigências deles – mas você dá a oportunidade para que os rapazes expressem seus sentimentos, sintam-se ouvidos e compreendidos. É possível que ainda vá ouvir coisas do tipo "me deixe em paz" ou "grande coisa". Esse tipo de sinal indica que ainda é preciso mais diálogo. O velho "porque eu disse" não é uma abordagem eficaz. "Porque eu disse" frustra os garotos adolescentes. Eles querem entender de onde vêm suas regras; eles querem argumentar a lógica por trás delas. Se essas regras parecem arbitrárias ou sem sentido, seu filho ficará mais incomodado, porque está sendo obrigado a cumpri-las sem nenhuma explicação.

Eis onde é preciso definir claramente as expectativas e os limites:

Escola. A presença regular está além de discussão, mas também deixe o seu filho saber que você espera que ele faça um esforço continuado para dar o seu melhor, mesmo que isso nem sempre signifique notas altas. Você não precisa saber absolutamente tudo o que está acontecendo na escola, mas deveria saber alguma coisa. Deixe claro a ele que dividir informações sobre a sua vida não é opcional. É obrigatório. Você precisa conhecer os amigos, os colegas e as atividades de seu filho fora da escola.

A hora de se recolher. Os adolescentes precisam disso, ponto final. Negociar esse item pode ser um ponto escorregadio entre pais e filhos. Em qualquer dos anos da adolescência, você pode premiar seu filho com um afrouxamento das rédeas, mas apenas se ele demonstrar respeito e responsabilidade. Ao lhe dar mais liberdade, estará construindo maior confiança entre ambos. Quando você discutir com seu filho o horário de ele se recolher, negocie sempre para cima, nunca para baixo. Em outras palavras, comece com um horário mais cedo. Se você sugerir que se recolha às 11 horas da noite, é provável que ele diga, "Por que não à meia-noite?" Então, ele vai se sentir como se tivesse decidido esse horário, quando era este que você tinha em mente o tempo todo.

Drogas e álcool. Muitos jovens estão experimentando drogas e álcool cedo demais, e todos concordam que isso traz riscos terríveis para a saúde. Não olhe para o lado e ignore, se você descobrir que seu filho está bebendo. É preciso cuidar disso. Alguns pais proíbem o uso de bebidas alcoólicas. Outros reconhecem que os jovens podem até experimentar, e dão extensas orientações sobre como fazer isso da maneira mais segura possível. Mais uma vez, não dê sermões, porque poderá ser mais eficaz se você lhe contar algumas histórias sobre suas próprias experiências. Uma história sobre um amigo que foi envenenado pelo álcool pode ilustrar os perigos de uma bebedeira. A história sobre o garoto da rua de baixo que está em reabilitação por ter fumado maconha em excesso é uma lição sobre os perigos do vício. Essas histórias com certas advertências podem ser muito eficientes. Mas eu insisto em que você seja bem claro com seu filho quando diz que álcool e drogas são ilícitos na idade dele. Se você permitir que ele experimente, será difícil depois voltar atrás.

Estabelecer as regras é apenas metade da batalha, talvez até a mais fácil delas. O verdadeiro desafio será fazer com que esses limites sejam respeitados: a punição deverá ser proporcional ao crime. Uma violação pela primeira vez não deveria ser punida com três meses de reclusão, sem poder sair de casa; mas uma violação recorrente deveria ser levada mais a sério. As punições devem ensinar as conseqüências, mas jamais se transformar em um exercício para se infligir a dor. Sempre discuta aquilo que ele fez de errado, por que o fez e como ele lidaria com a mesma situação, e de modo diferente, se acontecesse de novo. Mais importante ainda, se você se encontrar punindo seu filho constantemente, e isso não estiver funcionando – seu comportamento não melhora ou não muda –, é melhor tentar outra abordagem.

Algumas vezes, um pai tem tanto medo de que seu filho esteja tomando o caminho errado que ele praticamente o deixa aprisionado – em nome do amor e da preocupação. O filho de 16 anos de Andre, Seth, era um bom menino, mas raramente atingia as expectativas do pai, obtendo quase sempre as notas mais baixas na escola. Ele tocava sax na banda da escola e fazia trilhas. A maioria de seus professores o descrevia como um rapaz despreocupado;

ele não era um dos alunos mais ativos e participantes, mas sempre prestava atenção. Seth tinha um pequeno círculo de amigos que ficavam praticamente longe de encrencas, mas você não saberia disso pelo modo como o pai o tratava.

Andre monitorava cuidadosamente todas as atividades do filho, pois acreditava que devia protegê-lo "das más influências que estão por aí". Às sextas-feiras e sábados, Seth devia chegar em casa às nove e meia da noite. O pai freqüentemente cheirava-lhe o hálito para ter certeza de que não havia nenhum sinal de álcool, o que Seth achava humilhante. Ele se ressentia do fato de que o pai não acreditava quando dizia que não estivera bebendo. Andre mandava e-mails constantes para os professores de Seth com o objetivo de saber como ele estava se saindo. Se a resposta não fosse brilhante, Andre iria exigir uma explicação de Seth, com a sensação de que deveria pressioná-lo para que fosse bem na escola e, assim, não jogasse sua vida fora.

Andre falhou ao não perceber que a maioria de suas conversas eram interrogatórios sobre os trabalhos escolares. Sempre que Seth trazia uma nota baixa para casa, ficava proibido de usar o computador durante uma semana. Ainda assim, Seth não estava se tornando um aluno fora do comum. Em vez de tentar se esforçar mais para agradar ao pai ou se rebelar externamente contra todo esse controle, ele apenas se retraiu. Seth sentia que o pai não o conhecia e nunca conversava com ele sem um propósito que não fosse refrear as suas próprias expectativas. O padrão já existia durante muitos anos antes que eu os encontrasse – o pai estava determinado a definir limites rigorosos, mas o filho não os estava aceitando. A esposa de Andre deixara que o marido fosse um pai dominador e não se colocava ao lado do filho quando Andre estava sendo muito duro com ele. Ela deixava que o marido fizesse o que achasse melhor.

Certo domingo de manhã, Andre ficou irritado porque Seth não se levantara às nove horas. Ele sabia que o filho precisava começar seu trabalho de História. Andre entrou no quarto e lhe disse para sair da cama. Quando Seth não se mexeu, Andre o sacudiu. Os olhos de Seth estavam virados para cima. Ele estava quente e parecia delirar. Andre correu para baixo e chamou uma ambulância. Seth tinha tomado uma overdose de Tylenol; no pronto-socorro, fizeram-lhe uma lavagem estomacal.

Alguns dias depois, Andre, sua esposa e Seth vieram me ver. O adolescente estava pálido e cansado, e não precisou falar muito naquele dia. Demorou algum tempo para desvendar os detalhes de toda a história – o pai de Andre tinha sido tão controlador quanto ele. Eu disse que as suas regras eram ineficazes e tinham de mudar. – É por isso que estamos sentados aqui – Andre respondeu. Cada membro da família desabafou em sua vez. E depois nós elaboramos um plano. Andre iria afrouxar as rédeas. Seth teria de assumir mais responsabilidades em casa. A mãe teria de garantir que cada um cumprisse a sua promessa. Andre concordou em ampliar a hora de Seth se recolher, contanto que ele assumisse o compromisso de estabelecer um plano de estudos. Sob minha insistência, pai e filho concordaram em passar um tempo juntos a cada final de semana. Com uma condição: a escola nunca seria discutida.

Ao longo dos seis meses seguintes, a interação entre Seth e o pai permaneceu inflexível e desagradável, mas gradualmente afrouxou à medida que eles ultrapassavam aqueles papéis de carcereiro e prisioneiro que desempenhavam. O ponto de vista unilateral também mudou quando Andre passou a ponderar suas tendências disciplinadoras. Seth se sentiu mais à vontade para revelar os próprios gostos, seu aborrecimento com a escola e a sensação de que esta não iria ajudá-lo a se preparar para o futuro e não era, de modo algum, relevante para o que ele fosse fazer no futuro. Eles têm encontrado alguns interesses comuns durante seus passeios semanais e o tempo que passam juntos. Mas ainda estão à procura de alguma coisa que realmente inspire Seth e lhe dê um sentido real durante seus anos de adolescência, na faculdade e pela vida afora. Uma vez que eles não estão mais sujeitos à agenda militar que Andre preparou, a interação está os aproximando, pouco a pouco.

Construindo a personalidade

Tudo o que nós discutimos neste capítulo contribui para um objetivo – criar um filho de bom caráter. São poucos os prazeres maiores do que olhar para seu filho e sentir-se orgulhoso da pessoa que ele se tornou. O âmbito de sua influência está diretamente relacionado com a qualidade do relacionamento com ele. Quantos rapazes você conhece que seguem os conselhos de um pai a quem não respeitam? Vamos revisitar três elementos essenciais que você pretende desenvolver em seu filho: auto-estima, valores e empatia.

Os jovens que têm verdadeira auto-estima acreditam que sejam decentes, adoráveis, responsáveis e competentes. Eles não são facilmente influenciáveis pelos outros e aderem com mais força às próprias convicções. Eles reconhecem suas deficiências e não sentem necessidade de impressionar os outros com as suas realizações. Um professor resumiu a questão perfeitamente: "Eles são do tipo de rapazes com quem você gosta de estar". Como eles se respeitam, também respeitam os outros.

Na psicologia, existe uma controvérsia fervente sobre a questão da auto-estima. Um número crescente de psicólogos e educadores tem sugerido que os adolescentes de hoje possuem muita auto-estima que a sociedade tem inflado o ego deles muito além daquilo que seria aceitável para eles como indivíduos e para o bem-estar global da sociedade. As crianças são levadas a acreditar que podem fazer qualquer coisa e se tornar tudo o que elas querem, o que as faz pensar que farão isso sem nenhum esforço significativo de sua parte. Alguns jovens não entendem que eles precisam merecer o que desejam, e o excesso de auto-estima pode se transformar em arrogância.

Você pode promover uma auto-estima balanceada, baseada em auto-eficácia, ao estimular suas crianças quando precisam de um impulso e trazendo-as suavemente para baixo quando seus egos estiverem inflados. Há alguns anos, um pai se aproximou de mim depois de uma palestra que eu dei sobre a construção da autoconfiança. Ele me disse que muitas vezes elogiou seu filho e tentou ajudá-lo a se sentir especial entre seus irmãos. Perguntei como fez isso. Ele respondeu que tinha um filho com um bom senso de humor, outro que era muito "antenado e descolado" e um terceiro que era atleta. – Nós valorizamos nossas crianças por aquilo que são e tentamos não comparar maçãs com laranjas – ele me disse. Tanto ele como sua esposa não tinham expectativas irreais para seus filhos e achavam que a chave para construir a auto-estima era aceitá-los como eles eram.

Ele está absolutamente certo. Na maioria das vezes, as crianças não precisam ser pressionadas demais ou controladas demais. Elas precisam ser encorajadas onde quer que estejam. Um aluno que tenha notas baixas ou médias não vai se tornar calouro de uma faculdade de prestígio só porque o pai estabeleceu um rigoroso plano acadêmico e deseja a sua melhoria. Esse filho deve desejar o suficiente para fazer o esforço necessário em ficar no topo de sua classe. Os pais precisam ser realistas e incentivar que aquele aluno de notas baixas trabalhe duro e desafie a si próprio, mas seu filho não deverá se sentir encurralado e desesperado na tentativa de agradar a você.

Uma parte integral do auto-respeito é um sistema de valores bem desenvolvido. Você modela as ações que expressam as crenças que deseja que seu filho compartilhe. Não há melhor forma de ensinar as crianças do que viver a vida que você está tentando promover e incutir valores essenciais como o respeito, a honestidade e a generosidade. Em todo Natal, uma família que conheço doa brinquedos velhos ao hospital infantil de sua cidade para inculcar a generosidade em suas crianças. Um garoto que eu conheço viu seu pai devolver dinheiro para uma atendente do McDonald's quando ela lhe deu o troco a mais. Outro pai interveio quando o treinador do time de futebol de seu filho estava sendo agredido verbalmente por um pai da equipe visitante e foi capaz de acalmar todo mundo.

Ensinar respeito aos adolescentes exige repetição. Os jovens estão sempre com pressa e podem se esquecer de dizer "obrigado", "por favor" e "desculpe". Não os deixe à solta. Lembre a eles que precisam ser educados quando jovens e continue a fazer isso até que digam essas coisas por conta própria. Explique a seu filho que, se ele espera que as pessoas o tratem com respeito, ele precisa estender a mesma cortesia aos outros. Pode levar muito tempo, talvez anos, para que essa mensagem seja absorvida.

Alguns adolescentes praguejam contra os pais. Os pais gritam de volta ou dão uma punição, mas isso não vai ajudar muito. Se seu filho faz isso, eu sugiro que você saia da sala e diga a ele que não vai lidar com alguém que o trata dessa maneira. Um pai tentou fazer isso. Disse-me: "Não muito tempo depois, ele veio até mim e pediu-me alguma coisa. Eu disse 'não' e lembrei a ele que era difícil ser legal com alguém que não tinha sido legal comigo. Isso não o transformou em um anjo, mas ele está aprendendo a refrear a sua linguagem grosseira".

As pessoas mais compassivas estão mais sintonizadas com os sentimentos dos outros. Ajude uma mulher idosa com sua compra de supermercado, ou alguém com deficiência na calçada bloqueada com sacos de lixo e pessoas. Quem sabe seu filho venha a se tornar alguém que divida a bebida com um amigo sem dinheiro para comprar uma, ou que se esforce para defender uma criança que seja vítima do escárnio de outros, ou procure salvar um cão ou gato perdido que alguém tenha maltratado. Ele vai ver a importância de se preocupar com outras pessoas.

É um trabalho duro manter-se vigilante com seus filhos e ensinar-lhes aquilo que precisam saber. Você vai se tornar cada vez melhor nisso quanto mais se envolver ativamente com as muitas emoções e fases que seu filho está atravessando. Ele vai ouvir a sua opinião. Sua esposa irá estimar você. Talvez até durma um pouco melhor. Lembre-se: existe uma grande oportunidade para corrigir os erros, reconstruir relacionamentos e tornar-se o pai que gostaria de ser.

CAPÍTULO 4

O QUE OS PAIS NÃO DIZEM

Os medos secretos dos pais e como enfrentá-los

Encontrei Barry há muitos anos. Ele começou nossa conversa com o chavão, "está tudo bem". Sua esposa estava bem. Com seu filho, tudo certo. Mas ambos sabíamos que, se ele estava em meu consultório, era porque as coisas não iam tão bem assim. A esposa de Barry estava brava com ele, e o menino, deprimido. A sessão deveria ser sobre ele, não sobre seus familiares. Barry se espalhou no sofá e não me olhou nos olhos, no começo. A terapia era algo estranho para ele, quase um embuste, e Barry se sentia bastante desconfortável, do mesmo modo como alguns homens se sentem no início.

– Você não me parece feliz – disse eu. – Talvez esteja sob muita pressão no trabalho. Ele balançou a cabeça, concordando. Suas olheiras eram púrpuras. – Estar aqui é uma coisa muito difícil para mim – ele respondeu. Eu entendi o que queria dizer e afirmei que estava muito contente com sua presença. – Acho que você vai precisar tirar algumas das coisas que estão sobre seus ombros, se quiser que tudo corra bem por aqui – comentei.

Barry começou a falar lentamente: – Venho tentando pra valer, doutor, mas tenho estragado tudo. Meu casamento está uma droga, e isso é difícil de enfrentar. Tem sido assim há meses. Tenho ficado no escritório cada dia até mais tarde. E quando estou em casa, minha mulher não fala comigo e meu filho percebe que tem alguma coisa errada. Ele fica muito quieto quando estamos juntos, e eu não sei ao certo o que dizer para ele.

– Você conversou sobre isso com algum de seus amigos? – perguntei.

– Não – ele respondeu. – Para falar a verdade, sou muito reservado.

– Do que você tem medo, Barry? – Esta é uma pergunta que poucas pessoas fazem diretamente ao outro. Os olhos de Barry verteram lágrimas.

– Tenho medo de perder minha mulher e meu filho – ele sussurrou. – Tenho medo de que nunca me perdoem por ter estado tão pouco com eles.

Os homens se sentem pouco confortáveis ao falar sobre assuntos íntimos. Barry não é o único homem a sofrer em silêncio. Muitos pais mantêm seus sentimentos mais profundos bem trancados, revelando-os apenas para um seleto grupo de pessoas que fazem parte de um círculo fechado. Alguns conseguem refrear seus sentimentos totalmente, calando-se inclusive com aqueles que os poderiam ajudar mais. No entanto, sob certas circunstâncias, com apoio e entendimento, eles são capazes de "colocar seus bofes para fora", o que pode marcar o início de um novo capítulo em suas vidas.

Os pais que aparentemente parecem bem, ou dizem que estão bem, em geral estão magoados interiormente. Talvez você seja um deles, um bom homem se esforçando para fazer o melhor que consegue, sabendo, ao mesmo tempo, que alguma coisa não vai bem. Talvez esteja irritado, triste, ressentido, ou até se sentindo incompetente. Mas se pretende ser o pai que deseja e que seu filho necessita, você tem de mergulhar nesses sentimentos e contar a sua história.

Sempre existe um momento, enquanto converso com um pai, em que ele admite que há um problema. Isso muitas vezes é de matar, ou seja, contar aquilo que está guardando, porque ele sente que, ao confessar tais sentimentos profundamente reprimidos, desenvolverá, como uma bola de neve, sensações ainda mais profundas, e tudo poderá levar a uma mudança. E ele está certo. Muitos homens expressam medos, ressentimentos e desejos semelhantes. Alguns até admitem isso para a esposa. Outros não o fazem. Mas confessar tais sentimentos secretos não apenas ajudará o homem a se entender melhor, como também fará com que sua esposa ou sua companheira se identifique com ele e também o compreenda melhor. Por exemplo, muitos homens, na verdade, estão acostumados a dizer coisas que parecem insensíveis, mas no fundo estão tentando dizer algo incentivador ou carinhoso, porém sentem-se desconfortáveis para expressá-lo. Quando se tornam capazes de admitir isso para si próprios, poderão então se aproximar dos cônjuges ou dos filhos de uma maneira que irá aproximá-los em vez de afastá-los.

Nas páginas a seguir, você encontrará o roteiro para o coração de um pai, um complexo emaranhado de emoções blindadas pelo orgulho e pelo embaraço. Talvez você se reconheça nesse retrato, ou mesmo veja nele seu próprio pai e descubra que ele não era quem pensava, e perceba aspectos em si mesmo que poderá compreender melhor.

O QUE DIZEM OS HOMENS A PORTAS FECHADAS
"Sinto-me mais à vontade no trabalho que em casa."

O trabalho é um lugar seguro para os homens. Lá, eles podem falar a linguagem dos fatos em vez da linguagem dos sentimentos, praticamente o que todos os homens preferem. Muitas vezes, eles sentem que conseguem ter maior controle sobre o ambiente de trabalho do que sobre seu lar. Seu papel no trabalho está claramente definido. Já, em casa, isso é menos verdadeiro. Homer Simpson e Al Bundy são tão divertidos porque os homens conseguem se reconhecer nesses personagens que fazem tudo malfeito. Um paciente chamado Arthur resume o que muitos homens sentem: – Quando estou em casa, nunca tenho certeza sobre o que devo fazer – ele diz. – No trabalho, me sinto "o rei do pedaço", e, à noite, ando pela casa esperando instruções sobre o que devo fazer. Acho que boa parte disso é minha culpa. Tenho certeza de que eu poderia aprender a fazer muitas das tarefas domésticas, mas deixo a maior parte do trabalho para minha mulher. Não estou orgulhoso disso, mas bem lá no fundo acho que gosto do jeito como as coisas são.

No trabalho, as pessoas raramente questionam os sentimentos dos colegas, por isso, os homens não precisam lidar com emoções ou se sentir desconfortáveis falando disso. Justamente por terem muito mais treinamento em seus empregos do que tiveram para ser pais, é muito mais fácil para os homens aplainar os problemas no trabalho do que em casa. Quando perguntei a Arthur, pai de três rapazes, por que ele deixara que sua esposa ditasse seu envolvimento em casa, ele encolheu os ombros. – Eu sei que isso não é o que um pai moderno deve fazer – respondeu. – Mas é mais fácil de fazer as coisas do jeito que ela quer. Então, eu posso ir para meu escritório em casa, quando preciso fazer alguma coisa, e deixar que ela cuide de tudo.

O lar é um lugar desconfortável para muitos homens. Eles não parecem se encaixar ali, porque nem sempre sabem como agir, o que fazer e como se sentir. É como se estivessem desarmados, como um peixe fora d' água. Alguns se retiram e fazem aquilo que é mais confortável – ver tevê, terminar um trabalho do escritório, passar horas e horas no computador. Esses homens que se sentem desconfortáveis em casa são muitas vezes levados a ser mais bem-sucedidos no local de trabalho e acreditam que as pessoas os julgam pelo seu sucesso. Alguns estão de tal maneira preocupados com o que o resto do mundo pensa sobre eles que se esquecem de ponderar o que pensam seus filhos e esposas. Um pai me disse: – Eu fui levado a acreditar que o valor de um homem é definido por aquilo que ele faz no trabalho. Estou lá fora todos os dias, provando a mim mesmo para todo mundo à minha volta. Às vezes, me sinto melhor no trabalho porque lá sou mais produtivo. Em casa, não tenho muito a realizar.

Alguns pais irão negar qualquer desconforto em seu lar e insistir que a razão pela qual trabalham tão duro é proporcionar uma boa vida para a família. Isso é verdade, às vezes. Contudo, mais freqüentemente, esses homens estão cegos para os desejos de seus filhos e não têm nenhuma idéia do quanto suas esposas gostariam que eles estivessem mais envolvidos com os assuntos de casa. – As pessoas me deixam sozinho no trabalho – um pai me contou. – No trabalho, há menos aborrecimentos. Minha esposa não está lá resmungando. Meu filho não vive puxando as minhas calças para chamar a atenção. Eu recebo aprovação incondicional no trabalho, por isso, é mais fácil saber quando faço alguma coisa errada.

Eu já encontrei pais que procuram conduzir suas casas como se elas fossem escritórios. Mas esse estilo paterno de ser um diretor-geral em casa nem sempre funciona muito bem. Na verdade, promove consideráveis ressentimentos. Os membros da família, especialmente esposa e filhos mais velhos, querem ser tratados como iguais, e não como funcionários com uma agenda de tarefas e obrigações. A esse pai diretor-geral falta competência emocional para se misturar amistosamente com sua família e por isso reverte tudo para aquilo que é mais confortável para si, isto é, "controlar". Esse tipo de pai teve muitas vezes um modelo (o próprio pai) distante e sem envolvimento, e pode ser uma pessoa solitária e irritada. Altamente estressado, tem grande dificuldade em expressar intimidade – e os filhos sofrem.

Faz alguns anos, trabalhei com Dennis, um pai de 48 anos, e seu filho. Sempre em desacordo com esse rapaz de 15 anos, Devin, Dennis foi uma de minhas histórias de insucesso. Devin era raivoso, rebelde e faltava às aulas. Passava mais tempo de castigo do que na sala de aula. Nos finais de semana, às vezes não voltava para casa, deixando seus pais acordados por causa de preocupação. Devin não gostava particularmente da terapia até que perguntei sobre seu pai. Ele poderia passar todas as sessões insultando o pai. Ele o via como um hipócrita, sempre falando sobre os valores familiares, embora raramente aparecesse em casa para o jantar. Com relutância, Dennis começou a fazer terapia para acompanhar Devin, porque insisti que ele deveria estar presente para que eu conseguisse trabalhar com eficiência na mudança do filho. Em diversas ocasiões, Dennis me lembrou que tinha um trabalho muito importante no Capitólio e que estava perdendo várias reuniões enquanto se achava ali conosco. Ele olhava para o relógio repetidas vezes. Logo que os problemas de Devin surgiram na conversa, Dennis interveio. – Esse menino tem um temperamento terrível – disse ele. – Precisa crescer. Perguntei a Dennis se era possível que alguns dos problemas do filho tivessem sido gerados pela sua incapacidade em colocar a família antes do trabalho, mas ele ficou na defensiva. – Trabalho duro para que minha família tenha um ótimo padrão de vida – respondeu. – Ele não valoriza nada disso – Devin devolveu e disse ao pai que ele podia enfiar todo o seu dinheiro naquele lugar. Esta foi a última vez que vi Dennis. Ele me disse que só voltaria se eu aprendesse a controlar Devin e o fizesse respeitá-lo. Expliquei que aquele era o seu trabalho, não o meu, mas Dennis não estava interessado.

Infelizmente, um grande número de pais não consegue ver como suas decisões profissionais acabam afetando sua família. Outros pais vivem uma situação financeira tão apertada que são obrigados a trabalhar durante longas horas simplesmente para se manter – para muitos, isso é a pura verdade. Mas outros pais não querem admitir sua preferência pelo trabalho em detrimento da família. Quer admitam ou não, são os filhos que pagam o preço por essa armadilha onde foram capturados. Muitos pais são bons homens que se vêem presos entre decidir: se ficar o bicho come, se correr o bicho pega. Mas alguns conseguem ver as conseqüências e, mesmo assim, não mudam. Por exemplo, Nathan me disse que se sentia envergonhado por ter criado um monstro – seu filho estava tendo problemas na escola –, mas não podia suportar o sacrifício financeiro que precisaria fazer para colocar sua casa em ordem. Em vez disso, ele escapava todos os dias para o escritório; sua esposa e seu filho se afastavam dele cada vez mais.

"Meu filho estará bem enquanto freqüentar as melhores escolas e eu garantir o sustento dele."

Essa é uma racionalização para quem não está adequadamente envolvido com o filho. Para os pais que dizem a frase acima, o trabalho é claramente mais importante do que a família. Algumas vezes, esses pais ficam simplesmente desconfortáveis ao interagir com as crianças como pais. Eles não têm sido pais atenciosos e sentem que, enquanto proporcionarem uma boa vida aos filhos, tudo estará bem. Mas as coisas materiais raramente preenchem a ausência de envolvimento do pai. Os filhos podem ficar bem, mas continuarão a sentir uma grande perda ao longo do caminho. Eles não têm bons modelos de referência, não se sentem amados nem emocionalmente ligados aos pais. Esses meninos podem se tornar mimados, sentindo-se eleitos a um futuro de sucesso, e lhes faltará a capacidade de estabelecer relações mais próximas com os outros. Provavelmente, vão levar a raiva consigo, porque o pai não estava ao seu lado quando precisavam, e isso poderá se manifestar de forma inadequada em todos os tipos de situação.

Muitos pais sabem, em algum nível, que seus filhos estão apenas racionalizando quando se mantêm afastados do lar. E que vivem um processo de negação. Derek, um corretor de ações de 42 anos, veio me ver com sua esposa Lorraine, apenas por insistência dela. Lorraine estava preocupada, porque acreditava que Derek tinha uma relação muito superficial com Richie, seu filho de 12 anos, e dava muita importância para sua carreira e sua imagem na vizinhança. Ela jurou que ele preferia dirigir seu Porsche conversível a ir ao recital de piano do filho. Derek riu. – Não é verdade – ele disse e me deu uma piscadela. – Mas eu adoro aquele carro.

Lorraine não achou graça em suas palavras. Ela olhou diretamente nos olhos do marido e falou: – Richie precisa de um pai de verdade. Derek sabia o que ela queria dizer. Ele admitiu que sempre tentara dar uma passada nos recitais e jogos de basquete do filho, apenas para que "minha esposa achasse que sou um bom pai", e naquele instante percebeu que ela conseguira ler seus pensamentos. Derek explicou que tinha estado realmente ocupado nos últimos tempos – fora promovido recentemente. – Richie está matriculado há seis anos numa boa escola particular – ele me contou. – É um grande garoto. Está indo bem na escola e se envolve bastante, tenho muito orgulho dele.

Perguntei a Derek se achava que o filho gostaria que ele estivesse mais presente. – Não – respondeu. – Ele anda tão ocupado que por vezes eu atrapalho suas atividades. Estou fazendo minha parte, dando-lhe uma boa vida. E ele faz a parte dele, deixando-me orgulhoso.

Claramente, Derek não achava que existisse algum problema, mas expliquei-lhe que, só porque seu filho estava indo bem na escola, não significava que não quisesse uma relação mais próxima com o pai. Lorraine sentia que Richie desejava que seu pai estivesse mais envolvido com sua vida, mas não lhe tinha ocorrido pedir a atenção do pai, e ela não queria que o filho se afastasse da família, quando ficasse mais velho, ou guardasse ressentimento do pai. Demorou alguns meses para Derek perceber o quanto ele estava distante do filho. Seguindo os pedidos de Lorraine e os meus, ele passou a sair com o filho duas vezes por semana e prometeu jantar com ele pelo menos três noites por semana. Derek não percebeu nenhuma grande mudança em Richie – que já era um bom menino –, mas notou que estava conhecendo melhor o filho e admitiu que, diminuindo um pouco o ritmo de trabalho, estaria fazendo com que toda a família se aproximasse mais. E Lorraine parou de repreendê-lo.

Depois do mais recente recital de piano, Richie agradeceu a presença do pai. Então, o apresentou a seus professores. Ele pareceu estar contente em "exibir seu pai" da mesma maneira como Derek adorava ostentar seu Porsche. Quando Derek viu que o filho estava tão feliz apenas porque ele tinha aparecido, que sua presença significava o "mundo" para Richie, seus olhos marejaram. Derek me contou que aquilo tinha sido uma epifania. – Ele realmente me queria em sua vida – disse. – Eu sei que isso parece bobo. É claro que o filho deseja o pai em sua vida. Mas eu havia me convencido de que ele tinha tanto apoio de Lorraine e dos professores na escola, que estava tudo bem se eu estivesse tão ocupado. Naquela noite, percebi que isso não era verdade.

Combata o medo: os capítulos anteriores mostraram muitas maneiras de deixá-lo mais à vontade com seu filho em casa. O fundamental é passar um tempo com ele. Você precisa arrumar um tempo para combater esse medo. E esse tempo juntos pode ser embaraçoso e desconfortável no início. Mas o único modo de superar o medo é enfrentá-lo.

"Nunca vou ser bom o suficiente."

Meu coração simpatiza com os homens que estão fazendo o melhor possível, mas sentem-se esmagados pela insegurança. Ao contrário dos pais que racionalizam sua falta de envolvimento, esses homens estão dolorosamente conscientes de suas lacunas como pais. Alguns deles determinam a si próprios padrões tão elevados que se torna dificil, às vezes impossível, alcançá-los. Eles são seus piores inimigos. Alguns também têm uma esposa extremamente crítica que os fazem acreditar que são pais inadequados. Outros têm ou tiveram um pai altamente crítico que os fez se sentir pouco importantes quando eram crianças. E alguns são propensos à depressão e aos pensamentos negativos, o que não contribui para que eduquem seus filhos em um ambiente emocionalmente saudável.

Esses pais tiveram dificuldades para acreditar que estão fazendo o bastante, sendo carinhosos ou causando qualquer tipo de efeito sobre seus filhos. Muitas vezes, eles estão indo bem e não precisam ser pais melhores do que são. O que eles precisam é se aceitarem mais. Saul, um pai de 44 anos, veio me ver porque estava preocupado, pois passava tempo demais no escritório e não dedicava tempo suficiente ao filho. Saul relatou seus medos um após o outro: – Eu deveria brincar com meu filho e conversar com ele. Algumas vezes, sou muito rigoroso. Fico irritado quando ele deixa suas roupas espalhadas pela casa e dou bronca. Então, me sinto arrependido por ter sido tão duro com ele e não durmo de preocupação.

Saul estava tão obcecado em se tornar um pai melhor que não acreditava mais em si próprio. Mas sua esposa o apoiava. – Ela sempre diz que estou fazendo as coisas direito – comentou. – Mas meu pai cometeu muitos erros comigo. E eu não quero fazer a mesma coisa com meu filho. Eu lhe disse que essa era uma meta irreal. Todos os pais cometerão erros. Saul estava se saindo bem. Perguntei se ele estava fazendo o melhor possível. – Acho que sim – ele respondeu. Eu o tranqüilizei, dizendo que isso era tudo o que ele podia fazer, que devia tentar deixar todas as suas dúvidas de lado. Seu filho parecia normal, feliz e bem ajustado, e Saul estava conseguindo um bom equilíbrio ao incentivá-lo e disciplinná-lo. Ao longo dos meses seguintes, trabalhei com Saul para que ele confiasse em seus instintos paternos, que reforçavam seu relacionamento com o filho.

Disciplina não é a mesma coisa que maus tratos paternos. Os filhos precisam ser punidos e repreendidos, quando isso for apropriado. Eles precisam de rigidez e suavidade – não um ou outro. Certamente, não deixarão de amar o pai porque este os corrigiu e ensinou a eles bons comportamentos.

Outro pai com quem trabalhei estava preocupado por não ser um bom modelo para seus filhos. Jackson era um empresário esportivo. Tinha alguns clientes importantes e adorava seu trabalho. Certa semana, ele estava em uma pequena cidade do estado de Nebraska recrutando uma jovem sensação do basquete, de 18 anos, e, na semana seguinte, em Los Angeles, acompanhando um grande jogador em busca de patrocinador. Como viajava bastante, Jackson procurava passar algum tempo de qualidade com seus filhos gêmeos de dez anos assim que voltava para casa. – Algumas vezes, estou tão estressado quando chego em casa que tomo alguns drinques e digo às crianças que preciso descansar um pouco antes de brincar com eles ou ler uma história – disse. – Mas eu me sinto muito culpado por não ser tão entusiasmado, correndo atrás deles pela casa ou detonando nos videogames. Perguntei a Jackson quanto tempo ficava com os meninos antes de eles irem dormir. – Umas duas horas – ele respondeu. – Mas não sei se isso é suficiente. Eles sempre pedem alguns minutos a mais todas as noites.

Todas as crianças pedem para ficar mais tempo acordadas ou para que os pais brinquem mais um pouco. Isso não quer dizer que eles estão sofrendo. Saul estava indo bem. Quando seus garotos se tornassem adolescentes, teria muita sorte se ficasse dez minutos com eles.

Combata o medo: Saul e Jackson estão pensando de maneira muito negativa. Têm sido extremamente duros com eles mesmos. E precisam olhar para o modo como exercem os seus cuidados paternos, de forma mais objetiva. Caso você se enquadre nesse perfil, tente fazer o seguinte:

- *Peça um feedback de quem você confia.* Pergunte à sua esposa como ela acha que você está se saindo. Você poderá se surpreender ao saber que ela está mais feliz do que pensa. Caso sua esposa manifeste preocupações, ouça atentamente o que ela diz e faça o possível para corrigir-se. Não hesite em perguntar ao seu filho se ele quer passar mais tempo com você. Se ele reagir com entusiasmo, pode se despreocupar; mas se ele hesitar, não se sinta desencorajado. Incentive-o a dizer o que mais ele quer que você faça. Você vai se sentir melhor quando perceber que seus esforços não são despercebidos.

- *Desafie seus pensamentos negativos.* Se você se encontra muitas vezes dizendo que não tem feito o bastante, que não tem estado presente tempo suficiente ou que tem sido muito crítico, tente reagir a esses pensamentos com manifestações mais objetivas e positivas. Por exemplo, se sente que não tem feito o bastante, pergunte-se: "Quem disse?", e tente não se alongar em seus erros. Você provavelmente fez muitas coisas que merecem um tapinha nas costas.

- *Meça a si mesmo com expectativas realistas.* Caso converse com seu filho regularmente, mesmo quando está viajando a trabalho e caso compareça a muitos de seus eventos na escola, você provavelmente está indo bem. Lembre-se de que os filhos aceitam uma razoável margem de erros. Eles não esperam que sejamos mais perfeitos do que esperamos que eles sejam.

"Não quero que meu filho seja como eu."

Há milhares de anos, Sófocles comentou: "Meu filho, espero que sejas mais feliz que seu pai". Os homens de hoje fazem ecoar essa frase. Usando toda a coragem que possuem, os pais admitem a mim que freqüentemente dizem esta oração secreta: "Por favor, não deixe que meu filho fique como eu". Cada motivo é diferente. Algumas vezes, o pai não acredita que tenha sido bem-sucedido e deseja que seu filho tenha mais sorte e melhores opções. Outros sabem que são muito rígidos com suas crianças e desejam que elas sejam melhores, mais amáveis e mais joviais. Um pai de 53 anos me contou que detestava se enxergar no próprio filho. – Eu caio matando sobre ele quando fica teimoso numa discussão – ele contou. – Quando penso sobre isso, meu estômago revira. Eu também sou teimoso. Você se lembra daquela velha música de Harry Chapin, "Cat´s in the Cradle"? Esse cantor concluía tristemente: "Meu menino é exatamente como eu". Por alguma razão, esse é o meu temor, que meu filho seja como eu.

É muito difícil para os homens revelar esses sentimentos. Para fazer isso, eles têm que confessar uma insatisfação geral com suas vidas. Muitos deles cresceram jurando que nunca iriam agir como seus pais – e então vêem seus pais em seus próprios pensamentos e, em vez de mudar o comportamento, pressionam os filhos para que sejam diferentes, o que torna tensa a relação.

Louie era empresário e dono de uma construtora multimilionária que empregava mais de uma centena de operários na construção de hotéis e shoppings. Aos 49 anos, ele era uma pessoa bem-sucedida na definição de qualquer pessoa – tinha uma mansão, um belo carro e uma ótima família. E o melhor de tudo, seu filho Tanner, de 18 anos, adorava ir trabalhar com ele, e os dois tinham desenvolvido uma relação muito próxima ao longo dos anos. Quando era mais novo, Tanner fora a sombra do pai no escritório e ia com ele visitar as obras. No ensino médio, Tanner enchia seus cadernos com desenhos de prédios e edifícios famosos e tentara fazer carpintaria. Ele tinha até instalado uma passagem de tijolos no jardim do quintal. Tanner adorava tudo aquilo que fosse relacionado com construção e sonhava comprar uma casa antiga e restaurá-la inteira, começando pelo porão.

No último ano do ensino médio, Tanner veio me ver porque ele e o pai tinham começado a brigar muito. – Todo mundo está se matriculando na faculdade e ele quer que eu faça isso também – Tanner me contou. – Mas e se eu não quiser? Tanner explicou que tinha dito a seu pai que preferia trabalhar para ele; se precisasse, faria o café do chefe. Louie ficou horrorizado com a intenção do filho. Preferia que ele estudasse medicina. – Meu pai está sempre pedindo folhetos de diferentes faculdades. Então, ele joga tudo em minha mesa e em minha cama. Eu não tenho nenhum interesse em fazer medicina, mas esses estúpidos catálogos estão por toda parte. Ele me disse que eu tenho de ir para a faculdade. E eu respondi que quero apenas fazer o que ele faz. Não entendo o que há de errado com isso.

Quando me encontrei com Louie, ele explicou que achava mesmo importante que Tanner fosse para a faculdade. – Ele vai ser o primeiro na família – disse. – Eu não ralei todos esses anos para que ele acabasse pilotando um guindaste. Enquanto continuávamos a conversa, ficou claro que Louie estava orgulhoso da empresa que construíra, mas que ela não era "boa o suficiente" para seu filho. Não importava quão bem-sucedido ele fora ou como sua equipe era talentosa, Louie ainda se via como um sujeito com um martelo procurando trabalho. Ele queria que o filho tivesse o luxo de vestir um terno todos os dias, e passasse loção de barba todas as manhãs. Na essência, queria que o filho não fosse nada parecido com ele. Nós trabalhamos para encontrar uma solução que firmasse um compromisso para pai e filho – Tanner iria para a faculdade, mas faria graduação em arquitetura ou engenharia ou em alguma matéria que o ajudasse a entender mais sobre o negócio do pai. Então, passamos alguns meses fazendo com que Louie praticasse um pouco mais de apreço por si próprio e entendesse que sua vida poderia ser boa o suficiente para o filho.

É muito difícil para os homens se tornarem bons pais quando não se respeitam. Os filhos aprendem muitas lições ao observar os pais. Se um pai sempre se subestima, mostrando infelicidade ou descontentamento, ou, ainda, tenta ser alguém que não é, o filho vai perceber. Algumas vezes, o rapaz pode começar a olhar o pai com desrespeito, mas às vezes poderá incorporar esses sentimentos em seu próprio ponto de vista, desenvolvendo falta de autoconfiança. Os efeitos negativos desses pensamentos podem ser sutis, o que Hank percebeu quando veio me ver, afirmando que vivia deprimido. – Há momentos em que sinto que minha vida não tem sentido – disse ele. – Tento esconder isso das crianças, mas elas percebem que há algo errado. Vivem perguntando, "O que foi, pai?"; então, me sinto culpado, porque sei que os estou deixando ansiosos. Eu não quero que sintam o mesmo que eu. Hank temia que seus filhos herdassem suas perspectivas apocalípticas. Perguntei se ele tinha algum motivo para pensar que seu pessimismo os afetasse tão profundamente. Ele disse que não, até agora, mas se preocupava com o futuro. Os filhos de pais deprimidos podem sofrer de várias inseguranças e ansiedade, e a depressão pode ser herdada. Então, Hank trabalhou comigo e com um psiquiatra que o ajudou a encontrar a medicação adequada para seu distúrbio de humor. Como pai, você não pode permitir que seu mau humor, tristeza ou ansiedade desgastem seus filhos, porque podem induzi-los a ter seus próprios distúrbios de humor.

Combata o medo: tenho conhecido muitos pais que se preocupam com o fato dos filhos se tornarem como eles, e ainda assim conseguem ser bons pais. Se essa for sua preocupação, tente o seguinte:

- *Você pode não querer que seu filho se torne como você – mas está se preocupando com algo que talvez nem aconteça, especialmente se reconhecer isso e trabalhar algumas de suas falhas.* Eu mantenho uma citação de Mark Twain em minha mesa: "Eu conheci muitas preocupações em minha vida, mas a maioria delas nunca aconteceu". Há muitas chances de que seu filho se torne uma boa pessoa absorvendo o melhor daquilo que você ensinou e deixando para trás as coisas negativas. Por isso, pare de se preocupar!

- *Faça uma lista das características que espera que seu filho herde de você.* Você tem mais a oferecer do que está se dando crédito. Este simples exercício pode servir como um lembrete.

- *Identifique seu medo.* O que há em sua vida ou em sua personalidade que deseja que seu filho evite? Se souber o que quer mudar, é muito fácil fazer as alterações. Por exemplo, se você tem um temperamento ruim e se preocupa com o fato de seu filho desenvolver um modo de ser igual ao seu, concentre-se em controlar sua raiva e converse com seu filho sobre o que você fez de certo e de errado em situações específicas. Isso pode ser difícil, porque você deve estar disposto a confessar suas fraquezas e pontos fracos para ele, mas irá lhe dar mais consciência sobre o que precisa mudar e mais motivação.

"Nunca vou me perdoar por tudo que fiz meus filhos passarem."

Essa é uma das mais emocionantes confissões que um pai pode fazer. Não há nada mais penoso do que ver seu filho fracassar, sabendo que você teve uma participação direta na criação dessa situação. Isso faz que um pai sinta que ele falhou com o filho, que decepcionou sua família, ou não foi "homem suficiente" para lidar corretamente com o problema. A dor é pior quando há um problema grave – o filho está mergulhado numa grande depressão ou anda com as pessoas erradas –, ou quando termina em tragédia – no caso de um filho que morre por overdose de drogas, causa um acidente por dirigir bêbado, ou comete suicídio. Alguns problemas podem ser resolvidos quando os pais os enfrentam diretamente e mudam a forma como exercem os cuidados paternais ou maternais. Alguns não conseguem fazer isso, mas você precisa estar bastante envolvido e próximo a seu filho para saber a diferença.

Muitas vezes essa confissão de culpa vem de homens que se mudaram com freqüência, beberam demais, passaram por divórcios penosos, ou tomaram decisões financeiras erradas que prejudicaram o estilo de vida de seus familiares. Um homem me contou sobre uma decisão errada nos negócios que o fez perder todo o dinheiro, forçando-o a vender a casa e obrigando-o a se mudar com seus filhos para um bairro bem mais simples, onde eles odiavam a nova escola. Ele ficou tão envergonhado pelo que aconteceu que se afastou dos filhos. Não conseguia se olhar no espelho a cada manhã, muito menos olhar para o rosto dos filhos. Outro pai me contou que tinha desperdiçado a poupança para a faculdade das crianças em um mau investimento em tecnologia. Ele estava tão atormentado pela necessidade de contar a eles que veio me ver durante meses apenas para se preparar. Ele se odiava por ter sido tão ganancioso, apostando o dinheiro que havia economizado durante décadas. Mas nenhum desses homens deveria ser tão autodepreciativo. Afinal, eles queriam o melhor; estavam tentando melhorar o padrão de vida da família. Eles não machucaram os filhos intencionalmente; estes, muito provavelmente, seriam resistentes o suficiente para se recuperar de sua parca situação financeira. E com certeza terão aprendido valiosas lições sobre trabalho, carreira, dinheiro e mercado.

Alguns homens não conseguem suportar sua situação. Wes era coronel do exército e seu trabalho algumas vezes o levava a qualquer parte do mundo cujas notícias estivessem sendo transmitidas pela CNN. Sua família morou em bases militares desde Guam até a Alemanha. Seus filhos – dois garotos e uma menina – choravam muito todas as vezes que se mudavam de novo. Em seu último posto, na Virgínia, os filhos adoravam os cervos que passeavam no quintal e as montanhas que viam à distância. Eles tinham feito amizade com todas as crianças de sua quadra. O filho mais velho de Wes, Coburn, tinha 12 anos. Uma noite, Wes levou Coburn para a cama. – Prometa que nunca vamos partir – disse o menino. Havia algo tão desesperado nos olhos do filho que Wes prometeu. Algumas semanas mais tarde, no entanto, Wes estava em meu consultório com as mãos na cabeça, sentindo-se tremendamente culpado por ter feito uma promessa que não poderia cumprir. Ele sabia que tinha sido negada a seus filhos a permanência em um local. Wes sempre se desculpava com eles, mas os lembrava de todas as coisas que seus colegas da Virgínia não tinham visto: – Quantas crianças podem dizer que andaram em elefantes nas Filipinas? Em seu coração, porém, Wes sabia que Coburn ansiava por estabilidade, pela sensação de ter um lugar, um grupo de amigos com quem pudesse ficar mais próximo, coisas que seu pai não podia prometer. Então, antes de sua próxima transferência, Wes tinha certeza da necessidade de uma conversa franca com o filho a quem havia feito uma promessa que provavelmente não poderia cumprir.

Os homens também culpam a si próprios quando observam os efeitos negativos de sua mão pesada, como forçar o filho a estudar em certa escola, praticar um esporte que ele não gosta, ou fazer amizade com as crianças que o pai escolhe. Algumas vezes, a pressão é necessária – mudar para uma escola melhor, por exemplo –, mas isso ainda pode afetar o relacionamento com o filho. Se a decisão for a correta para sua saúde, educação ou futuro – e não for o desejo de expressão do próprio ego ou para manipular a criança –, então, você será capaz, posteriormente, quando seu filho amadurecer, de consertar o relacionamento.

Há momentos, é óbvio, em que o comportamento do garoto se torna intransigente e intolerável, sendo preciso tomar medidas para proteger toda a família, como quando o garoto exibe extrema desconfiança, agressividade, passa a usar drogas ou tem um padrão de comportamento anti-social. Nessas circunstâncias, a imposição de um programa terapêutico pode ser útil e necessária. Talvez seu filho não o perdoe de início, mas, ao longo do tempo, assim que ele mudar e amadurecer, perceberá que este também foi um ato de amor e não de rejeição.

Aqui está um exemplo de pressão que não foi boa para o filho: conheci um estudante universitário chamado Caleb, de 20 anos, que estava tão furioso com o pai que não queria fazer terapia junto com ele. O relacionamento com o pai mudou quando Caleb informou que iria desistir do time de futebol, esporte que vinha praticando há muito tempo, para ingressar na equipe de lacrosse em seu último ano. – Nada importante, concorda? – ele me perguntou. Eu concordei. – Errado – ele disse.

Caleb adorava lacrosse e tinha sido um dos fundadores do time da escola, alguns anos antes. Durante seu último ano no ensino médio, a escola tinha reconhecido lacrosse como um esporte oficial, e a equipe ganhou uniforme e um treinador remunerado, por isso, Caleb decidiu desistir do futebol e aderir ao lacrosse, porque os jogos com freqüência tinham horários conflitantes. Seu pai enlouqueceu. – Ele começou a gritar e a xingar – ele me contou. – Eu não podia mais suportar aquilo, então acabei ficando com o time de futebol. Mas toda semana eu assistia aos jogos de lacrosse e minha raiva do meu pai crescia a cada momento. Quando entrei na universidade, ele não poderia mais me dizer o que fazer, então, optei pelo lacrosse. Você sabe que ele nunca foi a nenhum jogo? Dois anos na equipe – e depois ele se pergunta por que não conversamos quando vou para casa.

Os divórcios alteram imediatamente a natureza da relação pai e filho. Os homens acham particularmente difícil conviver com a dor que causaram a seus filhos nesse momento, muito mais quando sabem que poderiam tê-la evitado. Por um lado, eles se divorciam porque imaginam que eles e suas crianças serão mais felizes, já que o casamento era repleto de discórdia e discussões. Mas, por outro lado, consideram que esse ato é covarde e irá ferir os filhos. Depois de um divórcio, passar um tempo com o pai será algo agendado, o que pode aproximar pais e filhos, mas também pode afastá-los. Quando um pai se casa de novo e tem filhos adotivos ou novas crianças com a outra esposa, seu filho terá de competir com eles pela sua atenção.

Certo pai a quem aconselhei veio me ver por causa de seu filho de dez anos. Terminamos falando sobre seu divórcio, ocorrido havia 15 anos, e seu relacionamento com o primeiro filho, que estava com 20 anos. Ele temia errar com o filho pré-adolescente do mesmo modo que falhou com o filho do primeiro casamento. – Aquela foi a decisão mais difícil que tive de tomar em toda a minha vida – disse-me ele. – Eu sabia que causaria a meu filho a maior dor que jamais tivera sentido até então. Agora, tomo o maior cuidado com ele e seu irmão mais novo. Tenho medo de feri-los de algum modo. Com o tempo, esse pai veio a perceber que não poderia proteger seus filhos das transições inevitáveis da vida, mas seria capaz de ajudá-los a conviver com as mudanças. Ele pediu perdão pela dor causada a seu primeiro filho, aprendeu a se comunicar mais abertamente, e se tornou cada vez mais envolvido com a família. Passou a incluir seu primeiro filho em todas as atividades familiares e incentivou os meio-irmãos a ficarem juntos de todas as maneiras que encontrou.

Na terapia, vejo muitos pais divorciados. Alguns sentem remorsos, outros são vingativos e outros, ainda, estão apenas apavorados. Terry, de 41 anos, e sua esposa Sandy se divorciaram logo após Terry ter tido um caso. – Nem consigo olhar meu filho nos olhos – disse-me ele. – Ele está com nove anos e não sei se faz alguma idéia do que aprontei, mas isso não tem importância. Só em pensar que fui capaz de fazer isso me deixa louco. Gostaria que pudesse fazer o tempo voltar. Algumas vezes, o impacto de um casamento fracassado influencia o modo como exercemos nossa paternidade. Harris confessou que passou a comprar mais coisas para seus filhos depois que se divorciou da esposa. – É difícil dizer não – comenta –, porque me sinto culpado. Por mais que deteste admitir isso, estou realmente tentando sobrepujar minha ex-mulher. Não sinto orgulho em fazer isso e sei também que não fará bem para as crianças, mas não consigo evitar. Quero que eles me amem mais.

Combata o medo: os pais dominados pela culpa precisam compreender que presentes materiais e permissividade não irão curar velhas feridas, e muito menos comprarão amor e respeito. Você passa a merecer o respeito e o amor de seu filho ao se mostrar envolvido e disponível de maneira constante e integral a ele. Se puder se dar ao trabalho de sentar e conversar sobre momentos dolorosos, se leva em consideração os sentimentos do garoto, e se ajusta suas ações conforme a situação, terá uma relação mais consistente com seu filho.

"Meu filho é mais próximo de minha esposa do que de mim."

Simon, pai de Luke, um garoto de oito anos, me contou: – Eu sinto que Luke quer sempre ficar com a mãe. Nós nos divertimos e brincamos bastante. Mas nossas conversas se limitam ao tipo de atividade que estamos fazendo. Quando um garoto o intimidou no parquinho, na semana passada, ele contou à mãe e não a mim. Fiquei chateado com isso. Por mais que eu deteste admitir, me sinto estranho com Luke, como se ele preferisse estar com a mãe. Estou maluco ao pensar isso?

A verdade é que os filhos são mais próximos a suas mães quando mais novos. É típico elas serem mais protetoras, mais disponíveis e mais sintonizadas com as necessidades emocionais das crianças. Essa dinâmica se altera durante a pré-adolescência e a puberdade, quando o rapaz se torna mais identificado com o pai. Ainda assim, os pais ficam confusos no início, porque não compreendem a razão de os filhos procurarem a mãe. Quando os pais se tornam conscientes de que as crianças procuram a mãe continuamente quando se sentem feridas ou quando precisam de ajuda para alguma coisa, eles sentem isso como uma bofetada no ego, embora seja apenas uma fase natural que deve ser enfrentada. Alguns se sentem desprezados e ficam furiosos e ressentidos, chamando os filhos de "queridinhos da mamãe".

Se você é pai de um filho pequeno, lembre-se de que aquela "atração gravitacional materna" não quer dizer que você seja um pai ruim. Quando ele crescer, o vínculo entre ambos começará a se fortalecer e o menino se identificará com você, caso esteja disponível e mais envolvido em sua vida. Se não estiver, você deverá gentilmente asseverar – ou reafirmar – sua presença na vida dele. Por exemplo, se seu filho correr para a mãe com o joelho ralado ou pedindo ajuda na lição de casa, diga aos dois que você gostaria de cuidar disso e se faça presente. Eles irão dar boas-vindas à sua entrada em cena mais cedo do que imaginavam.

Os filhos que têm sensibilidade e dons artísticos tendem a ficar mais próximos da mãe, porque as mulheres normalmente aceitam e compreendem as necessidades desses meninos. E os pais nem sempre sabem o que fazer com esse tipo de rapaz. – Eu não consigo entender como esse garoto pode ser meu filho e não adorar futebol – um pai me disse. – Como é que a gente pode se relacionar desse jeito? Ethan, de 43 anos, procurou-me porque ele e seu filho de 12 anos não conseguiam mais se entender. Ethan sempre tinha achado que ele se ligaria a seu filho do mesmo modo como seu pai tinha se ligado a ele – por meio dos esportes. Mas Gabe não gostava de esportes.

Ele preferia projetar jogos de computador ou ler um livro. – Eu sei que não é politicamente correto desprezar os rapazes pouco atléticos – Ethan me disse. – Mas não consigo me livrar da sensação de que meu filho e eu somos muito diferentes, de como somos tão pouco parecidos como homens, porque ele não pode me dizer nem quem ganhou o jogo de basquete da semana passada.

Os homens que têm dificuldade em aceitar filhos diferentes deles são normalmente mais rígidos, menos flexíveis e mais dependentes das definições estereotipadas de masculinidade. Gabe tinha detectado esse julgamento no pai e por isso tinha se afastado e não conversava mais com ele. Mas era capaz de passar horas conversando com a mãe. Gabe e o pai não tinham uma relação conflituosa – eles não tinham nenhum tipo de relação. Por causa disso, Ethan ficou com ciúmes da mulher e começou a discutir com ela e a criticá-la. – Pare de mimar esse menino – ele lhe disse. – Você fica paparicando esse moleque de tal maneira que ele nem sabe o que significa ser homem.

Quando ficava irritado com o filho, dizia para "correr para a mamãe". Ethan não queria admitir que ele estivesse afastando seu filho cada vez mais por causa desses insultos verbais, e não acreditou quando sua esposa contou que realmente isso estava acontecendo. No entanto, finalmente Ethan veio ao meu consultório por insistência da esposa; começamos a avaliar que papel ele tivera naqueles problemas com o filho. Só quando Ethan começou a respeitar a maneira diferente de seu filho ver as coisas foi que passou a desenvolver um relacionamento melhor com Gabe. Ele procurou olhar o mundo pelos olhos do filho e a aceitá-lo como era, o que significou conversar com Gabe sobre seus interesses, sobre sua personalidade e sobre suas crenças. Ethan teve de perceber aquilo que era mais importante para si: a felicidade de Gabe e a relação entre ambos, ou moldar o filho de acordo com aquilo que ele achava que deveria ser o comportamento de um menino? Foi difícil de engolir, mas Ethan aceitou e daí por diante pai e filho passaram mais tempo juntos.

A revista *Best Life*, de maio de 2007, trouxe um artigo no qual um pai escreveu sobre o que ele faria diferente, se pudesse educar seu filho de novo. O número três da lista era: "Eu não lhe ensinaria um ideal tão bitolado sobre o que é ser homem". Ele pede aos leitores para checarem os seus pressupostos: "Vá com moderação na mitologia hipermasculina – de que os jovens-são-fortes-e-auto-suficientes e de que esse comportamento tem seu alicerce na primeira vez que demos uma bronca em nosso bebê de um ano de idade por chorar e, daí por diante, torna-se a trilha sonora das 24 horas da vida de nossos filhos. Claro, o modelo masculino do tipo forte e silencioso é o combustível de três quartos do comportamento elegante na história de nossa espécie, embora seja difícil argumentar com seus aspectos negativos. Se um homem de verdade é supostamente durão e seguro, então, um garoto se sente envergonhado quando é fraco e inseguro (o que ele é, se a memória não me falha, a maior parte do tempo). Nós lidamos com essa vergonha ao nos retrairmos em raiva ou silêncio, ambos cópias bem razoáveis da força masculina que supostamente devemos ter. Esta não é uma fórmula de bom relacionamento e é uma receita para um comportamento de risco".

Quando os filhos pequenos são atraídos para a mãe, seja objetivo e não fique ressentido. Avalie se ele está indo naturalmente em busca do conforto da mãe ou se você está contribuindo para empurrá-lo nesta direção. Você está tentando se aproximar dele? Você reage rispidamente, de maneira inconsciente, quando ele se aproxima de você ou se não o escolhe em primeiro lugar? Os meninos pequenos – abaixo de nove anos – raramente se beneficiam de um amor agressivo. Eles podem até gostar de brincar com alguma brutalidade, atirar uma bola, ou competir para ver quem nada mais rápido, mas seus egos são frágeis – e eles podem ainda estar procurando descobrir o lugar no coração de seus pais. As mães raramente receitam idéias de masculinidade para seus filhos, mas os pais sempre fazem isso. Se um garoto machuca o joelho e entra em casa chorando, o pai vai lhe dizer, "Engula o choro" ou "Pare de chorar". A mãe provavelmente vai colocar o garoto nos braços, balançá-lo, e dizer que tudo vai ficar bem. As crianças pequenas precisam ser mimadas. Os pais que "reprogramam" a si mesmos para projetar um lado mais amoroso e compreensivo se tornam com freqüência mais próximos dos filhos pequenos. Novamente, não estou sugerindo que deva agir como a mãe das crianças, mas a sua relação poderá se beneficiar se você incorporar alguns dos truques cuidadosos de mãe.

Combata o medo: um pouco de proteção pode ir longe. Abrace seu filho quando puder, dê conforto a ele quando se machucar e mostre-lhe que sabe como ele se sente. Os filhos, assim como as filhas, respondem aos gestos carinhosos e às palavras reconfortantes. A sua masculinidade não estará em xeque quando mostrar afeto a uma criança. Na verdade, seu filho gostará de receber tal afeição de você – os meninos ficam, por vezes, ciumentos pelo relacionamento amoroso de suas irmãs com os pais – e então ele provavelmente irá procurar menos a mãe.

"Sou um chauvinista enrustido e não sei se consigo mudar."

Eu tenho medo de que os homens encubram os seus segredos quando se trata de expressar os sentimentos sobre seus casamentos e de que forma isso pode matizar e/ou disfarçar a sua paternidade – e os mais silenciosos deles são os chauvinistas. Os homens raramente manifestam publicamente seus sentimentos, especialmente com a esposa. Não é mais politicamente correto para eles achar que as mulheres devem cuidar da casa, e os pais modernos sabem que isso é uma visão egoísta. Mas mesmo aqueles pais que se vêem como parceiros iguais das esposas às vezes fazem suposições sobre o trabalho doméstico e como educar as crianças. Eu os ouço em meu consultório. – Eu não sou a babá – um pai me disse. – Eu consigo o dinheiro para contratar uma babá. – Eu a ajudo tanto quanto posso – outro falou. – Mas não é realmente o meu trabalho dar banho e o jantar para as crianças, é? Os pais de hoje estão mais que dispostos a "dar uma mão" em casa, mas normalmente só depois que a esposa pede ajuda. Disse um pai: – Eu sei como as mães e os pais deveriam ser; parceiros iguais, dividindo responsabilidade na educação dos filhos. Eu tento, o máximo que posso, cumprir o meu papel. Mas lá no fundo existe esse sentimento de que eu não deveria estar ajudando a lavar os pratos, as roupas, ou levar as crianças de carro prá lá e pra cá. Eu trabalho muito mais do que minha esposa e estou esgotado quando chego em casa, mas é politicamente incorreto dizer isso a ela. Então eu não digo.

Esses são os "pais das cavernas", aqueles ligados ao atavismo, dos quais falamos no início do livro. Suas atitudes mais encobertas estão mergulhadas na "tradição masculina", e poucos deles têm um desejo genuíno de mudar. Eles não são más pessoas – na verdade, importam-se com a família. Mas se sentem bastante satisfeitos com o atual estado das coisas. E estão perdendo um dos mais preciosos presentes da vida – a sensação de conforto, segurança e paz interior que advém de se estar emocionalmente aberto para os filhos em todos os tipos de situações. Muitos desses homens tiveram pais que funcionavam dessa mesma forma remota, então, desempenham os cuidados paternos da única maneira que conhecem. Mas esses homens não são modelos muito bons para seus filhos. Eles não os encorajam a expressar sua vulnerabilidade ou seus sentimentos. E quando seus filhos fazem isso, tratam como coisa pouco importante. Eles irão falar a respeito de esportes e sobre ir aos jogos com os filhos, mas evitarão as atividades "maternas" – fazer compras no supermercado para a família, limpar a casa, participar de reuniões de pais e mestres na escola, participar do rodízio de levar os filhos e as crianças do bairro à escola.

Gene, um piloto de aviação de 44 anos, teve uma luz durante uma conversa com sua esposa Carolyn. Ele estava tagarelando sobre seus lugares-comuns no trabalho e explicando que ele sempre deixava que Carolyn "fizesse sua parte". O problema é que a parte de Carolyn incluía educar as crianças, cuidar da casa, trabalhar num emprego de meio período e dar constantes desculpas pelo envolvimento familiar periférico do pai. Eles estavam polarizados em seus papéis e Carolyn, frustrada e irritada. Perguntei a Gene se ele achava que ambos eram parceiros. – Creio que sim – ele respondeu. – Eu ganho mais dinheiro do que ela e as coisas ficam empatadas quando Carolyn compensa a lacuna cuidando da casa. Ela é melhor do que eu nessas coisas.

– Deixe-me falar uma coisa, Gene – Carolyn gritou. – Trabalho muito mais do que pode pensar, e, se não fosse por mim, é bem provável que suas crianças nem falassem com você. Do jeito que estão as coisas, você mal as conhece. Na semana passada, perguntou como tinha sido o jogo de futebol de Mike. Acontece que ele jogou uma partida de beisebol, Gene. De beisebol!

Carolyn olhou para mim. – Estou cansada dessa história – ela disse. – Eu faço todo o trabalho e ele acha que pode ficar à toa, entrando e saindo de nossa vida. Não agüento mais. Carolyn estava considerando o divórcio muito seriamente.

Esta era uma mistura potencialmente explosiva – uma esposa furiosa e ressentida ligada a um marido complacente e com pouca vontade de mudar. A relutância de Gene, em participar de modo mais ativo na vida familiar, era óbvia. O pior de tudo é que ele estava passando um ponto de vista insustentável sobre os papéis de pai e mãe aos filhos – que os homens se concentram no trabalho e que as mães se concentram na família. Gene, na verdade, queria que seus filhos entendessem esses papéis como iguais, mas percebeu que estava modelando um estereótipo ultrapassado. Ainda mais, esse estereótipo estava profundamente enraizado em sua psique e em seu comportamento.

Os homens, em geral, ficam envergonhados quando enxergam suas tendências chauvinistas, mas se torna mais fácil admitir tais sentimentos e procurar mudá-los do que negá-los. Gene e Carolyn fizeram terapia durante muitos meses. Gene acabou prometendo se responsabilizar por um número igual de tarefas, mas então quebrou a promessa. Enquanto continuei a trabalhar com Gene na tentativa de encontrar coisas a fazer com seus filhos, Carolyn viu que o relacionamento com as crianças estava melhorando, então, parou de reclamar com o marido sobre sua cota de tarefas. – Eu consigo dar conta das roupas – ela disse. – O que não consigo é assistir ao desapontamento constante de meus meninos com o pai.

Combata o medo: até os homens das cavernas podem mudar. Você pode mudar. Uma vez que perceba que ama a sua família e que os está machucando, e a si mesmo, com suas atitudes ultrapassadas, você precisa fazer alguns ajustes para garantir que está dividindo as responsabilidades e a educação dos filhos.

- *Tome medidas para se envolver na vida de seu filho e nas tarefas domésticas.* Ofereça-se para pegá-lo no médico ou no ensaio do teatro. Passe o aspirador na sala de jantar – não espere que sua esposa peça. Lave algumas roupas ou faça o jantar.

- *Não diga a seu filho e à sua mulher que eles podem contar com você – mostre isso a eles.* Se disser que vai assistir ao jogo de basquete ou levar a família para patinar, faça isso. Não faça promessas que não possa cumprir. Mas faça promessas.

- *Se seu trabalho o mantém longe de casa, aceite que não estará sempre presente e que uma divisão meio a meio das tarefas domésticas pode ser irreal.* Quando estiver em casa, no entanto, ajude o máximo que puder. Isso vai melhorar o relacionamento com sua esposa e mostrar a seu filho que os pais são responsáveis por mais coisas do que apenas sua carreira profissional.

"Eu feri meu filho mais do que o ajudei."

Alguns pais de adolescentes problemáticos ficam arrependidos em confessar que desempenham um papel no problema, mas outros evitam assumir qualquer responsabilidade. Aqueles que fazem isso costumam perguntar: "O que fiz de errado?" Um rapaz que um dia deixou seu pai orgulhoso toma um caminho tortuoso, se vê envolvido com drogas ou com a lei, ou vive em família de modo desajustado continuamente. Em resposta, os pais podem ficar deprimidos, desgastados ou desesperados. Eles irão perguntar o que fizeram de errado quando estiverem prestes a desistir, mesmo que não queiram fazer isso, bem como quando pretendem justificar a si mesmos que estão planejando não contar mais com seu filho e que eles merecem isso. – Eu realmente não sei o que aconteceu com ele – um pai me disse. – E é por essa razão que não tenho certeza se o desejo ainda em minha vida.

Conheci Sam e Rita pouco tempo depois que seu filho de 19 anos morrera em um acidente de carro. Ele tinha saído de uma festa embriagado e arrebentou o carro numa árvore, um final triste e absurdo, mas não foi por isso que eles vieram me ver. Charles, seu filho de 16 anos, tinha sido preso por dirigir alcoolizado alguns meses depois do funeral do irmão. Ele havia começado a faltar às aulas e raramente voltava para casa no horário combinado. Os pais estavam preocupados em perdê-lo também. – É como se ele estivesse seguindo os passos do irmão – Sam me contou. Perguntei aos dois por que eles achavam que Charles estava agindo daquela maneira. – Ele diz que estamos tentando controlar a sua vida – Sam respondeu. – Charles reclama de que sou muito rigoroso e de que não o entendo. Nós temos muitas discussões que não se resolvem. Eu não tenho certeza de onde foi que errei. Mas eu sei que falhei com ele. Sam estava olhando os nós dos dedos. Seus lábios começaram a tremer. Rita pôs os braços em volta dele e o apertou.

Perguntei a Sam se ele tinha estado próximo de Charles antes da morte do outro filho. Ele inspirou e deu um suspiro. – Na verdade, não. Eu nunca fui muito próximo a nenhum dos dois. Eu bem que queria, mas sempre havia alguma coisa sobre a qual discutíamos – eles não estavam fazendo o dever de casa ou não obedeciam à mãe. Eu vivia atrás deles e sempre os castigava. Mas parece que isso não funcionou.

Sam estava preso em um ciclo de punições e não sabia mais como se relacionar com o filho ou mesmo falar com ele. Ele desempenhava seu papel reagindo ao desespero, e sempre mandava Charles para o quarto, o que só servia para deixar as coisas piores. Charles se sentia incompreendido e Sam ficava furioso quando o filho desafiava a sua autoridade. – Nem sempre foi assim – disse Rita. – Depois que os adotamos, ainda bebês, nós éramos muito felizes. Fazíamos as coisas todos juntos, em família. Mas quase no fim do ensino fundamental as coisas começaram a ficar difíceis. Havia sempre reclamações sobre seu comportamento e telefonemas dos professores.

– Então, comecei a perder a paciência – confessou Sam. – Acho que muito do que está acontecendo é minha culpa. Eu me afastei e deixei que minha esposa lidasse com tudo.

Sam veio a perceber que ele havia substituído as punições por outros papéis como pai. Ele trabalhou para alterar os limites e as conseqüências que havia fixado para Charles na tentativa de descobrir novas formas de se reaproximar do filho. E trabalhei com Charles para descobrir alguns de seus próprios temores e culpas em relação à morte do irmão. Todos os três se comprometeram a se tornar novamente uma família.

Todos nós cometemos erros como pais. Mas, se não os reconhecermos, poderemos afastar nossos filhos de nós. Perguntar a si mesmo "o que deu errado" requer bastante coragem. Quando você admitir seus erros em coisas que não o deixem particularmente orgulhoso, vai forçá-lo a demonstrar seus sentimentos. E isso abre as portas da mudança.

Combata o ciclo de punições:

- Quando definir regras e conseqüências significativas, discuta antes com seu filho adolescente; explique por que são necessárias e peça a opinião dele.

- Se possível, ofereça a oportunidade de negociar. Os adolescentes estão mais propensos a aceitar regras quando tiverem participado do processo.

- Se uma regra for quebrada, não grite, não critique, nem deixe seu filho envergonhado; isso apenas vai deixar as coisas ainda piores. Declare sua posição calmamente, explique seus motivos e ouça as explicações dele com atenção.

- Quando aplicar uma punição, tenha certeza de que é justa, de pouca duração e eficaz, de forma que ensine a seu filho por que não deveria ter feito o que fez (por exemplo, beber ou deixar de voltar para casa na hora combinada).

- Sempre discuta a violação da regra depois da punição, para se certificar de que seu filho adolescente entende o que se espera dele e quais serão as conseqüências, caso repita o erro.

CAPÍTULO 5

OS FILHOS FALAM CLARO

Quando os pais os ferem e desapontam

Calvin, de dez anos, veio me ver uma tarde logo após as aulas, pois tinha sido encaminhado até mim por causa de seu baixo desempenho e por perturbar a classe. Gostei dele assim que o vi. Tinha um sorriso largo, um rosto doce e sardento, era rápido com as piadas e adorava falar sobre sua paixão pelo tae kwon do. Calvin não conseguia entender por que seus pais o tinham enviado a mim, mas não protestou. – Meu vô me diz que sou uma satisfação – disse vivamente.

Não lhe perguntei por que estava indo tão mal na escola, o que o deixou mais relaxado. Eu estava mais interessado em como ele passava o tempo e quem eram seus amigos. Como ele se dava com seus pais? Calvin disse que tinha muitos amigos e descreveu alegremente como gostava de comédias. Disse que era viciado em videogames, assim como em Madden's NFL, um jogo de futebol americano virtual.

Mudei de assunto e perguntei sobre sua família. Estava interessado em saber se era próximo da mãe. O tom de Calvin mudou. – Ela é legal – disse. – Ela me enche de vez em quando, mas tirando isso... Dei um sorriso, porque a maioria das crianças reclama que suas mães são resmungonas. Então, perguntei sobre o pai. – Ele é ok – Calvin respondeu com uma ponta de tristeza e resignação.

– Algumas vezes, os garotos ficam meio enfezados com o pai e não gostam de falar sobre o assunto – disse eu. Calvin me olhou.

– Por quê? – ele perguntou.

– Às vezes, eles ficam chateados porque seus pais não estão muito presentes, porque vivem gritando ou ainda porque acham que seus pais não os compreendem.

Calvin balançou a cabeça afirmativamente. Inclinei-me na cadeira.

– O que você está sentindo é muito importante, Calvin – disse. – Acho que você quase nunca fala sobre isso, mas gostaria que falasse. Talvez até eu possa ajudar de algum modo.

Calvin permaneceu quieto.

– Aposto como tem algumas boas razões para estar chateado com seu pai, assim como as outras crianças que mencionei.

Calvin concordou de novo. E então se abriu de verdade, dizendo que seu pai nunca estava por perto. Encontrava-se sempre trabalhando ou na marina, onde restaurava um antigo veleiro. Calvin se sentia como se perturbasse o pai ao pedir alguma coisa.

– E ele costuma assistir às suas exibições de tae kwon do? – perguntei. Calvin revirou os olhos.

– Ele diz que vai, mas então fica preso no escritório ou chega atrasado – ele respondeu. – Isso me deixa louco da vida.

– Eu também me sentiria assim – disse eu.

– Meu pai está sempre reclamando de minhas notas na escola – continuou Calvin. – Mas sabe de uma coisa? Ele não sabe nada sobre minhas notas. Minha mãe é quem vai a todas as reuniões e lê minhas lições de casa.

Calvin não havia contado ao pai como se sentia nem tinha percebido quão bravo estava até que conversássemos. Ainda assim, não queria dizer nada ao pai sobre seus sentimentos. – É perda de tempo – ele disse. – Ele vai arrumar um jeito de me culpar. Vai dizer que tenho sorte em ter o que tenho e que devia dar mais valor a ele.

Os filhos costumam ser astutos observadores do comportamento do pai. Eles mantêm uma espécie de registro daquilo que é ou não feito para eles. E carregam rancores, mesmo se adoram ou criticam o pai. O pai é aquele homem que os garotos amam odiar ou odeiam amar.

Vários garotos, como Calvin, anseiam pela atenção e aprovação do pai, mas não conseguem obtê-las. Suas vidas não são terríveis, no entanto. Assim como Calvin, esses garotos têm belas casas, freqüentam boas escolas e se envolvem em inúmeras atividades extracurriculares. Mas algo essencial – a presença do pai – está faltando em suas vidas. E a frustração de Calvin com o pai está apenas na superfície de seu sofrimento. Bem lá no fundo reside o desejo de uma ligação emocional com ele.

Um grande número de garotos contenta-se em viver a vida cotidiana com um pequeno envolvimento do pai. Eles desejam sua atenção, sua orientação e seu amor, mas não sabem como pedir isso diretamente quando não os conseguem. E assim os filhos se tornam cada vez mais distantes do pai depois de cada frustação, de cada crítica, de cada menosprezo por seus sentimentos. E é até provável que, um dia, esses meninos não queiram mais a companhia do pai. Eles aprendem a se conformar com um pai que só está presente às vezes e concluem que é da natureza de um pai ser assim tão pouco disponível. Para enfrentar essa situação, os meninos também aprendem que, quanto menos esperarem do pai, menos ficarão machucados. Com o tempo, pai e filho caem num mesmo padrão – o pai acha que tudo está bem, uma vez que não há reclamações, e o filho supõe que seu pai não está interessado em conhecê-lo melhor.

Um menino mais novo tende a dar ao pai o benefício da dúvida mais freqüentemente que um garoto mais velho. Esse menino mais novo esquece a desilusão e perdoa mais facilmente. Grant, um garoto de seis anos, me disse que nunca tinha certeza de onde estava o pai na hora do jantar, mas mesmo assim aguardava sua chegada. – Falo pra minha mãe deixar tudo pronto pra ele, caso ele venha mais cedo do trabalho – disse ele. Jacob, um rapaz de 13 anos, tem pouca paciência quando o pai não aparece para jantar. – Meu pai faz o que quer – disse Jacob.

Os homens podem quase sempre admitir que o que se vê numa relação entre pai e filho, pode ser enganador. Um pai que ama seu filho mais do que tudo pode nunca demonstrar isso diretamente. Um filho que anseia pela presença do pai pode agir como se não desse a mínima para ele. Por quê? Porque pais e filhos raramente expressam os sentimentos. Não é de estranhar que os sentimentos de tantos meninos estejam transbordando, e que eles anseiem por falar, quando lhes peço para contar suas histórias. E eles seguem o "código do sexo masculino". *Não demonstre fraqueza. Presuma que os outros lerão sua mente. Guarde suas queixas de fracote com você mesmo.* A cada recesso escolar, evento esportivo ou passeio com os amigos, os filhos aprendem os costumes sociais da masculinidade, que incluem esconder seus sentimentos mais íntimos por causa do receio de ser tachado de molengão ou frutinha. Mesmo na presença do pai, esses garotos acham que devem projetar uma imagem de força e resistência, porque certos pais rotulam seus filhos de medrosos ao menor sinal de hesitação ou fraqueza.

Os filhos desejam conversar com o pai, mas quase nunca sabem como fazer isso. Esse desejo me faz lembrar uma cena do filme adolescente *The Breakfast Club*, dos anos 1980. Nele, o personagem de Emilio Estevez está de castigo por perturbar outro garoto. Ele se sente realmente mal por aquilo que fez – essa confissão aos outros rapazes na mesma situação quase lhe traz lágrimas aos olhos. E então quando um colega de classe pergunta por que intimidou o menino, ele responde: – Fiz aquilo apenas para agradar meu velho. O pai de Estevez sempre pressionava o filho para ser durão, para ser o número um, para vencer, então Estevez presumiu que o pai ficaria orgulhoso por seu machismo, mesmo que aquele comportamento fosse sinal de falta de integridade. Estevez depois admitiu o quanto tinha raiva do pai e ficava claro, por trás dessa declaração, anos e anos de ressentimento acumulado.

Muitos rapazes sentem raiva do pai, mas poucos revelam isso, porque têm medo de censura ou rejeição por parte dele. Isso é especialmente verdadeiro no caso dos pré-adolescentes. Evan, de nove anos, passou meses fazendo terapia na tentativa de revelar a complexa relação de amor e ódio que tinha com o pai. Evan disse que seu pai o tratava como "um garoto bobo" e quase sempre perdia a paciência com ele. Evan gostava de ficar sem fazer nada; o pai valorizava a eficiência. – Eu não sei o que meu pai faria se eu dissesse que ele sempre foi sacana comigo – contou-me Evan.

– É bem capaz que ele dissesse que tinha sido minha culpa ele ter sido sacana assim, então me daria uma punição. Meu coração fica partido quando ouço os meninos falarem uma coisa dessas. Em nove anos, esse garoto havia aprendido que não podia se expressar livremente com o pai, que ser verdadeiro com os próprios sentimentos poderia fazer o pai criticá-lo ou afastá-lo de si. Alfie, de 12 anos, me disse que ficava sentido todas as vezes que seu pai quebrava as promessas que tinha feito. Na semana anterior, o pai tinha combinado de levá-lo a uma feira de cards de beisebol e tinha cancelado no último minuto, dizendo que estava cansado. Perguntei a Alfie por que não tinha dito ao pai como havia ficado chateado com aquilo. – Ele teria dito pra eu parar de agir como uma menininha mimada – Alfie respondeu.

Os garotos recebem um rigoroso treinamento para aprender como não demonstrar seus sentimentos, dado por "especialistas" – seus próprios pais e outros homens. Quando um pai minimiza seus sentimentos, ou os de outra pessoa – ou mesmo nunca demonstra qualquer sentimento –, o menino conclui que tais sentimentos são estranhos, não masculinos e pouco importantes. Frankie, de 13 anos, me perguntou exatamente o seguinte: – Como é que alguém pode esperar que eu diga ao meu pai o que está me aborrecendo? Ele nunca faz isso comigo ou com mais ninguém, e meu avô é do mesmo jeito. Para Frankie, esse negócio de expressar os sentimentos era algo que só um alienígena seria capaz de fazer. Não posso culpá-lo. No ambiente familiar onde vivia, nenhuma emoção era compartilhada.

Nos dias de hoje, os homens deixaram de subir no conceito das mulheres por serem rígidos demais, e seus filhos certamente não aplaudem esse comportamento, mas isso continua. A maioria dos pais reconhece que seus filhos se sentiriam muito melhor se falassem sobre o que se passa em sua mente, embora se sintam ameaçados com essa idéia. Às vezes, nossa resposta habitual de se retrair em face de emoções confusas prevalece sobre a noção convencional arraigada de que é melhor falar sobre elas. Sabemos que é melhor, mas não nos sentimos à vontade para fazer isso.

No entanto, espero que você queira mudar depois de ouvir esses meninos falarem sobre suas histórias e emoções mais íntimas. Aqui estão "Os oito pontos esclarecedores" – as maiores reclamações que os jovens têm a fazer sobre os pais.

OS OITO PONTOS ESCLARECEDORES

1. "Papai anda sempre ocupado e nunca está por perto."

Esta afirmação vem no topo da lista. Ao longo do livro, você ouviu essa expressão várias e várias vezes, dita por filhos de todas as idades: meu pai está sempre no escritório. Está toda hora viajando. Traz trabalho para fazer em casa. Ele tem sempre algo a fazer. Quebra suas promessas de me levar a algum lugar, nunca tem tempo para ficar comigo, e o pior de tudo, não posso contar com ele quando precisar. A mensagem que um pai envia a seu filho quando está indisponível é: "Você não é tão importante para mim". Muitos garotos levam essa terrível mágoa com eles todos os dias – ela se prolonga e contamina todos os aspectos da vida deles. E quando os filhos são pequenos, sempre perguntam: "Cadê meu pai?" Mas, na verdade, o que estão perguntando é: "Por que ele não está comigo?" E quando crescem, comentam como o pai é ocupado, e fazem perguntas do tipo: "Por que ele sempre tem de estar trabalhando?"; eles querem saber o que poderia ser mais importante do que passar um tempo com o próprio filho. Na adolescência, no entanto, os meninos começam a se afastar dos pais quando não se sentem amados ou ao perceber que não têm importância.

Os adolescentes podem ser especialmente eloqüentes com aqueles pais ocupados, e até mesmo abertamente irritados e insultuosos. Alguns filhos irão desafiar as falhas do pai – ele é intolerante, egoísta, materialista –, mas a maior parte de sua raiva pode ser rastreada até a infância, quando se viram colocados de lado, mesmo por aqueles pais "provedores de recursos" e que tinham as melhores intenções. Um rapaz de 15 anos, Max, me disse: – Meu pai sempre tem uma desculpa quando não se encontra por perto: está com muita pressão no escritório, tem contas para pagar, ou tem outras coisas para fazer na casa. Ele sempre diz que vai ficar comigo assim que terminar o que está fazendo. Mas a quem ele está enganando? Ele vem falando essa merda há anos. Eu nem presto mais atenção quando ele vem com essas histórias. Se eu contar para ele como me sinto, ele vai mudar de assunto e começar a falar de todas as coisas boas que eu tenho graças ao seu trabalho duro. Que está economizando para a nossa educação, para as belas férias, para comprar nosso carro, para quando ficarmos mais velhos, e tudo mais que ele puder inventar para justificar esse comportamento estúpido. Ele nunca vai assumir a culpa de nada e toda a família sabe que ele só vai fazer as coisas do seu jeito.

Você é um pai indisponível? Para descobrir, pergunte a si mesmo:

- Seu trabalho vem em primeiro lugar?
- Você sempre quebra as promessas que faz para seu filho (por exemplo, "Vou me encontrar com você no seu jogo de quinta à noite")?
- Quando seu filho puxa assunto, você conversa com ele e tenta fazer outra coisa ao mesmo tempo?
- Você tem consciência do que realmente está acontecendo no dia-a-dia de seu filho?
- Você faz com que seu filho perceba como ele é importante para você?

2. "Papai nunca ouve."

Muitos garotos me dizem que os pais fecham suas mentes, que não prestam atenção ou que são esquecidos. São erros muito comuns dos pais. Você pode até não ser esquecido ou distraído de propósito, mas pode estar sobrecarregado ou esgotado. Ainda assim, os filhos odeiam – sim, odeiam – passar um tempo com o pai, a menos que tenham sua total atenção. É doloroso para ele se você aparecer para vê-lo num jogo de futebol e depois ficar falando no celular, de canto. Faz alguns anos, Seth, então com 14 anos, reclamava que seu pai passava algum tempo com ele, mas muitas vezes ficava conversando ao celular durante os passeios. – É como se fosse um pai DDD – Seth me disse.

Eu não me esqueci daquela época. Muitos pais, e também me incluo algumas vezes, são culpados por fazer malabarismo com tantas coisas que têm na mente e nunca desfrutam plenamente daquilo que estão fazendo. Estamos preocupados com o trabalho ou com os próximos eventos esportivos, com o conserto do carro, ou sobre onde levaremos a família nas próximas férias. Pensamos em tudo, menos no momento presente. E é nesse ponto que os filhos precisam de nós. Eles querem que estejamos inteiramente imersos no passeio ao zoológico ou rindo com eles enquanto assistimos à última comédia de Will Ferrell. Se um rapaz diz ao pai que tem um torneio de golfe na próxima semana, ele deseja que o pai pergunte como é o campo e qual é seu *handicap*. Muitos rapazes relatam que seus pais até fazem esse tipo de pergunta, mas parecem distraídos, como se estivessem no modo automático – fazendo todas as perguntas corretas, mas não ouvindo de verdade as respostas. Todos nós sabemos como a gente se sente quando a outra pessoa "sai do ar". É evidente quando alguém não está ouvindo você com atenção. Os homens são geralmente os culpados – tanto assim que mães e filhos sempre brincam comigo sobre a "natureza esquecida" e "tonta" de um pai.

Quando conversam com seus filhos, os homens dizem com freqüência: "Chegue ao ponto", o que os faz se sentir pouco importantes, como se os pais estivessem com pressa. Isso é algo devastador, e os filhos começam a acreditar que seus pais não querem realmente ouvi-los. Davie, de 13 anos, veio me ver há dois anos, não porque tivesse um problema com o pai, com quem tinha um bom relacionamento, mas porque achava que seu pai era "desorientado", e isso de alguma forma o atingia. – Eu nunca tenho certeza se ele está me ouvindo pra valer quando falo – ele me disse. – Na semana passada, eu estava contando sobre a peça de teatro da escola quando, bem no meio do papo, ele me perguntou onde eu gostaria de jantar naquela noite. Eu disse: – Pai! Eu estou falando sobre a peça. O pai pediu desculpas, mas não parou. Davie disse que ele o interrompeu de novo, mais tarde, durante o jantar, quando o menino falava sobre a comida. Davie disse que isso o estava chateando, apesar de ele não achar que seu pai fizesse de propósito. O pai parecia querer saber o que acontecia em sua vida, mas simplesmente não conseguia se concentrar. E aí está ele, o bem-intencionado, trabalhador e distraído pai DDD.

Você é um pai que tem problemas em ouvir? Para descobrir, pergunte-se:

- Durante as conversas, seu filho sempre grita, "Pai!", porque percebe que você está desligado?

- Você se esquece muitas vezes das coisas que seu filho lhe conta? Isso acontece porque você não se lembra de tê-las ouvido na primeira vez?

- Pessoas importantes (esposa, familiares, amigos íntimos) comentam que você não está prestando atenção quando elas falam?

- Você sempre finge escutar (sabendo que não está fazendo isso)?

3. "Papai exige respeito, mas não retribui."

Em janeiro de 2007, um episódio do programa de tevê Friday Night Lights mostrava o pai do astro de futebol americano Matt Saracen voltando do Iraque para uma visita de duas semanas. Matt sente muito orgulho do pai e o considera seu herói, então, fica entusiasmado quando o pai aparece para vê-lo treinando para um próximo jogo. Matt corre mais do que o usual, esforça-se mais, e atira a bola com a força de um canhão, só para impressioná-lo. Depois do treino, Matt o apresenta para Taylor, seu treinador. Taylor é efusivo ao falar sobre as habilidades de Matt nesse esporte. O pai parece surpreso. Ele não sorri e diz: – Eu não sabia que ele era assim. Eu apenas espero que ele continue fazendo isso sob pressão. Matt fica devastado, pois esperava que seu pai fosse tão efusivo quanto o treinador. Taylor diz: – Oh, pode ter certeza que sim, e o espectador vê quando Matt olha para o pai como se o estivesse vendo pela primeira vez. É como se ele estivesse tentando entender por que um homem que ele considera um herói não o respeita quando, naquele momento, o jogador recebe a admiração de todos no campo, exceto do próprio pai.

Como crescem num pátio escolar cuja cultura é de dominação, os rapazes são muito sensíveis sobre a questão de ganhar respeito. Algumas vezes, eles são notados por suas habilidades esportivas, por seus talentos como atores ou pela personalidade carismática. Mas se eles não conseguem ganhar nenhum reconhecimento, freqüentemente entram em conflito. Eles anseiam por pertencer aos pais, mas estão presos. Nenhum desses desapontamentos, no entanto, se compara com os danos causados por um pai que não consegue fazer com que seu filho se sinta respeitado e apreciado. Isso interrompe a própria essência de um sentimento de identidade de um garoto.

Os garotos mais novos têm dificuldade em identificar esses sentimentos e descrever a sua ansiedade, dizendo algo como: "Meu pai não gosta de meu castelo de Lego" ou "Meu pai diz que eu não estou me esforçando o bastante no beisebol". Mas os garotos mais velhos colocam a sua raiva bem em cima da mesa. Jay, um garoto de 12 anos com dons artísticos, que adorava desenhar personagens de cartoons, reclamou que seu pai sempre depreciava seus interesses e tratava seus desenhos com desprezo. – Você não tem nada melhor para fazer em seu tempo livre? Mas Jay continuava desenhando, incentivado pela mãe e por um professor. Jay era o melhor caricaturista da escola. Ele parou de mostrar seu trabalho para o pai e não o convidou quando os desenhos foram exibidos na galeria do colégio. – Não vou implorar a ele – Jay me contou.

Felizmente, Jay prosperou, apesar da falta de respeito do pai, pois alguns filhos internalizam isso. Com 16 anos, Dante me contou que ele não se dava com o pai porque, desde que podia se lembrar, seu pai fazia piadinhas sobre ele, mesmo na frente de seus amigos. Dante ficava envergonhado e indignado, mas nunca disse nada. E passou a não agüentar ficar na mesma sala que o pai. Teddy, também com 16 anos, deixou de manifestar suas opiniões sobre o pai. – Se estamos conversando sobre política, um filme ou esportes – Teddy disse –, meu pai sempre quer ter a última palavra. Eu nem sequer me preocupo em dizer a ele o que eu penso. Outro jovem do ensino médio chamado Pete se voltou para o álcool. Dizia Pete sobre seu pai: – Ele está sempre falando sobre como quer que eu o respeite, mas nunca dá respeito de volta. Eu sei como ele é inseguro. Ele tenta se sentir melhor colocando todo mundo para baixo. Quando eu era moleque, não concordava com ele e muitas vezes, em vez de me escutar, ele me contrariava dizendo como eu estava sendo desrespeitoso. Pois bem, fiquei de saco cheio e cansado de ouvir suas merdas e decidi começar a fazer as coisas do jeito que eu gostaria.

É difícil desfazer os danos causados pelo desrespeito, mas é possível. Isso exige um filho disposto a falar, um pai disposto a ouvir, e uma família disposta a reconhecer seus erros. Pode ser difícil convencer os pais de que estão sendo desrespeitosos com os filhos, talvez porque eles se vejam bem-intencionados e verdadeiramente preocupados com os melhores interesses do filho. Muitas vezes, eles não querem admitir isso nem para si próprios ou para seus filhos, mesmo em face das evidências – os filhos estão distantes e reagem agressivamente a seus comentários. Eles também não conseguem ver o efeito que o desrespeito causou nos filhos. A cicatrização dessas feridas requer a reconstrução das atitudes, das ações e dos relacionamentos. Um pai precisa aprender a levar mais a sério os sentimentos do filho, quer ele concorde ou não com eles, e parar de dizer e fazer coisas que ele passa a saber que são ofensivas. Um filho deve reconhecer a sua parte quando atiça as chamas do desacordo, apesar de sua tentação de jogar toda a culpa sobre o pai. Ambos devem aprender a perdoar, a esquecer e a conviver com aquilo que não conseguem deixar para trás. É difícil, mas é possível conseguir o resultado de uma maior proximidade e respeito mútuos.

Um pouco de respeito dura bastante tempo. Tenha respeito agora e colha os benefícios quando seu filho ficar mais velho.

Você exige mais respeito do que dá? Para saber, pergunte-se:

- Quando o seu filho fala, você leva a sério seus pensamentos, opiniões e sentimentos?
- Consegue admitir quando está errado?
- Sempre menospreza seu filho por causa de seus interesses?
- Você insiste que o seu jeito de fazer as coisas é o único jeito ou o jeito certo?

4. *"Papai não tem paciência, ele sempre explode."*

Meus amigos e eu jogamos tênis nos finais de semana, na escola perto de casa. Enquanto estou nas quadras, gosto de ver as crianças pequenas brincando com os pais. Aquece meu coração ver um pai mostrar gentilmente ao filho como segurar um taco de beisebol ou como jogar basquete nas quadras adjacentes. Há contato físico, risadas e cumprimentos, momentos que estão entre as grandes alegrias da paternidade.

Às vezes, porém, as coisas ficam feias. Pai e filho começam a jogar de forma inocente e com entusiasmo, mas em pouco tempo começa uma gritaria entre eles, o filho chorando e o pai nervoso. Um dia, um garoto de seus cinco anos chegou com o pai ao parque, com luvas de beisebol, e logo começaram a jogar a bola um para o outro. Depois de algumas rodadas, ficou claro que o menino não sabia defender muito bem e quando ele jogava a bola de volta, era sempre muito fraquinho. – Eu não lhe disse para jogar o braço para trás e atirar a bola para o alto? – o pai começou a gritar. O menino disse que estava tentando. – Então, se esforce mais – o pai gritou. O garoto jogou o braço para trás e atirou a bola para o alto com toda a força que sua pequena estrutura poderia ter. A bola viajou apenas alguns metros. O pai ficou louco. – Observe e me copie – ele gritou, impaciente. O menino tentou de novo. Sem sorte. Eu procurei não ficar observando, mas era uma cena horrível e que prendia a atenção, com o menino praticamente em lágrimas. Uma parte de mim quis intervir, mas eu sabia que não devia me meter. Depois de cinco minutos, o pai desistiu e foram embora. Nunca mais os vi de novo no parque.

Ouvi muitas vezes histórias sobre pais impacientes e já vi pais gritando com seus filhos pequenos por não terem seguido suas instruções, por não terem feito suas lições com rapidez, por não obedecerem às ordens imediatamente. Por que é tão importante para os pais que os filhos façam tudo direito? Muitas vezes, eles estão fazendo o melhor possível. Todd, que estava com oito anos quando comecei a vê-lo, estava se esforçando ao máximo em matemática. Ele disse que ia trabalhar duro na lição de casa e que seu pai sempre se oferecia para ajudar. O problema era que o pai não ajudava de verdade, o que feria Todd. – Eu detesto quando meu pai me ajuda

– disse Todd –, porque ele só grita comigo. Eu digo a ele que não entendo, mas ele insiste que eu devo entender, e a gente começa tudo de novo, sempre a mesma coisa. Ele diz que eu deveria fazer do seu jeito e eu digo que não é o jeito que o professor ensinou na classe. Ele fala que não interessa. E aí eu me recuso a continuar fazendo o trabalho. Eu sempre chamo minha mãe e ela vem.

Mais tarde, eu soube que essas tentativas erradas de ajudar o filho também estragavam as noites do pai e aqueles efeitos dolorosos se espalhavam em outros aspectos da vida deles. Todd evitava qualquer coisa que exigisse os ensinamentos do pai, temendo as suas explosões. O menino chorava muitas vezes depois, do mesmo jeito que chorou enquanto falava sobre isso em meu consultório.

Mesmo que os filhos fiquem mais velhos, essas interações podem não se alterar. É especialmente triste assistir a um filho adolescente e seu pai argumentarem sobre alguma coisa trivial, por exemplo, o tempo que leva para esquentar um prato no micro-ondas ou como fazer uma fogueira. Ambos acabam perdendo a paciência um com o outro.

Esse ciclo pode ser quebrado. Os pais precisam aprender quando falar e quando devem ficar de boca fechada. E os filhos devem aprender a dizer aos pais que não vão mais tolerar reações exageradas e irritadiças. No capítulo 8, falarei um pouco sobre como pais e filhos podem aprender a se expressar uns com os outros. A chave é pensar sobre o que você vai dizer antes de fazê-lo. Se você acha que pode ser algo ofensivo, faça como Archie Bunker sugeriu: "Reprima-se".

5. "Papai é louco por controlar."

Qualquer um que tenha passado algum tempo junto com os jovens conhece essa frase e muitos pais são acusados de serem iguais. Algumas vezes, os jovens estão apenas irritados com a autoridade paterna e com os horários de voltar para casa, ou os limites impostos. Mas, outras vezes, estão revelando uma verdade. Alguns pais querem tudo à sua moda – nenhuma discussão, nenhuma negociação. Os filhos devem fazer as coisas do jeito que eles dizem e, então, tudo estará bem. Mas raramente isso acontece. Um pai pode se dar bem ao ser controlador quando o garoto é muito novo, mas poucos conseguem manter seu punho de ferro durante os anos da adolescência, acreditando estar mantendo seu filho longe dos problemas e no caminho certo na escola. Suas mãos pesadas, porém, acabam tendo o efeito oposto, plantando as sementes da revolta em vez de impedi-la.

Os garotos mais novos reclamam que não há muito a fazer para mudar o comportamento do pai, então se rebelam em pequenas coisas, como, por exemplo, não seguir as instruções do professor, discutir com o treinador de futebol, ou mesmo protestar em silêncio contra as regras. Um garoto com quem conversei dizia "Sim" quando seus pais pediam para que ele fizesse alguma coisa e raramente cumpria a promessa. À medida que esses meninos entram na adolescência, suas observações se tornam menos benevolentes e por vezes são de hostilidade, ou piores, principalmente porque o jogo continua a ser o mesmo – o pai está determinado a se manter no controle e o filho se rebela contra seus esforços.

Quando conheci Gil, ele estava com 15 anos e vinha discutindo com seu pai havia anos. Gil não era um filho-modelo, mas também não era um mau garoto. Ele muitas vezes forçava a barra, faltando à escola ou chegando depois da hora marcada. Gil recebia suas punições, mas isso não o intimidava. – Sou punido por qualquer coisa – ele me contou. Se Gil se esquecia de levar o lixo para fora, ficaria sem ver tevê por uma semana. Se ele falava ao telefone por muito tempo, o pai arrancava-lhe o telefone da mão, o desligava, e proibia Gil de usá-lo pelo resto da noite. O pai levava o filho e seus amigos ao shopping, mas se Gil chegasse cinco minutos mais tarde ao lugar marcado, as veias do pai se tornariam protuberantes por causa da raiva, e o garoto seria proibido de voltar lá por um mês.

Gil me contou que queria mais liberdade e que seu pai deixasse de tratá-lo como criança. Por isso, sempre discutia com ele. –

Ele está sempre me interrogando – Gil me disse. – Não interessa o que estou fazendo ou pra onde estou indo, ele sempre me coloca no banco dos réus. Por que você está usando esta camiseta? Por que você está no computador, quando deveria estar fazendo a lição? Eu sinto um nó no estômago sempre que ficamos na mesma sala. Ele acha que sabe tudo.

Perguntei a Gil se ele achava que seu pai pegava no pé por causa de seu comportamento irresponsável. Gil enterrou a cabeça nas mãos. – Mas não interessa se eu faço certo ou errado. Agora, ele me castiga por qualquer coisa. Então, se ele vai fazer isso, eu faço o que eu quero – ele disse.

Não há um modo fácil de consertar situações como esta. O pai de Gil era rígido e inflexível, e o filho, desafiador e rebelde. Quando pais e filhos estão engajados nessa batalha, resta pouco espaço para um diálogo profundo e para um relacionamento. Eles precisam dar um passo atrás, olhar honestamente para o que está acontecendo, e procurar reinventar a sua relação. Pode levar meses para que um "pai controlador" perceba e admita que seu comportamento foi um tiro pela culatra e resultou no oposto do que ele esperava. Mas, a partir do momento em que todos na família concordem que estão infelizes com a situação vigente, eles têm um alicerce para a mudança. Se houver um "maluco por controle" dentro de você, aconselho-o a resolver o problema o mais cedo possível.

Falávamos um pouco antes sobre como quebrar o ciclo adolescente de controle e rebeldia e ainda continuar exercendo influência – aqui estão mais algumas dicas para afastar de você a ânsia por controle:

- Pergunte-se por que é tão importante estar no controle o tempo todo.

- Como você se sentiria se alguém estivesse constantemente lhe dizendo o que fazer?

- Você quer que seu filho seja capaz de pensar por si mesmo e de tomar as próprias decisões? Se assim for, você precisa ensiná-lo a questionar com respeito a autoridade e falar claramente. Isso significa dedicar-se a um diálogo de mão dupla, e não "é tudo do meu jeito e cale a boca". Lembre-se de que você é um modelo a ser seguido por seu filho.

6. "Papai é um viciado em tevê."

Se um pai controlador está superenvolvido na vida do filho, um pai passivo está pouco envolvido com ela. Os caras tradicionais, os viciados em tevê e os pais das cavernas são todos passivos. Eles não estão aprisionados ou frustrados com suas carreiras. Esses caras adoram suas famílias. O problema é que eles não estão lá muito envolvidos no papel de pai. Um menino com um pai passivo muitas vezes reclama que o pai não quer fazer nada com ele. Um garotinho de sete anos me disse que ele precisava perturbar seu pai para que ele o levasse para passear e ficasse algum tempo junto com ele. Um menino de nove anos disse que o pai vivia sempre plantado no mesmo lugar – na frente da tevê. Quando perguntei a um rapaz de 14 anos por que ele e seu pai não eram próximos, ele gracejou: – Papai não tem uma vida.

Esses filhos ficam muito tristes e chateados com seus pais, porém muitas vezes aceitam a falta de participação deles como algo que faz parte da vida. Mas, ainda assim, os filhos desejam vivamente que os pais se envolvam. Um dia de sonho para muitos garotos seria passear com o pai pelo parque, visitar um museu ou apenas assistir a um filme no cinema. Sem a presença constante e participante do pai, os meninos fantasiam com freqüência como eles poderiam ter sido. Sid, um menino de dez anos, gostaria que seu pai o defendesse. – Meu pai um dia me apanhou depois de um jogo de futebol e quando chegou lá, dois garotos estavam me intimidando e me zoando – ele me disse. – Eu sei que ele viu tudo, mas não disse uma palavra sobre isso. Por que papai não disse a eles, "Ei, deixem meu filho em paz ou vou quebrar o seu pescoço e chamar seus pais?" Sid comentou que o pai o decepcionou um bocado. Ele sempre ia procurar a mãe para ajudá-lo com suas coisas. Outras vezes, a mãe ficava louca da vida com ele, gritava e o colocava de castigo. Seu pai ficava sentado bem ali, assistindo a tevê. – É como se ele nunca percebesse nada, mas mesmo que percebesse não tomaria nenhuma atitude – Sid disse.

As boas novas são que esses pais passivos são mais fáceis de mudar e se sentem mais aptos a responder às pressões de seus entes queridos. Eles simplesmente não conseguem entender – até que lhes seja dito – que suas famílias precisam deles. Você ficaria surpreso com o número de pais que desconhecem quão profunda e negativamente seu comportamento acaba afetando suas famílias. Alguns até desejam ser mais participativos, mas não sabem como fazê-lo. Uma vez, ensinei a Joey, um garoto de 12 anos, a usar a psicologia reversa com seu pai. Cansado de ver o pai fazendo as próprias coisas em vez de ficar com ele, Joey queria que o pai passasse a acompanhá-lo no seus jogos de basquete. – Primeiro contei ao meu pai que os pais das outras pessoas estavam indo ao jogo naquela semana, porque seria um jogão – disse Joey. – Quando ele resistiu, eu falei o que você me ensinou, Dr. B.: – Por que você não admite que não me ama e não me quer por perto? Isso tirou meu pai da cadeira. Joey estava rindo. Seu pai acabou indo ao jogo.

Eu sei, eu sei. Nem sempre vai ser tão fácil ler os pensamentos de seu filho. Envolva-se mais.

Você é um viciado em tevê? Para descobrir, pergunte a si mesmo:

- Você costuma fazer as coisas sem que lhes peçam ou o perturbem para fazer?

- Prefere ficar sentado assistindo a tevê, surfando na net ou ficar à toa em seu escritório a passar um tempo com seus filhos?

- Sua família faz comentários do tipo: "Você não pode me dar uma mão?" Ou, pior ainda, eles o ignoram completamente?

7. *"Papai nunca me diz o que realmente está acontecendo."*

Eu já ouvi isso de meninos mais novos e mais velhos, mas a mensagem é a mesma: "Meu pai não me fala as coisas. Ele acha que eu não consigo lidar com a verdade". "Meu pai às vezes finge que as coisas estão bem, quando ele sabe que não estão." Como as mães, os pais têm um instinto protetor e tentam criar um escudo que proteja seus filhos de danos. E os pais podem ser bastante reservados. Apesar disso, existem situações nas quais é preciso explicar ao filho o que está acontecendo – a doença de um dos pais, o divórcio iminente. Quando um filho descobre um doloroso segredo por outra fonte, o relacionamento acabará prejudicado – a confiança sofre erosão, os sentimentos são abalados e os filhos se sentem traídos.

Oscar, um estudante laureado de 16 anos, a quem comecei a ver quando seus pais se divorciaram, sentia-se furioso e arrasado porque os pais estavam se separando, mas a raiva era maior com seu pai por nunca ter explicado o que estava acontecendo. – Minha mãe falou sobre isso comigo algumas vezes – ele me disse. – Ela pediu desculpas por aquilo que meu irmão e eu estávamos atravessando, mas meu pai agiu como se nada estivesse acontecendo. Oscar contou que seu pai e ele foram ao cinema no fim de semana anterior. Depois pararam para jantar e pediram alguns sanduíches. Durante o jantar, falaram sobre alguns times de futebol. – Ele ia se mudar dentro de uma semana – disse Oscar. – Eu sabia disso. Ele sabia disso. Mas não falou uma palavra sobre o assunto. Foi muito estranho. No dia em que seu pai empacotou seus pertences, ele acenou para Oscar enquanto levava a última caixa. – Não se preocupe. Verei você em breve – o pai lhe disse. Pareceu a Oscar que seu pai não se importava em estar deixando a casa ou se a separação ia machucá-lo. – Eu não entendo como ele pôde fazer isso comigo, ele apenas foi embora. Não disse mais nada. Como não percebeu que eu estava preocupado com toda a história?

Eu disse a Oscar que também me sentiria mal, e lhe perguntei se o pai tinha feito algo parecido antes – mantido segredos ou retido informações de propósito. Oscar refletiu por alguns segundos. – Agora que você mencionou – ele disse –. meu pai perdeu o emprego há quatro ou cinco anos. O que ele me disse é que tinha tirado férias durante algum tempo antes de começar em um novo emprego. Mas levou meses antes que voltasse ao trabalho. Eu me lembro de sempre perguntar por que ele estava em casa. Ele insistia em dizer que estava de férias. Eu entendo o que o pai de Oscar estava fazendo. Ele não queria que os filhos ficassem preocupados com as finanças ou que pensassem que era um sujeito preguiçoso ou desmotivado. Mas a maior parte dos garotos, incluindo Oscar, prefere saber a verdade. Os meninos reclamam que os pais desejam protegê-los e evitar que se preocupem – eles dizem preferir a verdade, por mais dolorosa que seja. Agindo assim, os pais os estariam tratando como iguais.

Levou dois meses para Oscar chegar a um consenso com o pai. Convidamos o pai a se juntar a nós na terapia e falamos sobre o assunto durante várias reuniões. O pai de Oscar reconheceu o problema, mas estava demorando em se fazer mais próximo. Depois de algumas sondagens, descobri que o próprio pai dele o havia protegido, exatamente da mesma maneira que vinha protegendo Oscar. Perguntei-lhe se havia gostado de ficar preso no laço.

– Não – ele respondeu rapidamente.

– Então por que você fez isso comigo? – Oscar interrompeu.

O pai respondeu que não queria tê-lo ferido e que não gostaria que o jovem ficasse preocupado, mas, principalmente, admitiu ele: – Eu faço isso porque é mais fácil para mim. É difícil explicar o que está acontecendo. De vez em quando, sinto um bolo na garganta só de pensar no assunto. Oscar balançou a cabeça afirmativamente. Ele entendia.

– Mas seria bom se você tentasse se abrir comigo algumas vezes – Oscar disse calmamente.

Quando os pais tentam proteger os filhos da realidade e dos sentimentos verdadeiros, eles os machucam mais do que os ajudam. Se você se vê fazendo a mesma coisa, tente descobrir o motivo. É apenas porque está protegendo seu filho, ou é tão difícil revelar a verdade e falar sobre ela? É mais provável que sejam as duas coisas, mas você precisa deixar de lado seu próprio caminho e revelar ao filho os "segredos" da vida. Comece por revelar coisas pequenas, por exemplo, contando-lhe sobre a briga que teve com seu chefe ou por que perdeu a paciência. A partir daí, estará pronto para explicar os grandes problemas que surgirem.

Eu acho que não é demais repetir – os filhos querem ouvir explicações que venham dos pais mais do que das mães. É uma questão de respeito. É bem provável que seu filho já saiba que está escondendo alguma coisa dele. Então, ele está esperando que você tome a iniciativa. Ele quer uma explicação. Lembre-se – ao tratar seu filho como homem, vai ajudá-lo a se transformar em um.

8. *"Papai não me conhece."*

Eu ouço isso de muitos adolescentes – meu pai não sabe nada sobre mim, mas acha que sabe tudo. Isso é verdade, algumas vezes. Os pais acham que sabem tudo porque realmente sabiam, durante um longo tempo. Muitos pais monitoraram o desenvolvimento dos filhos desde o jardim-de-infância até as aulas de álgebra, mas nem sempre fizeram a mesma coisa quanto ao desenvolvimento emocional. Os pais podem ficar chocados pelo pensamento maduro de seus filhos, como se estivessem surpresos de que seus garotos podem pensar com coerência.

O fato de achar que os pais não os conhecem deixa os garotos irritados, desapontados e distantes. Eles desejam que o pai saiba mais coisas do que apenas as notas na escola ou a pontuação de seu time de beisebol. Eles querem ser compreendidos pelo que são interiormente – o que os motiva, em que acreditam, do que gostam e do que não gostam. Muitos pais se vêem em apuros para descrever os pensamentos e experiências, sonhos e interesses que fazem seus filhos serem quem são. Com freqüência, eles conhecem bem apenas um dos aspectos do filho. Irão reclamar sobre a distração do garoto ou louvar seu sucesso nos estudos. Muitos supõem que seus meninos pensam como eles próprios ou que agem como "muitos dos moleques". Mas são poucos aqueles que conseguem reconhecer aquilo que faz de seu filho um ser único.

Quanto Kurt, de 15 anos, veio me ver, passei a primeira sessão inteira tentando entender por que seus pais achavam que ele precisava de terapia. Presidente da classe e futuro astro do time de basquete do colégio, ele era fascinado pelos legendários artistas do rock e dedilhava guitarra. Kurt tinha uma namorada, um estreito círculo de amigos, e parecia muito confiante quando se sentou em minha frente, olhando-me nos olhos e sorrindo. Mas seus pais achavam que ele estava deprimido. Kurt não conversava muito com os pais e freqüentemente se trancava no quarto, ouvindo música no último volume durante horas.

Ao contrário de muitos jovens, Kurt não ficava aborrecido com seus pais, se estes viessem para nossas sessões. Ele tinha confessado logo no início que raramente conversava com adultos. Kurt achava que seria legal ter tido alguém com quem trocar idéias. Sua mãe era uma pessoa "demais", mas reagia de modo exagerado, às vezes, então ele preferia não lhe dizer muitas coisas. – Meu pai é outra história – disse. Afirmou que o pai estava sempre "dando uma checada" nele e que agia assim desde que se lembrava. Seu pai chegaria em casa e perguntaria como ele se sentia, como estavam as notas e se o professor tinha aprovado o trabalho de história. Como ele não perguntava nada diferente disso, Kurt não dividia outros assuntos. De vez em quando, o pai o levava para treinar rebatidas no beisebol, mas Kurt disse que sempre se sentia distante do pai nesses passeios – ele sabia que era um felizardo por poder passar um tempo com seu pai, mas se sentia decepcionado por ele não lhe perguntar nada sobre sua vida pessoal.

Quanto mais conhecia Kurt, mais percebia que ele não estava deprimido. De fato, sentia-se solitário. Quando ele ia para o quarto, trancava a porta e colocava o som no máximo, tentava na verdade suprimir a vontade de estar com o pai. Com o tempo, também percebeu que estava magoado com o pai e vinha tentando se afastar dele para evitar continuar sendo desapontado e ferido por ele. Perguntei a Kurt se ele acreditava de verdade que o pai não se importava com ele. – Se ele se importa – respondeu –, nunca demonstra isso.

Seu filho precisa se sentir compreendido. Mesmo que você faça perguntas e ele responda com irritação, não se engane. Ele quer que você pergunte sobre a sua vida, mas não espera que você fique implicando com ele. Pense naquilo que gostaria que alguém perguntasse a você. Então, faça essa mesma pergunta a seu filho.

O QUE UM FILHO DEVE FAZER?

Agora que você já ouviu as diferentes vozes de muitos filhos – alguns furiosos, alguns hesitantes e outros sem muita certeza sobre qual a participação que têm na vida dos pais –, você conseguiu entender o anseio comum pelo respeito do pai. Eles precisam se sentir fortalecidos na relação com você. Eles conseguem expressar suas preocupações e serem ouvidos, mas ambos precisam aprender a falar aquilo que fica oculto na maior parte das vezes. Você pode fazer isso usando o e-mail, estando cara a cara com seu filho, ou com a ajuda de um terapeuta.

Mas, sejamos francos, não é fácil falar com o pai para a maioria dos filhos. Eu costumo lembrar a eles que seus sentimentos são importantes, que seus pais desejam ouvi-los, e que eles não têm nada a perder e tudo a ganhar. Seja dizendo, "Queria que você estivesse por perto", "Você sempre grita comigo", ou "Você nunca me escuta", um filho está sempre pedindo a mesma coisa. Ele quer que você o escute mais e o trate com respeito, e deseja sentir-se importante. Com algum incentivo e apoio, a maioria dos garotos se torna capaz de se expressar com o pai de maneira mais direta e respeitosa – mas nem todos os pais facilitam essa atitude. Tente deixar as coisas mais fáceis para seu filho, de modo que ele possa compartilhar seus sentimentos. Incentive-o. Se você fizer isso, ele vai se sentir valorizado e passará a respeitá-lo mais.

William Weaver, cirurgião-chefe da Faculdade de Medicina Morehouse, de Atlanta, contou a história de seu pai na National Public Radio, em 2006. Seu pai trabalhava como zelador e motorista quando Weaver estava crescendo. Agora, aos 57 anos, Weaver disse que o pai o conhecia tão bem que sempre pedia conselho a ele a cada decisão que precisasse tomar. Weaver aprendeu a fazer isso depois de um incidente no colégio. Ele estava lutando para aprender álgebra e achava que não conseguiria compreender os conceitos. À medida que a noite passava, ele ficava cada vez mais frustrado. Seu pai ofereceu-se para ajudar, mas Weaver disse: "Você nem aprendeu álgebra em seu tempo". Então foi para a cama. Seu pai abriu o livro de álgebra. Às quatro horas da madrugada, ele acordou o filho. "O que ele tinha feito", disse Weaver no rádio, "foi ler o livro inteiro de álgebra durante a noite. E depois ele explicou os problemas para mim e eu pude fazê-los e entendê-los... até os dias de hoje, eu vivo minha vida tentando ser metade do que meu pai foi. E eu serei muito feliz se minhas crianças me amarem metade do que amei meu pai".

CAPÍTULO 6

Os rapazes e seus brinquedos tecnológicos

Danny estava supostamente escrevendo um trabalho sobre Simbolismo baseado no livro *O apanhador no campo de centeio*, de J. D. Salinger, durante cerca de três horas. O livro estava sobre a sua escrivaninha, mas o rapaz de 17 anos ficara o tempo todo teclando com os amigos no MSN. Ele não estava a fim de fazer o trabalho de literatura e não tinha a mínima idéia da importância que o personagem Holden Caulfield poderia ter em sua sua vida. O celular de Danny tocou. Ele abriu, leu uma mensagem de texto, e teclou outra em resposta. Então, clicou na sua página pessoal da internet e mudou o seu status – uma entrada de identificação – de "ocupado" para "adiando". O celular tocou de novo. Ele abriu mais uma vez, deu uma olhada na mensagem de texto e desligou o telefone. Ao ver um ícone piscando em seu computador – havia recebido outra mensagem no MSN – ele leu: "Você viu o que Z adicionou no perfil?" Danny clicou de volta em seu Orkut e viu uma foto de seu melhor amigo, Zane, pendurado de cabeça para baixo numa gaiola de um parquinho de diversão e com duas lindas garotas usando um top minúsculo ao lado dele.

Os pais de Danny estavam na cama com a porta do quarto aberta. Logo após a meia-noite, perceberam que a luz do quarto do filho ainda estava acesa e o ouviram teclando no computador. – Será que devo dizer para ele ir para a cama? – Tony perguntou à esposa. – Ele deveria ter acabado esse trabalho horas atrás. Nenhuma resposta. Tony empurrou as cobertas para o lado com relutância, bateu suavemente na porta do quarto do filho, e perguntou: – Posso entrar por um minuto? Danny fechou seu Facebook e abriu de novo o documento do Word na tela para que seu pai visse o trabalho, e não sua conversa virtual.

– Estou ocupado, pai, pode voltar mais tarde?

– Mais tarde? Já passa da meia-noite! Você precisa ir dormir.

Danny revirou os olhos e lamentou: – Preciso terminar o trabalho.

– Mas você está fazendo isso desde às nove. Não está prestando atenção. Fique *offline* e termine.

– Estou falando com meus amigos sobre o trabalho.

– Fique *offline* AGORA, Danny – ordenou Tony.

– Você está por fora, pai. É assim que todo mundo conversa hoje em dia. E vou terminar esse trabalho daqui a uma hora, não se preocupe – disse Danny.

– Está bem – assentiu Tony. – Mas quero as luzes desligadas daqui a uma hora. Termine o trabalho ou você ficará sem internet por uma semana.

Danny viu seu pai fechar a porta do quarto, então abriu de novo seu MSN e escreveu esta mensagem em código: "Voltei – PNQ, lvrei a kra". Tradução: "Voltei – pai no quarto, livrei a cara".

Os filhos estão vivendo em um mundo inteiramente diferente daquele em que nós, os pais, crescemos. Eles possuem acesso ilimitado às informações praticamente sobre todos os assuntos. É preciso fazer uma pesquisa para um trabalho escolar? Esqueça a enciclopédia – vá até a página da Wikipédia.com. Dor de cabeça·com um trabalho difícil? Não precisa ler o livro – clique em Sparknotes.com e baixe resumos detalhados de romances, peças e momentos históricos. Eles vão ao Google e procuram tudo, desde seus próprios nomes até as datas dos shows de seu cantor favorito. Qualquer um de seus pensamentos ou de suas dúvidas – "É normal se masturbar demais?", "Quem saiu fora do Ídolos na noite passada?" – pode ser respondido ou confirmado com um clique do mouse no mundo dessa geração altamente estimulada onde reinam os laptops, os celulares com câmera, os Playstation 3 e os iPods. A Fundação Kaiser Family relatou que em 2005 havia computadores em 86% dos lares americanos com crianças entre oito e 18 anos e que 39% das crianças nessa idade têm celulares – e esses números vêm crescendo ano a ano.

Os filhos vivem a maior parte de sua existência no ciberespaço – e seus pais pouco sabem o que eles fazem por lá. Ainda assim, esses pais não podem realmente entender seus filhos se não compreenderem o que eles estão fazendo *online*. De acordo com o Pew Internet & American Life Project, 55% das crianças de hoje têm perfis *online* em sites de relacionamento como o Facebook.com e o MySpace.com. E desses, 66% usam senhas para controlar quem acessa seus perfis, o que quer dizer que os "Diários *Online*" estão geralmente bloqueados, mesmo para os pais. A maioria desse comportamento *online* é inocente: os jovens colocam fotos pessoais, comentam com os amigos os detalhes entediantes dia-a-dia, como, por exemplo, levar o cachorro para passear ou fazer a resenha de um livro. Mas os garotos também usam suas páginas, de vez em quando, para colocar materiais inconvenientes, como fotos sugestivas ou comentários explícitos nas páginas de outros ou, ainda, para espalhar fofocas perniciosas. Em 2007, o jornal *USA Today* relatou o predomínio dos "intimidadores cibernéticos" entre crianças de 9 a 14 anos que usam o anonimato da web para "soltar humilhações, rumores indecentes e fotografias degradantes em e-mails e blogs que podem atingir as vítimas em casa a qualquer momento". De acordo com o artigo, os alunos de uma escola secundária em Fairfax, Virgínia, organizaram uma pesquisa *online* para saber quem era o colega mais feio.

Quando as crianças conseguem informações sobre um assunto na Web em vez de pesquisar num livro na biblioteca, alguma coisa sempre será perdida nessa tradução, detalhes são deixados de lado pela superficialidade da descrição e eles não apreendem o contexto de onde as idéias foram extraídas. Atualmente, muitas crianças se comunicam por meio de códigos enigmáticos – "Kd vc?", por exemplo. Eles se apaixonam logo depois de trocar alguns poucos e-mails ou mensagens de texto. Eles esmiuçam sites pornográficos muito antes de uma idade aceitável. Essa acelerada velocidade na vida emocional torna o papel do pai mais importante do que nunca, e você precisa estar informado sobre as atividades do seu filho na internet e exercer algum controle, do mesmo modo que faz em outros aspectos da vida dele. Se você não o fizer, seu filho vai determinar os próprios limites. Como diz um aluno de 17 anos: – Enquanto minhas notas forem altas, meu pai não faz perguntas.

CONECTANDO-SE NOS BLACKBERRIES

Não são apenas os garotos que estão fascinados com engenhocas e tecnologia. Os homens crescidos também ficam mexendo em seus Palmtops com o mesmo zelo e ardor que seus filhos de 14 anos mexem em seus Playstations. Se você entrar numa Apple Store em qualquer sábado, verá dúzias de homens testando os computadores em amostra. Tanto para os pais quanto para os filhos, entrar numa loja de eletrônicos tem se tornado um rito de passagem. A tecnologia vem abrindo linhas de comunicação entre pais e filhos, oferecendo a eles meios de expressão alternativos e uma coleção completa de mercadorias com as quais interagir. De acordo com a Entertainment Software Association, 43% dos jogadores de videogame estão entre 18 e 43 anos. Isso confirma o que eu vi em meu consultório – um grande número de pais e filhos está jogando videogames juntos.

Muitas mães olham impacientes quando o marido menciona sua paixão por videogames. Eu admito que seja muito chato estar de braços cruzados ao lado de alguém jogando videogame, a menos que você esteja jogando também. As mulheres podem ficar descansadas, pois esta é uma maneira confortável para o pai interagir como o filho, exceto se esse pai for viciado na atividade. Os videogames fornecem aos pais uma avenida dentro da qual eles podem competir, rir e brincar com os filhos, além de ensinar-lhes algumas coisas. Desde que os homens façam essa conexão ativamente, e não apenas falando, é muito fácil passar um tempo com seus filhos enquanto estiverem matando monstros alienígenas. Jogar videogame poderia estar na mesma categoria de construir uma casa na árvore – é uma forma de conexão.

A tecnologia pode trazer a união mesmo entre pais e filhos muito diferentes entre si. Os pais podem usar esse assunto como uma desculpa para conversar com os filhos e mesmo pedir ajuda em assuntos nos quais eles são mais experientes. Pergunte como fazer um documento mais interessante graficamente, como encontrar uma informação obscura, ou mesmo qual o melhor provedor de internet para a família. Seu filho terá muito a dizer. Depois, você poderá agradecer-lhe e dizer que ele é seu "consultor de computadores". Você não aprenderá seus mais íntimos segredos ao fazer isso, mas passará a mensagem de que as opiniões de seu filho são importantes. Momentos como esses podem reforçar a confiança e até inspirar novas trocas de informação. Com o tempo, o garoto pode pedir o conselho do pai para alguma coisa.

Darren não tinha muita coisa em comum com seu filho, então, ele marcou um ponto ao pedir a Mason, de 11 anos, alguns conselhos sobre algo tecnológico que ele não entendia. Quando Darren comprou seu primeiro iPod, Mason mostrou como baixar músicas. Então Darren chegou em casa com o novo celular. Mason explicou como mudar o toque sonoro. Ao longo do tempo, Mason passou a sentir que seu pai confiava nele, e isso o ajudou a ter mais confiança no pai. O garoto pedia ao pai que o ajudasse a editar seus trabalhos, a auxiliá-lo em sua campanha para se tornar líder da classe e, um dia, que inventasse uma desculpa para tirá-lo do ginásio quando seus colegas decidiram apostar uma corrida. Quando perguntei a Darren qual tinha sido o seu momento mais importante como pai, ele disse que havia sido a interação entre ambos na ocasião em que o filho furtara um doce. – A loja inteira protestou contra ele, mas o deixou partir – Darren disse. – Mas meu filho veio me contar. Isso foi muito importante para mim. Eu jamais teria contado algo parecido para o meu pai quando eu era criança. Este gesto me fez sentir que fizera alguma coisa certa na educação de meu filho. A confiança é construída depois de anos de interação honesta, mas se você está tendo dificuldades para encontrar algum interesse mútuo para se vincular, a tecnologia é um ótimo assunto a que recorrer. Os filhos adoram quando o pai pede ajuda. Isso faz com que se sintam especiais, que o pai o respeita da mesma maneira que eles respeitam o pai.

Procure se familiarizar com o *MySpace.com* e o *Facebook.com*, que se assemelham a um quadro de avisos no ciberespaço e uma rede de comunicação virtual – a sua arma para entrar no santuário sagrado de seu filho. Eles são como uma segunda natureza para os garotos, mas podem intimidar os pais. O artigo de Emily Yoffe de março de 2007 na *Slate.com*, intitulado "Facebook para 50 algumas coisas", traz interessantes comentários sobre os abismos entre as gerações. Ela escreve: "Você sabe como Malcolm Gladwell descreve, em *The Tipping Point*, a pessoa que ele chama de 'um conector' – aquele indivíduo charmoso e gregário que conhece todo mundo e faz as coisas acontecerem? Eu sou exatamente o oposto. Mesmo dentro de meu pequeno círculo de amigos, estou sempre destoando, e nunca sei o que anda acontecendo. Mas, finalmente, parecia ter surgido a solução para meu isolamento, e não exigia que eu tivesse de sair e ver as pessoas. Facebook, o site de relacionamento com 17 milhões de membros e que antes era ocupado exclusivamente por estudantes, recentemente foi aberto para todo mundo. O site se insinuou de modo viciador na vida diária daqueles com menos de 24 anos, e existem estudos acadêmicos que avaliam como a natureza das interações sociais desses jovens está se alterando. Decidi verificar se alguém, velho o bastante para se lembrar de quando as secretárias eletrônicas foram um avanço radical nas comunicações, poderia encontrar uma pessoa, fosse quem fosse, dentro daqueles 17 milhões, desejando se conectar comigo..."

Os garotos colocam tudo em suas páginas do Facebook ou do Orkut – jogadores de futebol do colégio foram suspensos dos jogos porque o diretor viu suas fotos em uma página de um de seus colegas, e eles estavam bebendo. Os pais devem checar as páginas de seus filhos com relação a avisos precoces de comportamentos potencialmente fatais. Um artigo de março de 2007 no *Chicago Tribune* contava a história de um adolescente que adorava dirigir em alta velocidade e de outro que se gabava das drogas que usava. Ambos os garotos colocaram detalhes de suas façanhas no MySpace.com e um deles morreu quando destruiu seu carro esporte ao dirigir a 160 km/h. O segundo foi encontrado morto depois de uma overdose com opiáceos e antidepressivos. "Essas tragédias aparentemente inevitáveis fizeram com que os estudiosos insistissem com os pais que usem essas redes de relacionamento como um sistema de alerta precoce para avisar sobre os problemas que os jovens passam, desde o uso de tóxicos até distúrbios na alimentação ou fantasias envolvendo violência", diz o artigo. Amanda Lenhart, especialista em pesquisas do Pew Internet & American Life Projets acrescenta: "Investigar as páginas de seu filho não é uma panacéia... mas pode ser uma janela para entrar em sua vida. E pode ser o início de uma conversa".

Então, não existe melhor lugar para conhecer seu filho do que visitar sua página *online*. Não estou dizendo para espionar. Você pode perguntar se ele permite que seu perfil seja compartilhado. Bryce, um pai de 44 anos, não sabia nada sobre MySpace, mas tinha sido informado de que o filho ficava lá bastante tempo. Então, decidiu seguir meu conselho e perguntar se podia ver o perfil de Ian. Certa noite, ele se aproximou de seu filho de 15 anos, após o exercício de trompete. De início, Ian ficou na defensiva. – Por que você quer fazer isso? Bryce explicou que estava curioso. Muitos pais no trabalho viviam falando sobre isso. Eles diziam que esse negócio os ajudava a conhecer melhor seus filhos. – E o que você quer saber? – Ian retrucou asperamente. Depois de vários minutos, Bryce convenceu seu filho de que aquilo não era uma investigação. Ele o tranqüilizou, dizendo que não havia nada com que se preocupar.

– Jure que não vai dizer nada para a minha mãe sobre o que você vai ler – Ian pediu.

– Eu juro – Bryce respondeu. Ele fez um juramento difícil, pois não tinha certeza do que estava para descobrir. E se não pudesse manter a promessa? Quando seu filho abriu o perfil, ficou chocado com o que viu. Havia uma foto daquele menino "tímido" sem camisa, os músculos flexionados e uma legenda dizendo, "Pronto para a ação". Seu perfil descrevia um garoto que adorava rap, sair com garotas, e que ficava no MSN até tarde da noite. Havia detalhes sobre seus amigos, suas façanhas e fantasias. O garoto rapidamente rolou a página e lá embaixo, em letras grandes, podia se ler: "As garotas só servem pra bimbar e são todas vagabundas". Ian começou a rir quando viu o pai com os olhos arregalados. – É uma piadinha entre nós, pai – disse o filho. – Não é o que eu penso das garotas. E elas também acham engraçado.

Bryce forçou um sorriso. Ele não sabia o que dizer ao filho. Então, escutou a minha voz em sua cabeça. Eu tinha dito: "Não coloque seu filho no banco dos réus. Mantenha-se curioso, olhe, ouça e aprenda". Assim, Bryce ficou por mais uma hora e seu filho continuou a se abrir para ele. Ian mostrou a página de alguns de seus amigos. E explicou como navegar pelo Myspace era divertido.

Duas semanas depois, Bryce voltou a conversar comigo. E ele contou o que tinha acontecido: – No início, eu senti como se não o conhecesse. Ele era muito diferente *online*. Eu confessei que estava um pouco chocado com tudo aquilo, mas achava que ele precisava ter um bocado de coragem para contar tantos detalhes sobre sua vida. Não acho que essa era a reação que Ian esperava, e ele ficou claramente encorajado com ela. Ian foi adiante e explicou o que outras postagens significavam. Algumas delas me deixaram de cabelo em pé, mas todo o desconforto foi sobrepujado pela nova proximidade que eu estava tendo com ele. Haverá tempo mais tarde para falarmos sobre o sexo seguro e suas outras façanhas.

O predomínio de sites de relacionamento traz dois novos dilemas quanto aos cuidados paternos:

1. *Quanto tempo um filho deve permanecer online?* Isso depende de quão responsáveis são as crianças, quando se trata de terminar as tarefas da escola e assumir suas responsabilidades. Falando em termos gerais, será razoável considerar uma ou duas horas diárias. Porém, muitos garotos passam muito mais tempo do que isso. Torna-se muito difícil monitorar quando você não insiste em manter o computador na cozinha ou outra sala de uso comum, e, se esse for o caso, você deve pensar em estabelecer essa regra. Por outro lado, você nem sempre pode ter certeza do que os filhos estão fazendo *online*. Eles usam códigos que enviam aos amigos antes de mudar suas atividades, para evitar a detecção – como PPP, ou Pais Por Perto. Mas, se uma criança estiver indo bem em todos os aspectos de sua vida e desliga o computador depois de passar algumas horas *online*, então provavelmente está tudo bem. Mas, se a criança passar quatro horas ou mais *online* todos os dias em atividades não relacionadas com os estudos, talvez seja hora de intervir. Isso significa limitar o tempo, ir com freqüência ver o que ela está fazendo, usar o serviço de controle dos pais nos sites ou até cancelar o provedor.

2. *Você deve ser um "bisbilhoteiro cibernético"?* Eu não recomendo que se investigue a página de um filho sem o conhecimento prévio dele. Isso desgasta a boa vontade, a confiança e apenas torna o garoto mais reservado, o que não é seu objetivo. É muito mais eficaz reservar um tempo para discutir um perfil. E se você entrar naquela página, deverá explicar a seu filho por que fez isso e o que você fez. Gritar com ele apenas porque você desaprovou algo que fez *online* irá apenas enfurecê-lo. Uma vez fiz uma história para o 20/20 – um programa de tevê –, que tratava desse assunto e incluía algumas histórias apavorantes sobre pais que escondiam câmeras no quarto dos filhos e espionavam suas façanhas *online*. Quando as crianças descobriram, ficaram enraivecidas e se afastaram dos pais. Como disse um garoto: "Se eles espionam a gente,

a gente pode espionar eles". Seus relacionamentos se tornaram hostis. Veja, você é um pai, não o FBI. Se os pais começam a escutar clandestinamente as conversas dos filhos e a monitorar seus e-mails, não estarão oferecendo aos filhos a liberdade que vem quando se fica mais velho. Muitos de nós fizemos algumas coisas erradas ao longo do caminho e ainda assim deu tudo certo. Claro que é diferente quando os pais pegam os filhos cometendo crimes graves como lidar com drogas, trapacear, ou causar prejuízos a alguém. Mas eles são as exceções, e não a regra.

ENVIE-SE POR E-MAIL

Os rapazes sempre me dizem que adoram ficar *online*, porque no ciberespaço eles podem ser qualquer coisa que quiserem: mais agressivos ou mais misteriosos. O anonimato joga um manto sobre suas inseguranças e eles dizem todas as coisas que gostariam, mas que estavam guardadas. – Quando estou num chat ou no MSN – um garoto de 12 anos me contou –, eu me sinto o dono do universo. Posso dizer qualquer coisa, fazer qualquer coisa e controlar tudo. Essa desinibição é também uma verdade para os pais que usam a internet para se reinventar e se reaproximar dos filhos. Um pai de 72 anos me disse que não sabia realmente quem eram seus filhos antes do e-mail. No e-mail, ele se sentia mais à vontade para dividir suas emoções e se revelar por inteiro. Ele podia fazer perguntas aos filhos que não tinha coragem de fazer pessoalmente.

No computador, os homens podem se livrar das armadilhas da masculinidade, falar mais emotivamente e se sentir mais íntimos. Mas algumas vezes isso não acontece, e eles se sentem traídos quando essa intimidade e os assuntos discutidos *online* são colocados no mundo real. É como se os pais e os filhos – e todas as outras pessoas neste país – estivessem desenvolvendo duas personalidades; não somos sempre a mesma pessoa que personificamos *online*. Phillip, de 37 anos, redator de uma revista, ficou pasmo ao receber um e-mail de seu pai idoso por ocasião do último Natal. Seu pai havia aprendido recentemente a usar o computador no centro de idosos de seu bairro, então abriu uma conta no Gmail. Phillip deu risada quando o velho lhe pediu seu endereço de e-mail. E aí, recebeu a tal mensagem. O pai escreveu que estava ansioso pela próxima visita do filho, disse aonde iriam jogar golfe e pedia sugestões sobre o presente de Natal que devia dar para a mãe de Phillip. O filho sentiu uma suavidade no tom da mensagem. E, no final dela, seu pai disse que tinha ficado muito orgulhoso do mais recente artigo do filho. – Isso nunca aconteceria pessoalmente – Phillip me disse. – Tenho sorte quando consigo tirar dez palavras de meu pai durante as visitas. É muito estranho como ele fica mais à vontade e comunicativo quando está no computador. Eu sinto como se estivesse ouvindo sua voz.

Os pais desejam compartilhar mais coisas sobre eles mesmos quando estão *online*. É mais fácil explicar suas ações e sentir que estão sendo ouvidos. Todos nós apreciamos a página em branco que o e-mail fornece. Conseguimos desabafar nossas frustrações para o outro sem sermos interrompidos. Um pai que eu estava aconselhando tinha problemas em se expressar para o filho, e sua frustração freqüentemente se transformava em raiva. Durante uma sessão, os dois literalmente explodiram um com o outro e tive de afastá-los. Poucos dias depois, o pai me enviou cópia da mensagem por e-mail que havia enviado ao filho. Tinha sido talvez a primeira vez que o filho ouvira seu pai falar do fundo do coração: "Perdão por ter perdido a paciência. O que você não sabe é que meu pai também era nervoso – e ele sempre descontava sua raiva em mim. Ele sempre achava alguma coisa para me agredir. Era humilhante. Depois disso, jurei que nunca colocaria as mãos em meu próprio filho. Mas outro dia fiz isso e nem consegui dormir naquela noite. Nem consigo comer direito. Desculpe. Perdoe-me por não ser um pai perfeito". Fiquei tocado pela carta, mas muito mais impressionado com o poder da internet.

Esse pai nunca teria sido capaz de dizer tais coisas pessoalmente. Os e-mails e as mensagens de texto também podem ser usados para manter contato durante o dia. Stan, sócio de uma grande firma de advocacia, confia no e-mail para conversar com o filho durante o dia. – Estou sempre metido em reuniões e quase nunca consigo falar ao telefone – ele diz. – Mas meu filho sabe que, se precisar falar comigo, estou no e-mail e sempre respondo na hora. Na semana passada, ele mandou um e-mail logo após o teste de basquete, dizendo que tinha sido aprovado para fazer parte do time da escola. Mandei uma resposta por meu BlackBerry dizendo que eu estava muito feliz por ele. Ele mandou outra, informando que ia começar sua lição de matemática. Aí disse que o ajudaria quando chegasse em casa. Então, ele respondeu com um "smiley". Durante todo esse tempo, eu estava em um depoimento legal e não tinha como falar ao telefone.

Enquanto os pais gostam de ficar com seus filhos *online*, os garotos adoram a internet, porque ela não deixa que os pais fiquem pegando no pé deles. Um menino de 11 anos me disse: – Eu gosto de ficar trocando e-mails com meu pai porque a gente pode falar praticamente sobre tudo sem discussões. Ele não me enche tanto quanto em casa. Seus e-mails são sempre curtos e não preciso ficar ouvindo os longos sermões que ele adora dar. Acho que a gente logo chega ao ponto e pode pensar um pouco antes de falar alguma coisa. A gente não perde tempo assim. Eu ri dessa percepção de meu jovem paciente. Ele tinha razão. Os e-mails abrem oportunidades para o diálogo entre pai e filho, e também podem causar um curto-circuito no processo de conexão emocional. A dependência excessiva dos e-mails e das mensagens de texto pode se tornar um substituto barato da afeição física, do contato nos olhos e do tipo de descobertas que se pode fazer na presença do outro.

Em resumo: a internet deveria ajudar pais e filhos a conversarem – mas não substituir a conversa cara a cara.

O QUE É ESTAR DEMASIADAMENTE CONECTADO?

Infelizmente, a internet está impedindo que muitas famílias passem muito tempo juntas. Numa recente pesquisa conduzida pelo Pew Internet & American Life Project, 64% dos jovens admitiram que a internet havia reduzido o tempo que eles passavam com a família. Eu imagino que esse percentual teria sido mais alto se os pais tivessem sido interrogados sobre o mesmo assunto. É verdade que essa enorme estrutura de brinquedos eletrônicos disponíveis, combinada com o uso excessivo do computador pode manter os jovens trancados no quarto por horas sem fim. Eu sempre penso nessas crianças como demasiadamente conectadas e muito cansadas. Algumas delas passam sábados inteiros em salas de bate-papo enquanto outras passam o fim de semana em videogames. Durante todo o tempo, elas estão se ocupando com seus celulares, palmtops e iPods. E quando um garoto começa é difícil largar. Deus o livre de perder a próxima mensagem de texto ou a fofoca mais recente. (Nossa geração fazia a mesma coisa no tempo das chamadas telefônicas.) Então, por que um garoto deveria perder tempo com seus pais, se seu quarto é um parque de diversões virtual e com uma agitação constante?

Foi isso que eu ajudei uma família a perceber. Julia e Doug vieram me ver porque seu filho Cameron, de 16 anos, passava muito tempo *online*. Eu perguntei a eles quanto tempo exatamente e Doug disse: – Eu nem sei mais. Sua esposa, Julia, deu de ombros. – Quase nem conseguimos fazer com que ele desça para jantar. Cameron vivia num mundo virtual repleto de amigos com quem nunca tinha se encontrado nem conversado por telefone. Ele jogava jogos de fantasia durante horas. Perguntei se ele costumava conversar com os pais.

– Raramente – responderam em uníssono.

– E vocês permitem que ele fique no quarto o tempo que quiser? – perguntei.

Doug parecia desanimado. – E o que podemos fazer sobre isso? Quando o forçamos a desligar o computador, ele fica irritado e nervoso e não quer conversar com a gente. E antes que eu perceba, ele volta para o quarto. Cameron está quase repetindo na escola. Eu pude sentir que estava viciado em jogos de computador.

Os pais que percebem que seus filhos passam mais de três ou quatro horas por dia (especialmente em dias de semana) *online*, devem notar que eles podem ter um problema sério e precisam encontrar um meio de controlar esse período *online*. Você pode criar uma "agenda de usuário" para seu filho, ou insistir que ele passe várias horas do dia longe do computador, fazendo atividades que lhe permitam interagir com outros garotos. Quando disse aos pais de Cameron que fizessem isso, eles se mostraram incrédulos. – Nós não sabemos o que ele fará se impusermos isso – Doug me disse. Retruquei que eu sabia o que aconteceria se eles não o fizessem: o problema se tornaria mais grave.

No início, Cameron lutou com unhas e dentes. Mas depois percebeu que os pais estavam firmes em seus propósitos. Eles impingiram limites de tempo e fizeram com que Cameron se inscrevesse em diversas atividades depois das aulas. Quatro meses mais tarde, Cameron voltou para um padrão mais responsável de comportamento. Ele continuava com seus jogos durante algumas horas por dia, mas dedicava mais tempo às tarefas da escola e até fez alguns amigos com os quais ficava nos finais de semana.

Se você se preocupa com o comportamento de seu filho *online*, eu aconselho com insistência que tenha cautela e comece a supervisionar suas atividades. Melhor ainda, comece a fazer isso desde o início. Irão surgir diversas oportunidades para ampliar seu tempo no computador gradualmente, à medida que demonstre um comportamento mais responsável. Lembre-se: seu envolvimento e sua atenção representam as armas mais efetivas.

Quanto mais estímulos os garotos receberem, tanto mais vão desejar receber. Muitos estão tão acostumados a se entreter com seus brinquedos tecnológicos que não sabem mais como passar o tempo. Em 2007, eu estava conversando com uma senhora de 90 anos e perguntei a ela o que fazia, quando criança, se ficasse aborrecida. Ela riu e disse: – Querido, costumava ir reclamar com minha mãe, e ela me dizia para ir lá fora "contar quantas folhas tem uma árvore". Eu entendi o seu ponto. Descobrir o que fazer quando se está aborrecido é uma habilidade essencial na vida. Isso requer alguma independência, um pouco de criatividade e a habilidade de ficar à vontade consigo mesmo. Os jovens precisam aprender a administrar o tempo ocioso, e a internet nem sempre é a melhor alternativa. Você á a melhor pessoa para ensinar ao seu filho como se entreter sozinho. Se ele vier até você dizendo, "Pai, estou entediado", não o mande assistir a tevê. Ajude-o a encontrar alguma coisa para fazer – juntos, de preferência.

Mel, de 46 anos, decidiu que resolveria o problema passando as tardes de domingo com seu filho de dez anos, Owen, livre de tecnologia. Quando contou ao filho os seus planos, o garoto ficou chocado. – O que nós vamos fazer? – ele perguntou. Mel respondeu que fariam coisas diferentes em todos os fins de semana. Owen deu de ombros. – Não espere que eu deixe meu iPod em casa – o menino falou. Mel exigiu que ele deixasse os BlackBerries, os Game Boys e os iPods. – Nós nem vamos ouvir rádio – Mel confirmou. – Vamos nos entreter sozinhos.

O silêncio foi embaraçoso no primeiro domingo. Não havia nenhum alerta para Mel sobre uma mensagem de voz nem o clique-clique do Game Boy. Mas, sem o rádio, eles conversaram mais. Em um final de semana, alugaram uma canoa. No outro, foram treinar rebatidas de beisebol. Tentaram escalar montanhas. Os domingos sem tecnologia começaram a se parecer com domingos sem preocupação. E quando a semana estava por terminar, Owen passava a perguntar ao pai: – O que vamos fazer neste final de semana? Em sua viagem mais recente, foram até a praia e pegaram conchinhas. No início, Owen achava que isso seria um "saco"; no entanto, quando começou a participar, viu quantas coisas diferentes podia fazer e quantas mais existiam nos guias de viagem. Recolher conchas era uma coisa muito simples de fazer, mas Owen estava aprendendo a ver o mundo de forma diferente. Mel comentou: – Ele guarda as conchas em uma jarra em sua escrivaninha.

A NOVA PSEUDO-INTIMIDADE

Há um ano, ouvi adolescentes conversando *online* numa sala de bate-papo. Fiquei chocado ao ver alguns dos apelidos que estavam usando. "Babyboy 69" estava entretido num diálogo sedutor com "Ho4u"[7]. "Dgenerate" estava procurando alguém para conversar e "Ibadass" tinha acabado de entrar. Muitos garotos vão às salas de bate-papo para encontrar garotas. Alguns até acreditam de verdade que poderão conversar com alguém durante horas *online* e desenvolver uma relação mais íntima. Meninos e meninas vão passar horas a fio durante a noite teclando seus "segredos" uns para os outros, fantasiando (ou combinando) encontros clandestinos e até declarando o seu amor – normalmente antes de terem se encontrado cara a cara. Os adolescentes são crédulos e normalmente pensam que as pessoas com quem estão teclando realmente são quem dizem ser. Existem inúmeras histórias sobre adolescentes que se viram com sérios problemas como resultado direto de suas frustações no ciberespaço. É por isso que o programa To Catch A Predator é tão popular; ele ilustra como os jovens são um alvo fácil.

Muitos jovens me dizem que adoram a sensação de anonimato quando estão teclando para as garotas. Um deles explicou que é muito mais fácil falar algumas coisas quando não é preciso olhar a menina nos olhos. Eu perguntei a razão. – É menos embaraçoso e eu não fico sem graça – ele respondeu. Outro rapaz me disse que ele nem

---

7 - Ho, em linguagem vulgar, quer dizer vagabunda, meretriz. O apelido seria livremente traduzido como "uma vagabunda para você". (N. T.)

sempre era honesto com as meninas no MSN porque "É como num jogo – você tenta impressionar os outros, deixa que elas pensem que você é maneiro e tenta ficar com elas". Os garotos de hoje nem sempre percebem que os relacionamentos não são um "esporte", mas é a isso que a internet reduziu alguns deles. Eles conseguem levar uma conversa com três meninas diferentes ao mesmo tempo. E são capazes de ter uma namorada na escola, e mais algumas namoradas virtuais que moram em outra cidade – ou em outro estado.

É muito importante que os pais deixem claro para seus filhos o que é certo e o que é errado, expliquem por que é assim e insistam para que eles tenham respeito pelas garotas e pelas mulheres. É preciso conversar freqüentemente com seu filho para ajudá-lo a compreender o que é intimidade. Antigamente, um pai podia depender das regras sociais para moldar a visão de mundo de um garoto, mas os rapazes que crescem numa era de alta tecnologia podem não ter idéia de que amar não é ficar teclando numa sala de bate-papo durante algumas semanas. Você precisa demonstrar a seu filho que o amor é construído sobre um intercâmbio honesto e uma confiança mútua.

A história de Preston confirma essa afirmação. Ele encontrou Melissa certa noite numa sala de bate-papo. A conversa começou inocentemente. Eles eram dois alunos entediados de escola que viviam em cidades diferentes. Em questão de minutos, relataram suas biografias básicas e descobriram algumas coisas em comum. Adoravam Dave Matthews Band e tinham assistido ao show no verão anterior. Haviam ido acampar nas montanhas. Ele odiava os caras atléticos; ela também. Em uma semana, o namoro *online* desabrochou. Conversavam todas as noites pelo MSN, trocavam suas experiências com as bebidas, suas aventuras sexuais e seus namoros frustrados. Eles visitaram os correspondentes perfis no Facebook e no MySpace. Numa noite, começaram a teclar sobre o que desejavam em seu relacionamento. Ambos concordaram que era muito legal poder interagir com alguém sem ter de se preocupar que as coisas ficassem estranhas. Então Melissa escreveu: "Eu acho que fomos feitos um para o outro, Preston". Meses mais tarde, ele me diria que foi esse o momento em que se apaixonou por ela. Mas naquela noite ele apenas perguntou se ela gostaria de encontrá-lo no shopping às oito horas do próximo sábado à noite. A semana não passava rápido o bastante. Preston contou aos amigos sobre ela. – Vocês precisam ver essa garota – ele disse. – Ela parece bem sensual nas fotos.

Preston vive atrasado, mas naquele sábado à noite ele chegou dez minutos mais cedo. Esperou pacientemente em frente ao cinema durante 15 minutos. Então, outros 15 minutos se passaram. Preston começou a se sentir inquieto. Ficava o tempo todo olhando para o relógio. Mais 15 minutos se foram. *Onde estava ela?* Ele ligou em seu celular – Melissa tinha dado o número para o caso de eles não conseguirem se identificar. Quem atendeu foi a caixa postal. Com relutância, Preston foi comer um pedaço de pizza. *Talvez ela esteja atrasada...* Ele voltou para a frente do cinema um pouco na expectativa de vê-la parada, com um sorriso no rosto e uma história engraçada sobre como se perdera para chegar até ali. Preston esperou até às dez horas, quando foi embora com relutância.

Quando Preston chegou em casa, foi imediatamente checar seu e-mail. Não havia nenhuma mensagem de Melissa. Aí ele foi checar o perfil dela no MySpace. Seu coração se partiu quando a página abriu na tela. Melissa tinha selecionado a foto de Preston que ele havia enviado e feito um enorme X vermelho sobre seu rosto. Sob a foto, ela havia digitado: "Outro babaca que finge ser mais especial do que é. Eu vi esse cara pessoalmente e ele é um super menos classe A. Mandem fotos reais, pessoal!" Preston não conseguia acreditar, ela havia estado lá, visto-o e ido embora. Uma onda de humilhação desabou sobre ele. Abriu sua própria página e começou a colocar mensagens indecentes sobre Melissa. Enquanto digitava, engolia as lágrimas. *Meninos não choram, seu idiota.*

Preston escutou baterem na porta do quarto. Era seu pai. – Que é? – Preston gritou. Seu pai entrou e pediu que ele se acalmasse. A irmã de Prestron estava dormindo. Ele achava estranho que o filho estivesse em casa tão cedo, num sábado à noite. Tinha sentido que algo estava errado. – O que aconteceu, filho? – ele perguntou. Preston não disse nada. O pai tentou espiar por cima dos ombros para ver o que ele estava digitando. Preston minimizou a janela. – Não é uma boa hora – ele disse. – Você não pode me deixar sozinho?

O pai sentou-se na cama. – O que você fez esta noite? – ele perguntou. Preston suspirou e balançou a cabeça. Seu pai disse: – Você vai se sentir melhor se falar sobre isso.

Alguma coisa se desprendeu dentro do peito de Preston. – Eu tinha combinado encontrar essa garota de quem eu gostava, mas ela não apareceu – ele contou ao pai. – Eu encontrei com ela *online* e teclamos durante dias. Eu estava a fim dela.

– Mas por que você está tão irritado com alguém com quem nunca encontrou? Eu não entendi – disse o pai.

– Nós éramos íntimos, pai – ele respondeu. – Teclávamos toda hora e combinamos de sair faz tempo. Mas acabei de descobrir que ela apareceu no encontro, mas não me achou bonito e então foi embora.

O pai mordeu a língua. Como uma garota que você conheceu *online* pode significar alguma coisa? Mas ele podia ver que seu filho estava magoado. Ele tinha brincado com uma fantasia que não teve um final feliz. – Esse negócio de ficar *online* pode ser bem confuso, mesmo para alguém como você, que conhece tudo sobre o assunto – o pai comentou. – Eu consigo ver que essa menina era importante para você. Mas vocês eram quase estranhos. Sua relação inteira estava baseada no MSN...

Preston interrompeu o pai: – Nós conversamos algumas vezes por telefone.

– Bem, sinto muito que isso tenha acontecido. Mas não é tão simples assim desenvolver um relacionamento. Leva tempo e precisa de paciência. Você realmente precisa conhecer bem a pessoa.

O pai do garoto estava prestes a começar uma palestra sobre os perigos de encontrar as pessoas *online*, mas se calou. Preston não precisava disso e o pai ficou sem saber o que dizer em seguida.

Se eu tivesse tido a chance de falar com ele antes dessa conversa, teria aconselhado que ele falasse sobre os próprios relacionamentos. Os pais podem ensinar boas lições sobre a questão da intimidade. Os filhos normalmente não reagem muito bem aos sabe-tudo, mas interagem com os homens que cometeram erros semelhantes e aprendem com eles. Um pai pode falar sobre suas próprias investidas durante um namoro, quanto tempo se passou antes de ele falar "eu te amo", como ele enfrentou um coração partido, e por que se apaixonou por sua esposa.

Preston precisava dessas lições, porque não entendia a questão da intimidade. Sua mentalidade tinha sido inteiramente configurada por relacionamentos *online* intensos, mas de vida curta. Ele tinha se envolvido com 12 namoradas nos anos recentes. Mas só se encontrara com três delas pessoalmente. E a maioria desses relacionamentos havia terminado assim que o caso de amor tinha migrado para algo *offline*. Preston considerava essas meninas como "namoradas", mas na verdade tivera amizade por elas e não uma relação romântica. Eu entendo a confusão dele. Quando você está tão íntimo dessa forma com alguém, mas de maneira *online*, é bem possível que confunda tal proximidade com amor.

– Nunca pensei que ela fosse o tipo de pessoa tão asquerosa – Preston me disse.

– É porque você realmente não a conhecia – eu disse gentilmente.

O PROBLEMA DA PORNOGRAFIA

Wally ficou surpreso quando recebeu, no trabalho, um telefonema do pai de um dos amigos de seu filho. – Deixe-me adivinhar – Wally disse. – Vai ser minha vez no rodízio. O filho de dez anos de Wally jogava futebol nos finais de semana e todos os pais se revezavam para levar os garotos ao treino.

Infelizmente, é um pouco mais sério do que isso – o pai respondeu. – Peguei os meninos vendo um site pornô ontem em meu computador. Eles desligaram em pânico assim que apareci. Mas eu vi a lista dos quatro últimos sites em que eles estavam. Um pouquinho desse tipo de coisa até que não me preocuparia, mas a gente nunca sabe o que eles estavam olhando. Algumas daquelas coisas eram pesadas de verdade.

Wally engoliu em seco. Ele se lembrava de quando roubava a *Playboy* do pai do armário e via com uma lanterna debaixo das cobertas. Mas ele tinha 14 anos e era novato no colégio. Wally nem tinha tido a oportunidade de dizer ao filho o temido discurso sobre sexo e seus desdobramentos. Seu filho era apenas... um garotinho. Wally estremeceu. Ele não queria contar o fato para sua esposa, que ficaria muito perturbada.

– Eu não disse para eles – o pai de um dos garotos contou a Wally. – Vou comprar um desses programas que bloqueiam certos sites. Mas vou conversar com meu filho sobre esse assunto. Sei lá o que eles pensam que sexo é...

Quando a revista *New York* chamou a pornografia de "o papel de parede obsceno" de vidas respeitáveis, o artigo não estava se referindo aos garotinhos, mas até que poderiam ter feito isso. Basta digitar "pornô" no Google e aparecerá mais de 900 milhões de páginas. Em seus e-mails, os meninos encontram *spams* de site sobre sexo, o que lhes possibilita, facilmente, visitar uma orgia virtual ao clicar apenas em um link. As meninas adolescentes algumas vezes colocam fotos reveladoras delas mesmas em suas páginas pessoais – Antonella Barba, do American Idol, foi repreendida depois que fotos sugestivas que seu namorado tirou apareceram em todos os laptops dos Estados Unidos. Garanto que todo menininho deu uma espiada. Esses garotos chegam à pornografia por acidente. As caixas de pop-up instigam que os visitantes entrem em seus sites. Algumas vezes, mesmo os sites aparentemente inocentes apresentam anúncios agenciando garotas bem sensuais. De acordo com um estudo da Universidade de New Hampshire, 42% dos usuários de internet entre 10 e 17 anos já olharam sites pornôs; e 66% encontraram esses sites por acidente.

Jerry ficou furioso quando viu a conta de 60 dólares cobrada por um site de entretenimento adulto na fatura de seu cartão de crédito. Quando questionou seu filho sobre isso, Kenny insistiu que não sabia de nada. Depois confessou que seu amigo Jimmy tinha dado uma olhada no site quando passara a noite em sua casa.

– Ele estava olhando num anúncio idiota e então deve ter clicado no botão por acidente – Kenny disse ao pai.

– Oh, e ele também deu o número de meu cartão de crédito por acidente – Jerry replicou com sarcasmo.

As bochechas de Kenny ficaram vermelhas. – Eu vou te pagar, pai – ele disse. – Mas não diga nada pra minha mãe.

Jerry podia ver que seu filho estava se sentindo humilhado. – Eu entendo por que vocês ficaram curiosos e acharam divertido – ele disse. – Mas o problema é que é só para adultos. E o que mais me deixa chateado é que você usou o meu cartão de crédito. Se eu receber outra conta como esta, você pode dizer adeus para seu iPod de 60 gigabytes.

Eu não acho que os pais deveriam ser a polícia da pornografia. Garotos serão sempre garotos – a tentação da pornografia é irresistível e é virtualmente impossível controlar todos os acessos a ela. Mesmo se você restringir o acesso em casa, seu filho poderá fazer isso na casa de um amigo. Mas é importante que você converse com ele sobre o assunto e o ajude a perceber aquilo que ele está vendo sob um ponto de vista correto. E você pode até incentivá-lo a tomar a iniciativa de se afastar desse tipo de coisa na casa de um amigo, da mesma forma que gostaria que ele se afastasse quando seus amigos estivessem bebendo ou usando drogas.

Embora uma visita ocasional a um site adulto seja provavelmente normal, o perigo se amplia exponencialmente quando a exposição aumenta. O mesmo artigo da revista que eu citei anteriormente usava anedotas para demonstrar que aqueles homens que visitam os sites pornô com regularidade estão desenvolvendo uma visão distorcida das mulheres. A Dra. Ursula Ofman, uma sexóloga de Manhattan, tem uma citação em que diz que a pornografia "é tão acessível e agora, com o Youtube e as webcams, os garotos estão sendo sugados para um comportamento compulsivo. O que é mais lamentável é que isso realmente pode afetar os relacionamentos com as mulheres. Ultimamente, tenho atendido alguns jovens que não conseguem ficar excitados com mulheres, mas não têm nenhum problema se estiverem na internet. Eu acho que o grande perigo é que esses jovens constantemente expostos a essas mulheres sempre prontas começam a ter expectativas falsas das mulheres de verdade, o que pode deixá-los com fobia quanto aos relacionamentos". O artigo se referia aos jovens na casa dos 20 anos, mas, se os garotos pequenos também crescerem com essa mesma imagem, avalie os efeitos a longo prazo. Eles podem se tornar desapontados fisicamente com as coisas reais e aprender a desvalorizar a mulher e a transformá-la em objeto.

É aqui que os pais podem ajudar. Você pode ser a voz da razão, o fornecedor de padrões morais e aquele que impõe limites razoáveis. Deixe que seu filho perceba quando você está preocupado e diga-lhe que checará seu computador todas as vezes que algo lhe parecer suspeito. Quando as coisas são feitas de maneira respeitosa e discutidas abertamente, as questões e a definição de regras podem de fato aprimorar a interação entre você e seu filho. A educação que você lhe dá também é uma oportunidade para compreendê-lo melhor e mostrar a ele que um dia você também foi menino. Quanto mais nova for a criança, melhor será esse tipo de conversa porque, quer você goste ou não, ela será capaz de encontrar tais materiais obcenos logo que aprender a mexer no computador.

Quando Joe pegou seu filho de 15 anos navegando em um site pornô pela segunda vez, percebeu que já era hora de conversar com ele. Joe não tinha idéia por onde começar, assim como muitos outros pais. Aqui estão cinco temas para discutir com seu filho:

1. *Reconheça a tentação.* Os pais não querem fazer seus filhos se sentirem uns pervertidos. Todos sabem que a masturbação é normal e é importante que seu filho compreenda isso. O pai pode dizer a ele que sabe o quanto é excitante olhar aquele tipo de imagens. Ele também pode contar exemplos de suas próprias aventuras juvenis, para que o filho sinta que tudo isso é normal. Joe começou a falar compassivamente. – Eu entendo por que você quer visitar esses sites – ele disse. – É muito legal ver essas mulheres peladas e todo esse tipo de coisas sexies das quais você ouviu falar. Seu filho fez que sim com a cabeça. Então Joe contou como costumava dar uma espiada nas revistas de mulher pelada de seu irmão mais velho. – Eu não conseguia acreditar que as garotas pudessem fazer aquelas poses – ele disse. – Eu acho que você também deve refletir sobre isso. Mais uma vez, o filho fez que sim com a cabeça. Joe não tinha feito seu filho se sentir humilhado ou pervertido. Se os garotos percebem que podem conversar com o pai sobre seus segredos mais íntimos, é bem possível que também os procurem por outros motivos.

2. *A pornografia é uma distorção da realidade.* Diga a seu filho que as mulheres com peitos enormes e homens com pênis gigantescos não são naturais – muitas vezes, foram aumentados digitalmente. As pessoas não fazem sexo em todos os lugares, em todas as posições e com pessoas que não conhecem. Se isso lhe parece óbvio, não é tanto assim: esse é o retrato da sexualidade que foi pintado pela pornografia *online*. Isso dá às crianças a idéia errada sobre sexo e as leva a acreditar que as mulheres querem transar a toda hora, que o sexo é um esporte, e que o sadismo ou sadomasoquismo são coisas típicas. Você precisa tirar essas suposições da mente de seu garoto.

Joe havia dito exatamente isso para o filho, mas ele ainda parecia confuso. – Eu só não sei o que fiz de errado. Não estava prejudicando ninguém – o filho disse. Joe concordou que os rapazes que faziam isso não estavam prejudicando ninguém, mas as idéias que eles absorviam *online* poderiam causar danos a eles ou a mais alguém, no futuro. – O que você está vendo não é a realidade. As coisas não acontecem desse jeito, e você pode começar a acreditar que elas são assim. E isso pode ser muito idiota. Ao explicar ao filho que algumas daquelas coisas eram risíveis, Joe o ensinou que o que ele estava vendo não era real. Esse é um passo importante, embora sutil.

3. *O sexo é um ato muito sério.* É importante que você deixe claro que o sexo deve ser levado a sério. Você precisa definir para seu filho não apenas do que o sexo se compõe, mas também o papel que ele representa na vida dos homens, por que é importante nos relacionamentos, e falar sobre a ligação emocional que ele cria entre um homem e uma mulher. Você também precisa lhe dar uma idéia dos riscos do sexo sem proteção, o que inclui doenças venéreas ou uma gravidez indesejada.

– As pessoas que fazem sexo estão apaixonadas, em geral, e se respeitam mutuamente – Joe disse ao filho. – É um ato de aproximação entre dois adultos que estão em comum acordo. Os sites que você está olhando fazem com que o sexo se pareça com um jogo.

– Como assim? – seu filho perguntou.

– É que eles fazem você achar que pode fazer sexo superficialmente e que não precisa se importar com a mulher com que você está – o pai explicou.

Joe explicou que homens e mulheres se sentem ligados com a pessoa com quem fazem sexo. Não é um ato que você compartilhe com um estranho. Joe comentou sobre a primeira vez que tinha transado – como ele estivera apaixonado pela namorada durante um ano antes que o fizesse. – A sua primeira vez deveria ser tão importante para você quanto foi para mim.

4. *Respeito pelas mulheres.* Este é o momento certo para conversar com os filhos sobre o fato de que as garotas e as mulheres são iguais aos garotos e aos homens, portanto deveriam ser tratadas com respeito – do mesmo modo como você gostaria que seu filho

tratasse qualquer pessoa. A pornografia passa a mensagem de que as mulheres recebem de bom grado qualquer investida sexual que apareça pela frente. Os pais deveriam deixar claro aos filhos que, se eles se aproximarem das namoradas dessa maneira, serão rejeitados todas as vezes. Fale sobre as mulheres fazendo referência a alguém que seja importante para seu filho – uma irmã, prima ou mãe. Os rapazes podem ser instigados a pensar sobre o quanto se sentiriam mal se qualquer uma dessas mulheres fosse alguma daquelas imagens que estavam olhando. Os pais podem perguntar aos filhos como se sentem ao imaginar sua irmã sendo tratada daquela forma. Em geral, a realidade atinge um garoto com muita rapidez. "Eu mataria qualquer um que fizesse isso com minha irmã", esta seria a resposta típica. E o comentário do pai deve ser: "Então, você não deveria tratar a irmã de ninguém desse jeito, concorda?"

5. *A pornografia não é para crianças.* Os pais sempre me perguntam o quanto de pornografia é demais. Eu acho que é melhor desencorajar que eles vejam qualquer tipo de pornografia, sabendo que irão trapacear de tempos em tempos. Se o pai disser ao filho que "de vez em quando está bom", então a criança com certeza vai entender aquilo como uma permissão sutil para visitar aqueles sites a toda hora.

– Eu não quero que você veja essas coisas pornôs até que fique mais velho – Joe disse ao filho.

– Mais velho quanto, 16? – o garoto perguntou.

– Não, não até pelo menos os 18, porque nessa idade você é considerado adulto – Joe respondeu. – Essa é a minha resposta final e você vai sofrer conseqüências se isso acontecer de novo.

– Tá bom, não fique tão irritado, pai. Vou tentar não fazer isso – o filho disse.

– Eu não quero ter de vigiar você a todo momento – finalizou Joe. – Seja responsável e tome as decisões certas. Você me entendeu?

– Entendi, pai.

CAPÍTULO 7

A COMPETIÇÃO ENTRE PAI E FILHO

Os treinos de basquete estavam começando a ficar chatos, tanto para mim quanto para meu filho. Eu vinha treinando o time de meu filho nas últimas cinco temporadas. Ele estava com 14 anos, era cheio de energia e pronto para a ação, assim como seus demais companheiros de time. Eu estava ficando sem mais o que lhes dar como treinamento e os rapazes começavam a perder o interesse. – Estamos cansados de só praticar os arremessos – meu filho choramingou. Coloquei meu boné de psicólogo por um momento. Como eu poderia reavivar seu interesse? Como poderia convencê-los a treinar com mais entusiasmo?

A idéia veio instantaneamente – um jogo entre pais e filhos. Os garotos adoraram. Eles não viam a hora de jogar contra "os velhotes". – Vamos acabar com eles – gritou um. Mas outro comentou que não tinha tanta certeza. – Eles são maiores que nós – disse. Fiquei imaginando quantos pais apareceriam. Normalmente, havia mais mães do que pais nos jogos.

No dia da grande partida, apareceram oito dos dez pais. Vieram vestidos com as velhas camisetas da escola, com tênis novinhos, e todos já devidamente aquecidos. Eles tinham treinado intensamente antes do jogo. Os garotos também estavam preparados. Era fácil perceber a excitação no ar. Quando joguei a bola inicial, os pais pularam sobre ela com avidez. Achei que eles fossem amolecer com as crianças, mas não, estavam jogando como uma final da NBA. Aqueles homens jogavam com uma ferocidade que poucos deles tinham demonstrado quando, das laterais, assistiam aos jogos. Estavam empurrando, puxando – e os rapazes retribuíam com o mesmo. O jogo tinha parado de rolar por cinco minutos quando um garoto recebeu uma cotovelada na testa. Seu pai o ajudou. – Ele ficará bem – falou. Dois minutos mais tarde, um pai torceu o tornozelo quando vinha controlando a bola. Outro pai, que era médico, foi checar. Então, o guerreiro ferido levantou-se e correu pela quadra.

A impressionante rivalidade esquentava. Pais e filhos estavam lá para testar a si mesmos. Eles lutavam pelas posições e pelos rebotes. E quando os pais ganharam o jogo, os garotos imediatamente exigiram uma revanche na semana seguinte.

Eu conto essa história porque aquilo que aconteceu na quadra é o mesmo que vejo na vida cotidiana. Pais e filhos são homens, e os homens não podem evitar a competição. Os colegas de equipe de meu filho adoraram mostrar aos pais suas habilidades na quadra, e, fazendo isso, eles se sentiram merecedores do respeito dos pais. E a mesma coisa pode ser dita do outro lado. Um pai sempre piscava para o filho todas as vezes em que fazia uma cesta de três pontos. E então o menino corria mais rápido pela quadra para demonstrar a sua força.

A competição está impregnada na psique masculina – quem é mais rápido? Quem é mais inteligente? Quem é mais alto? Os homens são atraídos para filmes como *O Gladiador*, *Coração valente* e *O poderoso chefão*, porque os personagens principais lutam até a morte e vencem. Em muitos desses shows de tevê sobre sobrevivência, os expectadores assistem todas as semanas aos personagens masculinos lutarem pelo controle, uma disputa pela mente que determina como o resto dos sobreviventes deverá viver. Alguns desses *reality shows* são interessantes apenas porque há tamanha competição.

Os homens competem mesmo quando não percebem que o estão fazendo. Um treinador de 35 anos que entrevistei sempre briga com seu assistente sobre qual dos dois teve o pai mais durão durante seus anos de crescimento. Imagine dois pais competindo sobre quem educou melhor o filho! – Meu pai me acordava às cinco da manhã para cortar lenha – o treinador se gabou. – Isso me fez ser quem eu sou hoje. E eu farei a mesma coisa com meu filho. Ontem, ele estava lá fora me assistindo cortar a grama. Ele tem dois anos e eu disse a mim mesmo: "Não se preocupe, mocinho, sua vez vai chegar logo".

Alguns pais gostam de se moldar como reis quando se trata de seus filhos, e existe uma narrativa não explícita que faz a conexão entre os dois. Os filhos esperam que um dia sejam dignos de usar a coroa do rei e sempre estão provando a si mesmos para seus pais. Eles desejam que o pai os perceba como iguais, como homens com os quais vale a pena competir. Homens que foram menos bem-sucedidos do que o pai podem desenvolver sentimentos de inferioridade em muitas esferas da vida – desde um jogo de trivialidades ou de xadrez até uma pescaria.

Os homens competem para que possam interagir com outros homens sem envolver a expressão direta de seus sentimentos. Debatendo sobre quem ganhou o campeonato de 1982 um garoto e seu pai se sentem próximos sem enfatizar sua proximidade e emotividade. O filho estará interagindo com mais intimidade com o pai quando estiver falando sobre um assunto pelo qual ambos se acham entusiasmados. Eles podem até estar se exibindo, mas ainda assim será uma expressão de amor. Poderia dizer o mesmo sobre o treinador que mencionei antes. Ao comentar como o pai era duro, ele está na verdade expressando seu amor pelo pai. Ele apenas usou um exemplo para demonstrar esse amor a seu assistente.

Com tantas motivações competitivas influenciando o relacionamento pai e filho, é importante refletir sobre suas implicações. De que maneira um pai pode canalizar o espírito competitivo e fortalecer seus laços com o filho? De que maneira essa rivalidade pode separar pais e filhos? As crianças mais novas idolatram o pai. Não é incomum vermos pai e filho usando a mesma camiseta e torcendo apaixonadamente pelo mesmo time. Observem mais de perto – eles devem estar discutindo sobre qual jogador é o melhor. As sementes da competitividade são plantadas precocemente e permanecem firmemente enraizadas por todo o ciclo da vida, e haverá inúmeros campos de batalha para que esses sentimentos se mostrem. Seja comparando o conhecimento sobre certo esporte, seja jogando videogame ou damas, os garotos se desenvolvem competindo em jogos com seus pais – e eles dão boas-vindas ao desafio.

A COMPETIÇÃO AO LONGO DA VIDA

Na primeira série, os garotos manobram para conseguir novas posições durante o recreio.

Aposto que eu chego primeiro no bebedouro.

Apostado!

No refeitório, o ego deles está trabalhando.

Meu sanduíche é maior do que o seu.

E daí? Minha garrafa de suco é maior.

Eles se encontram face a face com seu primeiro concorrente em casa – o pai. A competição é um rito de passagem e permeia os anos da infância. Você já viu um garotinho lutando com o pai? Poderia pensar que se trata de uma questão de vida ou morte. Eles riem e gritam histericamente, mas há uma batalha secreta por dominação. E depois daquela luta do século, existe a obrigatória e animada discussão sobre quem pode se vangloriar mais. Felizmente, é tudo brincadeira – ou deveria ser.

Você nem conseguiria dobrar meu braço esquerdo. Eu tenho metade do seu tamanho e o dobro de sua força.

O dobro da minha força? Eu tinha seus braços e pernas bem presos na minha tesoura.

A competição entre pai e filho se torna geralmente a primeira lição do garoto em aprender a ser um bom ganhador ou um bom perdedor. Essas lutas são momentos fantásticos de aprendizagem. Lembre-se – as crianças têm olhos de águia. Se um pai não conseguir admitir que perdeu a luta ou que estava errado sobre o campeão de 1982, seu filho provavelmente vai começar a exibir esse mesmo comportamento obstinado. Se o pai deixa de dar os parabéns ao filho mesmo depois que o time dele perdeu, então, está dizendo a ele que nunca será bom o suficiente. É a mesma coisa com o espírito esportivo. Encoraje seu filho mesmo que ele erre um passe. Elogie sua jogada mesmo que a bola saia para fora do campo.

Os pais não percebem como é fácil criar um filho que se torne um competidor doentio. É muito importante que os pais trabalhem cuidadosamente com seus filhos para os fortalecer como o espírito de "Daniel" no filme *Karatê Kid* e não o seu terrível rival, "Johnny", que queria vencer a todo custo. – Quando eu vou aprender a socar? – um impaciente Daniel pergunta ao senhor Miyagi neste filme de 1984. Resposta: – Primeiro aprenda equilíbrio. Equilíbrio é chave. Equilíbrio bom, caratê bom. Tudo bom. Equilíbrio ruim, faz malas, volta pra casa. Entende?

O equilíbrio é também a chave para os bons cuidados paternos. Algumas vezes, os pais perguntam: "Quando jogo com meu filho, será que eu devo deixá-lo ganhar? Existe alguma confusão entre saber quando um pai está construindo a auto-estima do filho e quando ele a está esmagando. Procure o equilíbrio aqui, também. Se ele for muito novo, é bom deixar que ganhe de vez em quando. Isso faz com que a competição entre pai e filho se torne mais divertida. Mas, se o pai facilitar o jogo de propósito freqüentemente, o filho perderá o interesse. Não haverá razão para ele competir. Fazer um jogo de basquete mano a mano pode incentivar os melhores esforços do filho. Se você ganhar de 22 a 0, ele perderá o interesse muito rapidamente. Alguns pais gostam tanto de vencer que usam os filhos para alimentar-lhes o ego. Se estiverem jogando beisebol, vão bater a bola com tanta força que darão ao filho pouca possibilidade de pegá-la. Claro que isso faz com que o pai se sinta bem, mas também só ele. Isso tira o divertimento de um jogo. O filho sai sentindo-se mal de um momento que poderia ser uma oportunidade de aproximação. Com o tempo, esse comportamento exaltado vai ferir a auto-estima do garoto.

Henry, um piloto, veio me ver depois de muita insistência de sua esposa. Ela achava que a rivalidade entre Henry e o filho Dylan, de 12 anos, estava um pouco "demais". Assim que Henry entrou, percebi que era o tipo de pessoa que mede você de cima a baixo e não lhe dá nada que não seja calculado. – Você já pilotou um avião, doutor? – ele perguntou. – Não. – Você tem um barco? – Não. Aparentemente, ele estava tentando ficar um passo à frente do filho. Ele e Dylan viviam discutindo durante o jantar. Não tinha importância se a discussão era sobre o último filme ou a próxima eleição presidencial. Podia ser sobre quem comeria a última banana ou quem tomaria banho primeiro. Cada um deles precisava ter a última palavra. Henry riu. – Os garotos sempre querem as coisas do jeito deles – falou. Dylan tinha reclamado com a mãe que seu pai nunca lhe dava importância. O garoto estava começando a sentir que o pai não se importava com o que ele pensava. Então, o pai fez pouco caso da situação, e Dylan ficou frustrado. Sim, pais e filhos podem ser um pouco imaturos. Novamente, o truque é o equilíbrio. Como diz a esposa de Henry: – Eu sei que ele ama Dylan, mas pode ser um bebezão. Eu lhe perguntei: – Quem está na sexta série, Dylan ou você?

Uma coisa engraçada acontece a caminho da adolescência. De repente, nossos filhos nos derrubam do pedestal, começam a questionar as nossas crenças e a ficarem mais distantes de nós. Isso apenas estimula a competição entre pais e filhos. Os argumentos ficam mais quentes, cada um está mais determinado do que nunca a provar seu ponto de vista. Quando fazem um esporte juntos é como se fosse a final de um torneio. É claro, há muita coisa em jogo ali. Eu chamo isso de "aquelas coisas de ginásio". Os rapazes e os homens adoram falar sobre em que atividades são melhores. Eles comparam, se gabam e provocam uns aos outros. É uma espécie de interação muito divertida, mas à qual eles se sentem compelidos a se juntar. É uma coisa tão natural quanto respirar.

Nós continuamos a competir com nossos filhos mesmo quando eles se tornam jovens adultos. Mas as diferenças físicas aumentam com a passagem dos anos. O pai fica mais velho. Passa a carregar bengalas em vez de pastas. Então, nós, homens, descobrimos outras maneiras de competir – algumas mais óbvias, outras mais sutis. Um arquiteto que eu conheço comprou um Porsche apenas um mês depois de seu filho de 34 anos ter comprado um. O arquiteto sempre tivera vontade de possuir um Porsche, mas nunca havia pensado em comprar um. Ele e o filho iam sempre às exposições de automóveis e olhavam amorosamente para as curvas insinuantes do carro. Mas quando o filho comprou o carro, ele foi obrigado a ter um também, para nivelar o campo de batalha entre os dois.

Eu e meu filho começamos a jogar tênis quando ele tinha oito anos. De início, era uma coisa mais entre professor e aluno. Eu jogava a bola gentilmente para o menino e tentava mantê-la em jogo enquanto ele aprendia os vários saques. Quando ele fez dez anos, começamos a jogar de verdade. Não era um torneio tempestuoso, mas nós simulávamos as coisas pra valer. À medida que ele se aproximava da adolescência, as coisas ficaram mais difíceis. Ele corria muito e gritava para eu lançar as bolas com mais força. Eu fazia isso. Ele ainda não era bom o bastante para nivelar nosso campo de disputa.

Continuei vencendo – até que ele entrou na faculdade. Naquela época, eu já tinha cabelos grisalhos e, embora estivesse em boa forma, não possuía o vigor de alguém com 18 anos. Eu resfolegava enquanto ele corria para frente e para trás na quadra. Meu filho estava determinado a finalmente me derrotar. Eu podia perceber que minha farra de vitórias estava no fim. Ainda assim, eu não lhe facilitei a vitória. Isso o deixaria louco da vida. E ele sabia a importância da persistência.

Ele estava nos visitando durante o seu segundo ano na faculdade quando finalmente me derrotou. Foi uma partida difícil, mas ele ganhou com justiça e pulou e se empertigou pela quadra com um sorriso no rosto e meu braço sobre seus ombros. Nós começávamos uma nova era. Ele tinha provado para mim que podia me vencer e isso lhe mostrou que eu era um pouco vulnerável. E, de algum jeito, isso nos deixou mais próximos. Agora, a quadra pertence a ele. Nós ainda jogamos, quando é possível. Ele sabe que consegue me vencer pela persistência e sempre faz isso. A tocha mudou de mão.

Algumas vezes, essa rivalidade pode ser deliberada e, outras vezes, ela é inconsciente. Em um capítulo anterior, falei sobre como os pais podem herdar o modo de educar os filhos com base na experiência com seus próprios pais. Os pais que competem com seus filhos devem pensar sobre o motivo pelo qual fazem isso. Foi o que Liam fez. Todas as vezes que ele e seu filho Isaac falavam sobre seus programas favoritos, os Simpsons e The Bernie Mac Show, sempre discutiam sobre qual dos dois tinha sido mais engraçado. Algumas vezes, as discussões eram divertidas, mas outras vezes eles se irritavam. Liam achava que essa disputa era estranha até que se lembrou de que tinha feito a mesma coisa com o próprio pai: eles passavam horas debatendo os dez melhores filmes de todos os tempos. Liam se lembrava de que isso era divertido – nenhum dos dois ficava chateado. Então, ele decidiu que suas discussões com o filho também podiam ser divertidas.

É importante ser capaz de avaliar a situação e descobrir o que está alimentando a disputa. Trata-se de uma compulsão de competir com o filho, algum resíduo da infância, ou uma exigência incessante pela perfeição? Talvez seja algo auto-imposto e se origine do desejo natural do filho de validar-se frente ao pai. Em seu melhor aspecto, a competição pode energizar o relacionamento entre pai e filho, aproximar os dois e servir como uma ferramenta educativa que prepara o filho para os inúmeros desafios que virão – ser bem-sucedido na escola, aprender a conviver com seus pares, controlar suas novas habilidades e encontrar o seu lugar na sociedade.

Neal me procurou porque ele e seu filho Jesse, de 16 anos, não estavam conseguindo se entender. Neal era um contador que tocava violino numa orquestra local. Jesse adorava nadar e passava mais tempo na piscina do que em casa. Eles tinham muito pouco em comum, então sugeri aos dois que procurassem fazer uma atividade em conjunto, algo em que pudessem se engajar numa competição saudável. Neal ofereceu três opções ao filho. Eles podiam fazer parte de uma equipe de lançamento de dardos, matricular-se em lições de arco e flecha, ou treinar para uma maratona. – Dardos – Jesse escolheu. Sim, era um negócio meio nerd, mas pai e filho adoraram. Eles tentavam ver quem acertava mais vezes na mosca. E, se um conseguia, eles faziam um gesto de aprovação batendo as mãos espalmadas – a versão masculina de um abraço. Essa competição saudável permitiu que ambos se tornassem mais próximos.

Algumas vezes, porém, a compulsão competitiva de um jovem pode se tornar perniciosa. Christian, que esperava o seu requerimento para a faculdade ser aprovado, estava estressado sobre isso. Não conseguia relaxar. Se ele tivesse algum tempo ocioso, demonstrava ansiedade: dava tapinhas na perna obsessivamente enquanto assistia a tevê, importunava a mãe, brigava com o irmão. A mãe do rapaz pediu então que ele viesse me ver e, depois de algumas sessões, ficou claro para mim o que havia de errado. O pai de Christian, Steven, um locutor bem-sucedido, era um bom pai que pedia apenas que o filho fizesse o melhor que podia na escola. Ele não o pressionava para seguir carreira e o encorajava a praticar muitos hobbies. Steven gostaria que o filho fosse tão afortunado quanto ele tinha sido e o encorajava a encontrar aquilo que o entusiasmasse. Apesar disso, Christian se sentia como se tivesse de se igualar ao pai, senão ele não o respeitaria. – Eu nunca estarei à altura dele – Christian me disse.

– E quem falou que você devia estar? – perguntei.

– Ninguém. Eu só acho que as pessoas esperam isso de mim.

– Ou você espera isso de você mesmo?

Christian sorriu. Nós ainda conversamos durante muitos meses até que ele entendesse que não precisava competir com o pai, pois ele sentia orgulho do filho. Antes de nos encontrarmos,

Christian estava convencido de que o pai se ressentia de suas "falhas", por isso, se afastou dele. Mas a competição e os desapontamentos estavam todos apenas em sua mente. Atualmente, seu relacionamento com o pai está melhorando.

A disputa entre pai e filho pode se tornar pura e simplesmente destrutiva, até mesmo violenta. Uma dupla de pai e filho até disputava quem "tratava pior um ao outro". O pai dizia ao filho que ele era um "perdedor", e o filho chamava o pai de "hipócrita". Ambos não pararam de fazer isso até que a mãe e eu entramos naquele jogo. As desculpas não surgem facilmente entre esse tipo de combatente. Seja o que for que façam, não importa aonde vão, cada um está determinado a vencer e dominar o outro. E, por vezes, essas intensas rivalidades se originam de feridas não cicatrizadas do pai que foram infligidas pelo seu próprio pai. E eles não costumam perceber que estão repetindo tais roteiros antigos com os filhos e que estes nem desconfiam que estão sendo vítimas. Entretanto, o padrão se repete.

As relações de Giles com o filho começaram a piorar desde que ele e sua esposa se divorciaram, quando Cole tinha dez anos. O menino não desejava que os pais se separassem e estava furioso por seu pai ter saído de casa; ele se sentia abandonado pelo pai. Mas, quando os dois estavam juntos, raramente falavam sobre o divórcio. Giles reclamava que o filho era teimoso e não cooperava. Cole achava que o pai precisava ser sempre o vencedor em tudo o que fazia. E essa rivalidade impregnava todas as outras atividades. Quando Giles e Cole saíam juntos, a interação se tornava desfavorável depois de poucas horas. Certa noite, num jogo da NBA, Giles queria sair mais cedo para evitar muito trânsito. Mas Cole, na época com 12 anos, preferia ficar até o fim do jogo e se recusou a ir embora. Eles começaram uma discussão sobre quem estava certo e não conversaram durante todo o trajeto para casa. Tal comportamento estraga qualquer aproximação.

Cole está atualmente com 15 anos, e seu relacionamento com o pai é uma disputa permanente. Quem é o melhor? Quem é mais sabido? Quem começou a discutir? Nada fica fora da discussão. Quando conversei com os dois, fiquei pensando em como ajudar. Comecei com o óbvio: parece que tudo sobre o que eles conversam vira debate. – Vocês gostam de fazer isso? Por alguns momentos, o silêncio imperou.

– Com certeza eu não gosto – disse Giles –, mas meu filho está sempre a fim de provar que estou errado.

– Mas é você que sempre quer estar certo – o filho gritou.

– Espere um minuto, Cole – eu interrompi. – Eu perguntei se vocês gostam de discutir e você não me respondeu.

Cole suspirou. Disse que também não gostava disso, mas que não sabia como evitar. Essa foi a minha abertura. – Vejam – eu disse –, vocês dois estão infelizes com o relacionamento e, mesmo assim, continuam fazendo a mesma coisa vezes sem conta. Eu posso entender por que cada um deseja se defender, mas a vida de vocês se tornou uma batalha constante. Francamente, penso que vocês se parecem de muitas maneiras. Ambos têm uma grande força de vontade e gostam de vencer. Mas eu sei que não estariam sentados aqui comigo, se desejassem que as coisas continuem do jeito que estão.

– Mas foi ele que me fez vir aqui hoje – disse Cole.

– Sim, mas alguém tinha de ligar o alarme ou então vocês dois lutariam até morrer. Cole achou isso engraçado e se acalmou um pouco.

Com o tempo, ajudei-os a compreender que eles haviam perdido a noção de qualquer sentimento positivo que pudessem sentir um pelo outro. Cole não tentava mais obter a aprovação do pai e seu orgulho o impedia de procurar o apoio e o amor dele, coisas de que precisava urgentemente. Giles também fora pego numa armadilha. Ele desejava estar mais próximo do filho, mas lhe faltavam as habilidades de comunicação. Depois de algumas semanas, concluímos que Giles estava lidando com Cole do mesmo modo que seu pai havia lidado com ele, e que vinha tentando vencer essa disputa desde que a perdera quando criança. Muitas de nossas sessões conjuntas se concentraram em ajudar pai e filho a se tornarem mais do que cada um deles precisava. As feridas foram compartilhadas e desculpas foram oferecidas (depois de minha insistência). Finalmente, ambos concordaram em parar de tentar superar o outro. Hoje, ainda estão trabalhando para melhorar o relacionamento, e as coisas ficam complicadas de tempos em tempos. Eles precisam encontrar formas totalmente novas de interação. Mas o que é importante é que aquele comportamento destrutivo foi colocado em xeque.

Os pais precisam estimular e desafiar os filhos tanto na escola quanto em casa ou nos esportes. É o seu papel preparar o filho para o mundo real. Mas existem mais coisas na vida do que disputas. Os garotos podem também aprender a trabalhar em equipe, a ser humilde e a ajudar os outros. Mais uma vez, é uma questão de equilíbrio. Será que um rapaz deveria tratar cada pequeno desafio como se sua vida dependesse disso? Não. Quanto instinto de competição um pai deveria incutir em seu filho? Existe um limite. Mas tal limite depende da característica individual da criança. Se ela recebe bem os desafios de uma contenda, ótimo. Mas se ela bater em retirada, então o pai precisa moderar suas expectativas.

Todo e qualquer pai precisa olhar no fundo de sua alma e decidir quais lições deseja ensinar ao filho. A vida se trata apenas de vencer? Você deve pisar nas pessoas para conseguir as coisas? Já que a competitividade é parte integrante do caráter de um garoto em crescimento, ela permite muitas oportunidades para se construir a autoconfiança – mas também muitas oportunidades para confundi-lo. Alguns pais são tão competitivos que você pode pensar que são eles que estão no campo de futebol, jogando no lugar dos filhos. Dale, de 48 anos, não queria se comportar como os outros pais durante as partidas de futebol do time de seu filho de dez anos, Ira. O menino era um excelente jogador e seu treinador achava que ele estava destinado a ser um campeão no colégio. Mas o garoto era incrivelmente duro consigo mesmo. Ele se exercitava muito antes de cada partida, e quando sua equipe perdia, jurava que a culpa era sua. Dale insistia em que ele era um dos motivos do sucesso da equipe, mas Ira enxergava apenas suas falhas. Quando a temporada acabou, Dale perguntou ao filho se ele queria se inscrever em alguma liga. Ira não respondeu de imediato. – Não é mais tão divertido, não é? – Dale perguntou.

O garoto fez que sim com a cabeça. – Eu acho que estou sempre desapontando o treinador.

– Eu não quero que você jogue futebol apenas para me satisfazer – Dale lhe disse. – Talvez seja melhor se você não jogar a próxima temporada e pensar um pouco sobre isso.

O menino se apoiou nos ombros do pai. Fez que sim com a cabeça novamente. Mais tarde, quando tinha 13 anos, Ira contou-me quanto valorizou aquele momento. Ficou claro que seu pai o compreendia. Ele tinha amigos cujos pais os pressionavam tanto que acabaram se tornando competidores violentos. – Eles só se importam em vencer – Ira me disse.

Qual a moral da história? Procure todas as oportunidades para gerenciar o espírito competitivo de seu filho. E para ajudar os pais ao longo desse processo, relacionei as coisas mais importantes que um pai pode dizer ao filho para lhe dar um empurrão sem afastá-lo por completo.

"Tenha espírito esportivo."

Como disse um sábio pai, "Prefiro que meu filho seja um perdedor generoso a um vencedor desprezível". Certamente, é mais fácil ter um bom espírito esportivo quando se ganha sempre. Mas as frustrações também têm seu valor. Quando se lida com propriedade com eles, ajudam a construir o caráter e a determinação – e, com o apoio do pai, os garotos podem ser incentivados a tentar de novo e procurar se aperfeiçoar. Quando estava no primeiro ano do ensino médio, Kevin não conseguiu obter o papel principal na peça da escola. Seu pai descobriu um acampamento onde se estudavam artes dramáticas e perguntou a Kevin se ele gostaria de participar, durante as próximas férias – e adivinhe quem conseguiu o papel principal no ano seguinte? Sempre incentivo os pais a contarem a história da carreira de Andre Agassi. Em seus primeiros anos, ele surgiu na cena do tênis como um jovem astro impetuoso e egoísta. Depois de alguns anos de competição, seu jogo começou a apresentar muitos deslizes e ele se dedicou a treinar de novo, emergindo depois como uma força real enquanto os outros jogadores de sua idade começaram a entrar em declínio. Os torneios dos quais participou são a matéria-prima das lendas do tênis, e quando se retirou das quadras era um campeão afável, maduro e humilde. Ensine a seu filho que ele não precisa se vangloriar de seu sucesso. As pessoas irão reconhecê-lo por suas conquistas e apreciar sua modéstia.

O filho de oito anos de Sherman, Chase, era um garoto atlético e popular na escola. Mas Sherman tinha recebido vários telefonemas do professor informando que Chase era "muito duro com as outras crianças que não são tão vigorosas". Ele as importunava e humilhava. Chase costumava arremessar bolas difíceis para os garotos que rebatiam muito fraco no beisebol. Numa noite, Sherman conversou com o filho sobre isso. – Prefiro que seja um garoto na média geral do que uma estrela que tira vantagem de outras pessoas – ele disse. Chase ficou na defensiva.

– Mas todas as outras crianças tiram sarro e isso é só por diversão – ele choramingou.

– Bem, não gosto, e quero que pare de fazer isso – o pai disse. – Como você se sentiria se outro menino agisse assim com você, ou se um moleque mais velho o importunasse? Chase encolheu os ombros. Sherman continuou: – Fico muito orgulhoso por você ser um bom atleta, mas me sinto envergonhado e furioso quando recebo reclamações de outras pessoas dizendo que você quer se mostrar. De agora em diante, espero que trate as outras crianças com respeito. Eu sei que pode fazer isso, Chase. Certo?

Chase fez que sim com a cabeça. Ele parou de intimidar os outros.

"Faça o melhor que puder."

Nem todo mundo pode ser um superastro. Quanto mais cedo as crianças aprenderem esta lição, melhor. Seja nos estudos, nos esportes, seja apenas nas tarefas de casa, sua expectativa de pai deve ser a mesma: seu filho deve saber que o mais importante é dar o melhor de si em qualquer coisa que esteja fazendo. Quando as crianças acreditarem que os adultos esperam isso delas, um grande peso será retirado de seus ombros. Elas aprendem que um esforço real e verdadeiro é o bastante. Se elas não precisam ser perfeitas, então ficam livres para se expressar melhor. O resultado será um homenzinho mais confiante e menos estressado. É claro que transmitir essa idéia é mais fácil do que realizá-la.

Há inúmeras oportunidades para nossos filhos nos desapontarem com seu desempenho. Você ficará tentado a criticá-lo, a pressioná-lo mais, e até a ameaçá-lo com punições, se ele não conseguir melhorar o nível. Isso é compreensível, mas procure ter em mente as capacidades da criança. Afinal, o mais importante é saber como seu filho se sente com relação ao desempenho dele, e não como você se sente. Idealmente, seria importante que você ficasse feliz em saber que o garoto atingiu as próprias expectativas. A competição é uma boa coisa, mas não a empurre goela abaixo. Diferentes garotos têm diferentes limites sobre quantas disputas conseguem tolerar.

Angelo pode atestar como isso funciona. No trabalho, era extremamente motivado, um dos principais vendedores de computadores da grande empresa em que trabalhava. Em seu tempo livre, ele faria tudo para vencer, não importava o esporte. Angelo tentava tudo que podia para passar esses mesmos valores a seu filho Howie de 13 anos, mas o garoto não se entusiasmava com a idéia. Howie era despreocupado e relaxado, nem um pouco atlético como o pai, mas ainda assim jogava no time de lacrosse da escola. Tinha boas notas, mas lhe faltava aquele "instinto assassino" que o pai tanto prezava em si mesmo. Acima de tudo, ele se mostrava bastante feliz, mas seguindo os pedidos da mãe, a família veio conversar sobre seus conflitos com o pai.

– Ele não luta pelas coisas – Angelo me disse. – É um bom garoto, mas podia tirar notas melhores e fazer um esporte que lhe desse pontos na universidade.

Perguntei a Sally, a mãe de Howie, sobre como ela se sentia com tudo aquilo. – Eu acho que o menino está indo bem – ela disse. – Não consigo suportar as discussões entre os dois. Angelo está sempre pressionando e Howie vive resistindo.

Finalmente, perguntei a Howie o que ele pensava. Ele se virou para o pai. – Esse negócio de "perseguir as coisas" é idéia sua, não minha – disse ele. – Por que você não desiste e pronto?

Uau, pensei, esse garoto está fazendo o meu trabalho. Angelo tentou o máximo, defendendo sua causa, mas não conseguiu convencer a nenhum de nós de que Howie precisava fazer as coisas do jeito que ele queria. Perguntei ao pai o que era mais importante – seu relacionamento com o filho ou seu próprio espírito competitivo? Ele reconheceu discretamente o que todos já sabíamos: nada era mais importante do que a felicidade do filho, e certamente desejava ter um bom relacionamento com ele. O ponto de virada aconteceu quando perguntei se ele seria capaz de dizer as palavras que Howie precisava ouvir. Ele o fez. – Filho, compreendi que não posso transformar você naquilo que eu quero. Posso perceber que está feliz sendo do jeito que é, e parece que está indo bem assim. Então, vou procurar uma maneira de manter minha boca fechada.

Fiquei tocado com aquilo e pedi a Angelo que desse um abraço no filho. Ele o fez e Howie também o abraçou. Ambos estavam chorando.

Angelo e Howard tiveram um final feliz em sua história, um final que eu gostaria que todos os pais e filhos tivessem.

Incentive seu filho a fazer o melhor, a competir quando ele precisar (ou escolher fazê-lo). Aprenda a aceitar suas falhas, assim como seus sucessos. Ajude-o a encarar seus temores, exercite com ele as habilidades que precisa dominar e identifique suas melhores qualidades. Quando jogar com ele, jogue a sério, mas não como se sua vida dependesse disso. E sempre que ele disser que já chega, respeite. Nada jamais foi conseguido ao se pressionar as crianças além de seus limites. E, não importa o que você faça, não tente transformar seu filho num clone seu ou da pessoa que tentou ser mas não conseguiu (um campeão nos esportes, um prodígio acadêmico etc.) Mesmo que tenha sucesso, seu filho pode ficar ressentido com você com o passar do tempo. Permita que ele seja quem é, e fique feliz em saber que você tem sido um bom modelo para ele seguir – e não um escravo de seus desejos. Ele vai lhe agradecer por isso quando ficar mais velho.

Disputas e competições são fatos da vida. Nem todos os meninos são criados da mesma forma. Alguns vicejam quando competem, outros ficam devastados quando o fazem. Converse com ele, brinque e seja seu guia. Deixe-o saber que está junto dele em sua infância e durante a adolescência, pessoalmente quando puder e em espírito quando não for possível. Relembre-o de que você deseja que ele encontre o próprio caminho. Se ele acabar em Harvard ou em um time de futebol famoso, ótimo. Mas se ele estiver à vontade com sua vida e próximo daqueles que ama – seja médico, professor ou artesão –, considere-se um pai de sorte. Você pode descansar sossegado, porque ele pensa da mesma maneira.

CAPÍTULO 8

Com amor, papai

Destravando a linguagem dos sentimentos

Aquilo que existe à nossa frente e aquilo que existe atrás de nós são minúsculas questões quando comparadas àquilo que existe dentro de nós.

– Ralph Waldo Emerson

Eu chorei no funeral de meu pai. Chorar não era algo que eu fazia normalmente. Minha mãe também tinha morrido dez anos antes, e no funeral de meu pai eu senti como se estivesse revivendo a sua perda. Uma semana mais tarde, estava conversando com meu filho e minha filha sobre como me senti no dia em que enterrei meu pai – como era difícil vê-lo num caixão e dizer adeus enquanto jogava a primeira pá de terra sobre aquela caixa de carvalho. Meus filhos eram crianças, então. Dan tinha oito anos e Julie, cinco. Cada um estava de pé ao meu lado.

– Você chorou, papai – Dan falou. Fiz que sim com a cabeça. Tinha sido a primeira vez que eles me viram chorando. Julie apontou para o irmão.

– Você chorou também – ela delatou.

– Eu não chorei! – ele respondeu gritando.

– Chorou sim! Você estava limpando os olhos.

– Eu tinha alguma coisa dentro dos olhos – ele gritou de novo.

Aos oito anos, Dan estava treinado em negar suas emoções. Eu pensava do mesmo jeito sobre chorar quando tinha a mesma idade, mas queria que ele fosse diferente. Eu desejava que meu filho aprendesse que às vezes não havia problema em se mostrar vulnerável. Eu lhe disse que não havia problema em chorar. – Quando você está machucado e perturbado, chorar pode fazê-lo se sentir melhor. Mas Dan não estava convencido. Ele tinha visto os garotos na escola ironizar uns aos outros quando choravam e os meninos na tevê faziam a mesma coisa.

As crianças aprendem com as mensagens que estão à nossa volta: meninos de verdade não agem como meninas. Quando os garotos mostram seus sentimentos, os outros vão achar que são uns fracos e irão ridicularizá-los. Então, é mais seguro usar palavras que não revelem como eles estão interiormente e não deixem que os outros saibam o que os está perturbando. Dessa forma, ninguém poderá usar esses sentimentos contra eles. Muitos homens vão negar isso. Mas vemos todos os dias em seus comportamentos e nas atitudes de seus filhos. Realmente, os homens são definidos pelos estereótipos perpetuados na cultura pop. Pense em "The Rock"[9], Vin Diesel, Jean-Claude Van Damme – todos são mestres do machismo. Mesmo quando um homem demonstra os sentimentos, seus amigos vão ridicularizá-lo e perguntar: "Quando você se tornou um desses carinhas delicados da New Age?"

Mas as pessoas são definidas por suas emoções e sentimentos. E isso é problemático, já que os homens, na sua maioria, não demonstram o que sentem para os outros, de forma que poucas pessoas podem saber como eles são realmente. Certos homens purificam seus sentimentos no leito de morte – todas aquelas coisas que eles gostariam de ter dito em vida brotam subitamente. Muitos deles esperam até as portas da morte para se abrir, porque é considerado culturalmente positivo que os homens se mostrem vulneráveis quando estão dando seu último suspiro. Mas isso é horrível. Quanto mais os homens mantêm seus sentimentos trancados, menos energia possuem para devotar em sua busca da felicidade – e para ter um relacionamento saudável com seus filhos.

Os sentimentos são os elementos edificadores da intimidade. As pessoas que estão desligadas de seus sentimentos são freqüentemente zangadas e solitárias, incapazes de estender a mão para os outros e de estabelecer uma relação próxima. Mesmo

---

9 - The Rock refere-se a Dwayne Douglas Johnson, ator e ex-wrestler (lutador de luta livre) americano. (N. T.)

aqueles homens que parecem felizes e brincam com seus familiares podem, na verdade, não estar se comunicando com eles. Esses homens acham que são próximos porque tomam o café-da-manhã com a família, vão com ela à igreja e passam os feriados juntos. Mas a intimidade é compreendida racionalmente, não vivida. As esposas e crianças desses pais podem se sentir distantes deles, aceitando-os como algo corriqueiro e que faz parte da vida. É por essa razão que eu encorajo os pais a declarar seus sentimentos e permitir a seus filhos aceitar que seus próprios sentimentos são importantes.

Pense que construir a intimidade é como comprar um novo BMW com câmbio manual e não saber como usá-lo. Se você praticar bastante, logo estará dominando esta nova habilidade. Você vai se sentir mais à vontade e até eufórico. E antes que se dê conta, estará dirigindo o carro como se fosse sua segunda natureza. Demonstrar seus sentimentos é como aprender a usar um câmbio manual – desajeitado de início, bastante natural depois. Quando der nem que seja metade de sua atenção para suas demonstrações de expressão interna, em pouco tempo você se tornará mais próximo de seu filho.

Marty, um médico da marinha de 53 anos, conversava bastante com Sam, seu filho de 15 anos, mas se sentia numa enrascada quando a conversa começava a pender para assuntos emocionais. Durante uma reunião de família comigo, Marty e Sara, sua esposa, discutiam sobre as notas do filho, que estavam ficando mais baixas. Sam não deu muitas explicações e insistiu que faria melhor no semestre seguinte. Marty replicou: – Essa é a sua resposta-padrão. É algo batido e que estou cansado de ouvir.

– Quem sabe se você não me perturbasse tanto, talvez eu estudasse mais – o rapaz respondeu.

Perguntei a Marty por que implicava tanto com o filho. – Porque ele não vai entrar numa faculdade decente se continuar com essas notas.

– Eu vou sim – Sam disse. – Minhas notas são boas, contanto que você não queira que eu vá para Yale. E por que é tão importante para você, afinal?

A discussão estava piorando e então eu mudei o rumo da conversa. Voltei a Marty e perguntei se havia algum outro motivo para discutir com Sam tanto assim. Ele disse que não queria que o filho desperdiçasse a vida. Pressionei um pouco mais. – Sam não é importante para você? – perguntei.

Marty respondeu: – Claro que ele é.

– E com que freqüência você fala isso para ele?

– Ele sabe disso – Marty afirmou com grande convicção. Perguntei a ele se conseguiria olhar para Sam e falar a mesma coisa, naquele momento. Marty hesitou – e as palavras não vieram com facilidade. – Você é muito importante para mim, Sam, só que eu... Lá estava, bem diante de meus olhos. Aquele sujeito brilhante e de ótima comunicação estava ficando travado – na verdade, enternecendo-se um pouco. Ele estava obviamente desconfortável em lidar com seus sentimentos. Eu perguntei se ele estava bem.

– Estou – ele respondeu.

– É que entrou alguma coisa em meu olho. Eu me lembrei de meu filho negando as lágrimas no funeral de meu pai.

– Meu pai fica desse jeito toda vez que fala sobre alguma coisa emocional – disse Sam. – Ele é muito bom para dar lições de moral, mas quando as coisas se tornam pessoais, ele murcha na nossa frente. Ele é muito bom para demonstrar sua raiva, mas é difícil para ele falar sobre seu carinho em relação à nossa família.

Virei-me para Marty, que estava silencioso. – Aposto que há muitos sentimentos em você que Sam precisa ouvir – eu disse.

– É difícil falar sobre essas coisas.

– Eu sei – disse gentilmente –, mas Sam precisa ouvir. Será que você podia tentar dizer por que ele significa tanto e como você se sente em relação a ele? Faça o melhor que puder. O sentimento já existe – procure abrir um pouquinho a porta e deixe Sam entrar.

Marty continuava quieto e seus olhos estavam úmidos. – Eu amo você, Sam – ele começou. – Não consigo dizer o tanto que você significa para mim. O dia em que você nasceu foi um dos momentos mais felizes de minha vida. Disse a mim mesmo que você e eu seríamos grandes amigos e teríamos ótimos momentos juntos...

Sara chegou mais perto dele no sofá e pegou-lhe a mão. Embora Sam se mantivesse em silêncio, ele observava a ação atentamente e estava visivelmente tocado pela doce reação do pai. Eu me virei para ele. – Há alguma chance de você ir até seu pai e lhe dar um abraço? – perguntei. – Se eu fosse ele, bem que gostaria.

Sam sorriu. – Algumas vezes, ele me abraça depois da partida de futebol, você sabe. Mas acho que agora é um pouquinho diferente – ele respondeu.

– Agora é a vida real – comentei. – E o que você me diz? Sam foi até o pai e deu-lhe um abraço; o pai o abraçou apertado. Aquele era um momento poderoso para todos na sala – um recomeço para pai e filho. Essa nova proximidade faria mais pelas notas de Sam do que qualquer sermão, ameaça ou incentivo.

Os pais costumam falar sobre a importância de seus filhos para eles, mas só no abstrato. Quando um pai diz "A vida está tratando bem de você", está realmente querendo dizer: "Estou orgulhoso de você". Os homens têm problemas para falar sobre amor, e preferem demonstrá-lo em ações em vez de palavras. Por exemplo, um pai pode pedir que seu filho vá com ele pescar, o que é uma prova de amor pelo garoto, no seu ponto de vista. Para muitos pais, não há razão para dizer "eu te amo". Essas palavras estão implícitas. Um pai me contou que passou dez anos sem dizer que amava seu filho. – Bem, eu assino meus e-mails dizendo "Com amor, papai". Isso não conta? – ele perguntou. Balancei a cabeça negativamente. Não.

Os garotos se sentam em meu consultório e me dizem que não têm certeza de que seus pais os amam porque "ele não diz". Os pais acreditam que seus filhos saibam que, quando passam algum tempo juntos, isso já é uma demonstração de amor, mas os filhos almejam ouvi-los dizer as palavras "eu amo você". Muitos filhos ficam irritados com os pais porque não dizem essas palavras, arranjam um passeio de esqui para expressar sua afeição no lugar delas, e o ciclo recomeça.

Existe um velho ditado que diz: "O amor não foi colocado em seu coração para ficar, ele não será amor enquanto você não o compartilhar". Este é meu conselho tanto para pais como para filhos. É claro que expressar seu amor pode ser desconfortável logo no início, mas você ficará surpreso com quão rapidamente ele se torna sua segunda natureza assim que começar a dizer "eu amo você", diretamente. As mães falam isso o tempo todo com seus filhos. É algo natural para as mulheres. Elas foram educadas para expressar os sentimentos mais livremente, e os homens sabem disso. Então, siga a pista das peritas: ponha as palavras para fora e permita que seus filhos saibam o que sente por eles. Em algum momento, eles entenderão a mensagem e começarão a imitar as suas ações. Essa é a coisa mais importante: você, como pai, precisa quebrar o ciclo das emoções não ditas.

Comece dando abraços em seu filho. Os jogadores de futebol fazem isso, os soldados fazem isso. Então, os pais também deveriam fazê-lo. Vá para casa e abrace seu filho. Isso é o que Hayden, um corretor imobiliário de 45 anos, vivia tentando fazer. Eu já vinha conversando com Hayden havia alguns meses, porque ele se preocupava com seu relacionamento com o filho de nove anos. No começo, ele resistiu às minhas sugestões, reclamando que isso o deixaria desconfortável. Perguntei o motivo. – Porque nunca fiz isso e meu pai nunca me abraçou – ele disse.

– E como seria se ele tivesse feito isso? – perguntei.

– Bem, teria sido bizarro no começo, mas acho que eu teria me acostumado.

– Então, vai ser assim com seu filho – garanti.

Algumas semanas depois, recebi um telefonema. Hayden havia começado a abraçar seu menino todas as noites, antes de dormir.

No começo, ele se sentia estranho, relatou, mas então percebeu o quanto seu garoto gostava daquilo. Ele apertava o pai de volta.

Os pais não são os únicos que precisam de ajuda para expressar seus sentimentos. Em certas ocasiões, as crianças mais novas ficam travadas, também. Há quase 20 anos, um dos episódios de Vila Sésamo mostrava Richard Pryor conversando com um grupo de crianças bem pequenas sobre seus sentimentos. Ele fazia a mímica de um sentimento como tristeza ou raiva e pedia que as crianças o identificassem. Levava alguns minutos e depois de algumas risadinhas, as crianças aprendiam como fazer. Então, ele pediu a elas para brincar de charadas. – Me mostre como é estar com medo – ele disse para um garotinho. O menininho cruzou os braços bem apertados no peito e se encolheu de medo. – Bom – Pryor disse. Então, ele apontou para outro menino: – E você vai me mostrar como é ser bobo. O garoto fez alguns ruídos de animais e o grupo riu. Eu usei esse mesmo exercício durante anos para ajudar crianças de todas as idades a aprender como expressar os sentimentos. É um modo maravilhoso de ajudá-los a ler, de forma mais acurada, as expressões faciais e os sentimentos de outras pessoas – enquanto aprendem simultaneamente a transmitir o que eles mesmos estão sentindo. Essa é uma atividade perfeita para fazer com seu filho. Se você disser "Mostre-me a tristeza" ou "Frustração", seu filho vai ficar à vontade para lhe mostrar essas emoções. Se você fizer uma cara de tristeza, estará mostrando ao seu menino que está tudo bem em fazer uma cara triste, reconhecer essa emoção difícil e essa vulnerabilidade muito humana.

Os filhos precisam de permissão para demonstrar livremente os seus sentimentos. E para fazer isso, eles precisam de coragem, a redefinição da masculinidade, e que você se mostre um espectador receptivo. Existe um verso que eu adoro de uma velha canção dos anos 1970, "Tin Man", que é mais ou menos assim: "Oz nunca deu nada ao Homem de Lata que ele já não tivesse". No filme *O mágico de Oz*, o Homem de Lata queria um coração, mas descobriu que tudo de que precisava para ser uma pessoa aberta e amorosa já estava dentro dele. Assim, seus sentimentos já estão dentro de você – é preciso apenas deixar que eles aflorem.

É mais difícil ensinar os filhos mais velhos a se expressar – o que é uma boa razão para que você comece a fazer isso quando ele ainda é novo. Mas mesmo a atitude incerta de um garoto de 16 anos demonstra que ele está ouvindo, mesmo que aja como se não estivesse. Um homem de 31 anos me disse que seu pai tinha mudado depois de sofrer um AVC (acidente vascular cerebral). O filho tinha 15 anos naquele tempo. De repente, aquele pai rígido passou a querer manter conversas de coração para coração. O filho comentou que seu pai costumava forçá-lo a ir para os acampamentos. Numa dessas viagens, ele contou ao filho histórias sobre a sua infância, sobre as mulheres que tinha namorado e por que havia se apaixonado pela mãe do rapaz. Ele disse ao filho como havia ficado orgulhoso porque o time de hockey do garoto tinha sido campeão. – Eu agia como um punk o tempo todo – o filho me contou –, mas consigo lembrar cada palavra que meu pai me disse naquela viagem. Tudo significou muito, mas eu me senti esquisito durante bastante tempo. Era muito estranho conversar com ele daquele jeito.

Deixe o seu filho saber que não precisa ser forte o tempo todo. "Macho não é mucho" e, algumas vezes, você precisa ler nas entrelinhas. As bravatas e machismos de seu filho podem mascarar alguns ressentimentos. Ajude-o a expressar seus sentimentos, a saber que não há problema se estiver com medo ou se não tiver todas as respostas. Para fazer isso, você precisa modelar essas atitudes nele, ajudando fazê-las virem à tona. Seu filho deverá ser capaz de lhe contar quando ganhar um jogo ou falhar num exame, perder um emprego, ou ficar noivo. – Pare de chamar sua mãe quando telefonar – um pai disse a seu filho adulto. – Eu também quero ouvir o que você tem a dizer.

Aqui estão algumas idéias para dizer para seu garoto e manter as coisas caminhando:

1. "Eu sei como você se sente quando bate a cabeça. Eu me lembro quando tinha oito anos e trombei com alguém no campo de beisebol. Eu chorei e chorei e ainda vejo meu pai correndo para ir buscar gelo e me ajudar."

2. "Quando eu fiz um teste para a peça da escola, estava rígido de medo. Me ajudou bastante falar com meus pais sobre isso."

3. "Quero saber como você se sente, isso é importante para mim. Eu gostaria de saber se está triste ou feliz, sentindo-se bem ou mal."

Algumas idéias do que você pode dizer para seu filho mais velho e manter as coisas caminhando:

1. "Quando eu era adolescente, não contava muitas coisas para meus pais. Eu costumava sonhar que eles podiam ler minha mente, mas claro que não podiam. E quando fiquei mais velho, percebi que era melhor falar tudo. Eu acho que você sente a mesma coisa quando tenta fazer isso."

2. "Quando eu estava crescendo, fiz a minha parte de besteiras. Tenho certeza de que você também já fez a mesma coisa. Eu só quero que você saiba que pode falar comigo, se aprontar alguma coisa. Farei o possível para ajudar."

3. "Eu sei que você conversa com seus amigos sobre uma porção de coisas que não me diz, e estou feliz que possa contar com eles. Mas algumas vezes pode ser bem útil ter o ponto de vista de um cara mais velho. Eu quero de verdade fazer parte de sua vida e espero que aceite a minha oferta. Pode acreditar, vai ser bem difícil que eu fique chocado com alguma coisa. Mas, mesmo que aconteça, vamos lidar com isso."

MAIS ÁREAS DE CONVERSAÇÃO

Os homens podem aprender a expressar seus sentimentos mesmo que se sintam, muitas vezes, prejudicados pelo "código masculino" que ainda prevalece em nossa cultura. Lucas, de dez anos, nem sempre tinha certeza do que dizer ao pai, Blake, quando estava angustiado. Lucas sabia que o pai adorava ouvi-lo falar sobre suas conquistas na escola ou no futebol e sabia também que o pai preocupava-se com ele. O menino idolatrava o pai, mas ficava pouco à vontade para lhe contar as coisas que tinham dado errado. Um dia, seu melhor amigo deu uma festinha em que os convidados iam dormir na sua casa, e ele não foi convidado. Lucas ficou angustiado e preocupado que o amigo não gostasse mais dele; não disse nada ao pai, mas contou para a mãe. Ele temia que o pai dissesse que aquilo não tinha importância e o fizesse chamar alguém para brincar. Durante uma de nossas sessões, pedi a Lucas que tentasse falar com seu pai sobre o assunto. Foi o que ele fez. E, é claro, o pai confirmou seus temores ao dizer: – Não se preocupe com isso. Lucas voltou e me disse propositalmente: – Viu, eu não disse?

Sim, eles tinham um trabalho a fazer. Lucas precisava aprender que não havia problemas em dividir seus sentimentos vulneráveis, e o pai precisava ser a pessoa que o deixasse à vontade com isso. Eu disse ao pai de Lucas que ele estava desencorajando o filho a se abrir com ele. Quando comentei isso pela primeira vez, ele negou veementemente. Mas na consulta seguinte confessou que era difícil para ele lidar com os sentimentos do filho, porque ficava pouco à vontade. Pedi a Blake que tentasse se lembrar daquilo que o filho tinha dito e que o fizera se sentir daquela maneira. Ele ficou quieto por um momento e então reconheceu que temia ser rejeitado pelo menino. Quando Blake era garoto, seus amigos o ridicularizavam por estar acima do peso ou gritavam "pega ele" e corriam – o orgulho de Blake o impediu de expressar seus sentimentos quando era criança, e ele ainda os escondia. Expliquei que Lucas precisava ver esses sentimentos de vez em quando. Só então o garoto iria parar de sentir que para ganhar a aprovação do pai ele só poderia falar sobre suas conquistas – Acho que vocês têm muito mais para dizer do que pensam – eu disse. – Você tem um bocado de experiências para dividir, e Lucas seria um bom ouvinte. Abra um pouco a porta e veja o que acontece. O primeiro passo de Blake foi identificar seus sentimentos; o segundo foi treinar o modo de expressá-los. Certa tarde, ele se aproximou de Lucas e disse que queria conversar, e então lhe contou sobre os meninos da escola que o provocavam. – Eu odeio esses caras ameaçadores – disse Lucas. – Tem um valentão desse tipo na escola. De repente, os dois estavam conversando.

A dúvida pode impedir que você demonstre seus sentimentos. Quando pai e filho não confiam no que estão sentindo, freqüentemente mantêm os sentimentos para si mesmos. Eu vi isso acontecer na mais inocente das circunstâncias. Um pai estava furioso com seu filho de 13 anos porque ele se esquecera do seu aniversário, mas sabia que não o havia lembrado dessa data e não tinha certeza de que sua ex-mulher o tivesse feito. Tinha ficado em dúvida se devia ou não ter lembrado o filho. Eu disse que sim, que deveria. Como o rapaz poderia saber sobre seus sentimentos, se ele nunca os comentasse? Duas semanas mais tarde, ele retornou e me disse que tinha desabafado sua decepção em um e-mail para o filho. No final de semana seguinte, o filho apareceu com um cartão e uma surpresa para ele. O pai não poderia ter ficado mais feliz, mas ele quase manteve seus sentimentos para si mesmo, o que poderia ter fomentado um problema maior.

Theo, de 15 anos, confessou que nunca tinha contado a ninguém sobre os seus sentimentos. Perguntei a razão. – Porque eu nunca sei se deveria estar me sentindo do jeito que estou – ele disse.

– E como você vai saber se mantiver isso em segredo? – questionei. Theo admitiu que tinha medo de tentar. Com o tempo, descobri que era uma pessoa solitária. No colégio, tinha apenas um ou dois amigos e, na maior parte do tempo, jogava Frisbee ou videogame sozinho. Pouco expressivo, ele era o tipo de garoto com quem você poderia passar a tarde toda e não saber muito mais sobre ele do que no começo do dia.

– E seus amigos não o pressionam para saber o que você sente sobre alguma coisa? – perguntei.

– Não, eu acho que eles preferem assim. Eu nunca digo nada sobre as coisas pessoais e então não tem nenhum drama. Um amigo me chama de Spock – você sabe, aquele cara marciano de *Jornada nas estrelas*. Eu senti mais tristeza do que divertimento quando ele fez essa declaração.

Conversamos um pouco sobre o fato de que os sentimentos são uma coisa pessoal, e que nem sempre há o certo ou o errado em relação a eles. Expliquei que ninguém realmente seria capaz de conhecê-lo, se ele não expressasse o que estava sentindo, e cedo ou tarde ele teria de correr o risco e permitir que alguém soubesse sobre eles. Ele ouviu, mas continuou cético. Fiquei especialmente curioso sobre seus pais. E descobri que o pai de Theo era muito parecido com ele.

– E sua mãe? – perguntei.

– Oh, ela fala um bocado – ele disse.

– Sobre seus sentimentos?

Ele confirmou. – Bem, e ela não pergunta sobre os seus? – perguntei.

– É. Mas normalmente ela responde às próprias perguntas e então continua falando – ele respondeu.

– Não admira que seja tão difícil para você – comentei. – Você tem um pai que não abre a boca e uma mãe que fala pelos dois.

Quando Theo arrumou uma namorada na escola, começou a se abrir. Ela insistia com ele. Ele gostava do delineador preto que ela usava e de seu interesse pelos livros. Depois de ficar juntos por duas semanas (uma eternidade no mundo dos jovens), ela começou a pressioná-lo para falar sobre si mesmo.

No começo, Theo ficou relutante, mas aos poucos começou a fazer isso no MSN. Quando o relacionamento migrou para o telefone, ele começou a dividir mais os seus sentimentos. E em um mês contava coisas para ela sobre as quais nunca havia falado antes e, ele me disse, estava adorando. – Uma noite ela me perguntou se eu achava que ela era bonita – ele me contou. – Eu disse que sim e ela queria saber por quê. No começo, não sabia o que dizer. Na verdade, eu sabia muito bem o que queria falar, mas era difícil. Então ela falou porque achava que eu era fofinho. Eu não sei, mas de repente eu queria contar tudo pra ela. Fiquei envergonhado porque estava tremendo quando disse "Eu gosto do delineador preto e de seus olhos azuis e de sua risada e de suas unhas vermelhas". Ela riu.

Essa experiência ajudou Theo a acreditar em seus sentimentos e a expressá-los de forma mais aberta. Sugeri que ele fizesse a mesma coisa com o pai para ver o que acontecia. Ele relutou, mas, com meu incentivo, quebrou o gelo e falou sobre a namorada para o pai. E para sua agradável surpresa, o pai fez um monte de perguntas. Lembrei Theo de que isso era apenas o começo. Talvez eles dois pudessem exercitar esse tipo de conversa e desenvolver um relacionamento mais próximo. – Pense que agora você é o treinador – eu lhe disse. – Você sabe, os filhos precisam ensinar muitas coisas para os pais.

Os homens e os rapazes não vão compartilhar sentimentos, a menos que confiem que isso é uma coisa aceitável de se fazer. Então, talvez você deseje criar "áreas de segurança". Escolha um lugar onde seu filho fique à vontade para ter uma conversa pessoal com você – no quarto dele, no carro, no campo de futebol. Sempre que você quiser ter uma conversa profunda ou carinhosa sobre a vida, vocês dois poderão se expressar livremente nesse lugar. É claro que sua meta é ser capaz de conversar com seu filho em qualquer lugar, mas nem sempre isso é uma realidade, então comece devagar. A sua área de segurança vai se tornar um lugar onde poderão se expressar livremente. Pense nisso como se fosse sua terapia particular: os garotos vêm até mim uma vez por semana e eles estão prontos para falar, com vontade de colocar os bofes para fora. Você pode preparar seu filho para fazer a mesma coisa. Com o passar do tempo, ele não terá dúvidas em trazer à tona suas emoções ou sentimentos. Vai acreditar que você é um ouvinte receptivo e que aquilo que disser não será usado contra ele.

IDENTIFIQUE SEUS SENTIMENTOS

Para aprender a expressar seus sentimentos, você deve começar a identificá-los. Basicamente, ouça seu corpo. Caso sinta um nó no estômago, pare e pense sobre isso por um minuto. Não ignore, forçando a sensação ruim desaparecer e fingindo que não existe nada. Pode ser que esteja apreensivo com um projeto que precisa entregar a seu chefe na semana que vem. Talvez esteja preocupado por causa do recente problema cardíaco de sua mãe. Ou talvez ainda esteja agredindo todos à sua volta por causa de pequenas coisas. Identifique o que está sentindo. Nomeie suas emoções usando suas próprias palavras. O primeiro passo para aprender a comunicar seus sentimentos é aceitar o que você sente.

Fred, um advogado de 37 anos, especializado em divórcio, procurou-me porque sua família já estava cansada de vê-lo explodindo com todos. Fred disse que estava exausto ao chegar do trabalho e queria relaxar, mas seus filhos eram barulhentos e agitados. Ele gritava com a esposa por não controlar a casa. Ela gritava de volta e subitamente eles estavam brigando. Desafiei Fred a pensar sobre o que realmente o estava aborrecendo. Eram as crianças gritando ou o fato de que elas não prestavam atenção nele? Era a casa bagunçada ou o fato de que a esposa não parou de lavar os pratos quando ele entrou na cozinha?

Fred pensou sobre o assunto. Ele não tinha certeza. – Estou vendo toda a cena – ele disse. – Mas acho que tem mais alguma coisa aí. Eu não pensei muito sobre isso. Eu só entro em casa e reajo quando vejo aquilo.

Isso tinha acontecido na noite anterior. E Fred havia tentado conversar com sua esposa sobre o que o estava aborrecendo? – Não, fui direto para o computador – ele disse. – Detesto conversar com minha esposa. Ela sempre faz os problemas parecerem maiores do que realmente são.

– Mas talvez você esteja sentindo mais coisas do que parece que está – sugeri. Fred riu. – Talvez o senhor saiba mais do que eu, doutor – ele disse. Eu já havia encontrado esse muro antes, com muitos homens. Estamos tão acostumados a amassar os nossos sentimentos numa bola e jogá-la no cesto de lixo que nem sempre conseguimos compreender o que está acontecendo para validálos dentro de nós. Fred e eu conversamos durante mais algumas sessões e, depois de algumas sondagens, concluímos que ele se ressentia da esposa por passar muito tempo em casa com as crianças. E já que ela estava em casa, ele esperava que deixasse tudo no lugar quando ele entrasse pela porta. E também estava irritado com as crianças e aquela confusão porque achava que não deveria ter de lidar com tudo isso depois de trabalhar o dia inteiro.

Fred tinha ido direto à fonte de sua irritação – a esposa. Era hora de eles conversarem. Tomando uma taça de vinho, Fred lhe falou sobre suas frustrações. Ela estava na defensiva. Ficava ocupada o dia todo com as crianças. E não pretendia deixar tudo em perfeita ordem só porque eram seis da tarde. Então, ele começou a falar emocionalmente, e o tom de voz da esposa suavizou. – Eu vejo que você está muito ocupada quando chego em casa – ele disse. – Eu quero falar com você, ou abraçá-la, ou fazer amor, e você está sempre enrolada com as crianças. Quero me sentir próximo a você de novo.

Tá bem, tá bem – vou parar. É piegas demais. Mas todos os homens têm de fazer isso para poderem expressar seus sentimentos. Depois de nossas sessões, Fred parou de agredir a família quando chegava do trabalho. Ele sentiu um tremendo alívio quando disse à esposa que ainda precisava dela. Ficou agradavelmente surpreso ao perceber como as coisas corriam melhor depois que ele tinha mudado seus modos irritadiços e passou a avaliar seus sentimentos. Claro, existe um risco quando se expressa os sentimentos. É muito freqüente que os homens não estejam certos do que suas esposas e filhos farão com as emoções deles. Será que a família ficará ressentida com o que o pai está sentindo? Será que eles vão entender? Será que os sentimentos serão expressos da maneira correta?

Um pai de 39 anos com quem conversei disse: – Eu amo meu filho. Amo de verdade. Mas nunca fico à vontade quando ele está por perto. É difícil explicar essa inquietude, mas eu sei que se relaciona com a minha dificuldade de encontrar as palavras certas a dizer num momento de dificuldade. A minha reação é sempre a mesma, seja porque seu time de beisebol perdeu ou porque brigou com a namorada. Eu fico triste por ele e quero ajudar a consertar as coisas e fazer com que sua dor vá embora. Mas eu nunca consigo dizer as palavras que meu filho precisa ouvir – "eu sei o quanto você está chateado". Tenho certeza de que ele poderia se virar bem sem as minhas enroladas explicações racionais sobre tudo. Eu acho que, algumas vezes, menos pode significar mais.

Tente ficar mais à vontade com o pronome "eu" quando conversar com seu filho. Esta é a porta de saída na expressão dos sentimentos. Ela assegura que suas declarações são íntimas e estão vindo do coração. Comece devagar. Fale qualquer coisa legal, talvez algo como "gostei de seus tênis". Quanto mais praticar, achará mais fácil dizer coisas difíceis como "Fiquei sentido quando você me ignorou no shopping" ou sobre um assunto mais sério, do tipo "Eu também ainda estou triste com a morte do vovô. Com o tempo, vai ficar mais fácil lidar com isso, eu lhe prometo. O mais importante é que seu filho vai ver que você faz aquilo que está dizendo.

Aqui está um exercício que você pode tentar para ajudar a identificar e manifestar as suas emoções: Peça à sua esposa – ou até mesmo a seu filho – para identificar momentos em que você não estava sendo honesto consigo mesmo com relação a seus sentimentos. Vamos dizer que seu amigo está no hospital para fazer uma cirurgia nas costas. Sua esposa pergunta como ele está passando e você, minimizando o problema, diz que está tudo bem. Mas, se for pressionado, poderá ser forçado a colocar em palavras o que está sentindo de verdade – tem medo porque suas costas também doeram há algum tempo e você está preocupado que talvez também tenha que fazer a mesma cirurgia. Quando começar a fazer este exercício, ficará surpreso ao ver quão transparente você é para sua esposa. Fred fez isso e se tornou cada dia mais apto a identificar seus sentimentos, até que isso praticamente se transformou em uma segunda natureza. – Eu treinei de novo a mim mesmo – ele disse. – Quando fico nervoso, eu não grito imediatamente com todo mundo. Paro para pensar e me pergunto o que é que realmente está me perturbando. O relacionamento com minha esposa está mais fortalecido agora. Antes, ela vivia reclamando que o fato de me fazer falar era como extrair os dentes. Tudo era muito difícil de compartilhar.

CONTROLANDO A RAIVA, A DOR E O MEDO

São muitos os homens que inadvertidamente oprimem os sentimentos dos filhos quando eles próprios não se sentem à vontade com tais sensações. Ricky, de 12 anos, me contou que seu pai fazia cócegas nele sempre que ficava com raiva. Isso impedia que o menino expressasse seus sentimentos e era esse o motivo pelo qual o pai fazia cócegas. Harris, o pai, vinha cortando os sentimentos de raiva de seu filho desde que ele era pequeno. E, quando lhe perguntei por que fazia isso, ele me respondeu que seu próprio pai fazia cócegas nele quando estava zangado. – Eu acho que é assim que nós convivemos – Harris disse. – Tudo parece suavizado por causa das cócegas. Harris achava que estava deixando as coisas mais fáceis para o filho por não permitir que a zanga se transformasse numa gritaria sobre "a roupa suja".

Mas é claro que o pai não estava fazendo um favor ao filho. De fato, seu próprio desconforto com a raiva o impedia de ensinar ao garoto que não havia problema em expressar seu sentimento de maneira respeitosa. Sem uma saída saudável para sua cólera, Ricky estava pronto para explodir. Com o passar do tempo, Harris veio a entender o motivo pelo qual evitava qualquer expressão emocional. Seu próprio pai havia perturbado a família por ter agido de maneira indiferente e por ter mascarado seus sofrimentos pessoais com sorrisos em público. Os problemas eram varridos para debaixo do tapete. Depois de diversas sessões, os medos de Harris quanto à própria raiva diminuíram e ele aprendeu a manifestar suas emoções, mas ainda precisaria trabalhar nisso pelo resto da vida, por causa das condições pesadas sob as quais vivera durante quarenta e tantos anos. Os esforços de Harris realmente melhoraram sua relação com toda a família, e o filho se tornou mais consciente dos próprios sentimentos. Ricky é agora um jovem agradável e articulado.

A raiva é uma das emoções mais complicadas de se controlar. Quando a expressamos de forma apropriada, compartilhando calmamente os nossos sentimentos, a outra pessoa pode nos entender melhor. E essa pessoa pode até alterar o comportamento dela de forma a não nos ferir mais uma vez. Pense na raiva saudavelmente, como se deixasse sair o ar de um balão um pouquinho por vez. Infelizmente, nós expressamos com mais freqüência uma raiva destrutiva, que é como se soltássemos o balão e o deixássemos girar fora de controle.

O mais cedo que puder, ensine seu filho que não há problema em ficar zangado e que pode demonstrá-lo da maneira apropriada. Quando o filho de Julian, Jared, era pequeno, quebrava seus brinquedos quando ficava impaciente com eles. Julian, um corretor de títulos de 45 anos, era uma pessoa paciente, que sentava com o filho e lhe dizia que compreendia o quanto o garoto ficava irritado quando os brinquedos não funcionavam direito. – Mas quebrar os brinquedos não é a solução – Julian explicou. – Na próxima vez que acontecer, quero que você procure sua mãe ou eu e conte por que está tão zangado. Nós vamos tentar ajudar você de todas as maneiras que pudermos, e se isso não for possível, vamos pensar num jeito de resolver o problema. Outros pais iriam gritar com seus filhos, se estes tivessem quebrado um brinquedo. E alguns apenas teriam guardado aquele brinquedo. Cada um deles está ensinando uma lição diferente. Julian está ensinando a paciência. Se tivesse gritado com Jared, teria ensinado ao menino a ficar com mais raiva ainda, quando se sentisse frustrado. E tirar o brinquedo da criança apenas alimenta a frustração – sem qualquer tipo de explicação, o menino não entende o que fez de errado.

Julian continuou a dar suas lições durante toda a infância do filho. Quando Jared estava com 11 anos, chegou em casa com um olho roxo e o pai perguntou o que acontecera. – Entrei numa briga – ele respondeu.

– Não me interessa saber quem começou ou quem ganhou – Julian disse. – Mas você ainda está com raiva?

Estou – Jared confirmou.

Julian disse ao filho para chamar o outro rapaz aquela noite e conversarem sobre o assunto. – Ou você e eu chamamos o pai do rapaz e endireitamos as coisas. A escolha é sua. Jared se contorceu. Ele não queria ter de conversar com o outro garoto. Mas entendeu o ponto de vista do pai. Durante anos, ele e seu pai haviam discutido, e o pai sempre insistira em que eles terminassem a discussão – nada de bater a porta, nada de encerrar o assunto, nada de disputas empatadas. Eles sempre conversavam até concluir o que estava causando aquela raiva. Julian ouvia atentamente o outro lado da história e depois contava a própria versão. Normalmente, nenhum deles ganhava ou perdia, mas depois Jared sempre se sentia melhor. Ele sabia como devia agir com aquele rival da escola e disse ao pai que telefonaria a ele naquela noite.

A dor sempre está na raiz da raiva. É mais difícil de expressar a dor, porque ela implica vulnerabilidade, e os rapazes não foram preparados para demonstrar isso. É difícil falhar em alguma coisa ou ficar desapontado com alguém próximo a você; mas é muito pior fingir que não há nada errado, porque está negando a si mesmo a oportunidade de ser confortado por alguém que se importa com você. É preciso muito mais energia para dissimular a indiferença do que aquela que é necessária para admiti-la. É aqui que os pais entram. Você pode dividir sua própria vulnerabilidade com o filho e assim ele vai se sentir seguro para fazer o mesmo. Uma coisa é dizer a um garoto que seus sentimentos são importantes e que se importa em ouvi-los; outra é você praticar o que prega.

Dor

Em todo o mês de março de cada ano, aqueles jovens que se graduaram no colégio esperam ansiosamente pelos e-mails das universidades que escolheram. Tommy não recebeu o dele e ficou devastado. O pai do jovem tentou estender a mão. – Eles estão cometendo um grande erro – ele disse. – Vão chegar outras mensagens. Tommy não queria falar sobre isso, mas o pai não desistiu, sabendo que algumas vezes é preciso forçar o filho a falar. – Tommy, você se lembra de quando eu mudei de escritório de advocacia, há uns cinco anos? – ele perguntou ao filho. – Eu nunca lhe contei o motivo. Tommy encolheu os ombros, indiferente. – Bem, para falar a verdade, eles passaram por cima de mim quando chegou a hora de escolher novos sócios. Eu me senti acabado. Havia ralado por quase dez anos, e era daquele jeito que eles retribuíam o que fiz. Eu estava furioso, machucado e envergonhado de encarar os colegas que se tornaram os novos sócios. Durante semanas, fiquei agindo como um zumbi.

Tommy olhou para cima. – E o que você fez?

– Bem, conversei com sua mãe sobre isso durante bastante tempo. Ela me incentivou bastante e me disse que eu havia superado outras dores parecidas antes – como quando perdi a eleição para o comitê da escola ou quando fiz um investimento em imóveis que deu errado. E, então, ela me perguntou: – E você vai continuar nesse lugar, sentindo-se um coitado? Foi aí que eu comecei a procurar outro emprego.

Tommy ouvia com atenção. O pai lhe disse que encontrou um emprego melhor poucos meses depois. E dois anos mais tarde, se tornou um dos sócios. – Então, você se recuperou, hein, pai?

– Isso mesmo, mas ainda machuca quando penso sobre isso, porém me faz entender melhor o que você está sentindo. Eu gostaria de ser capaz de afastar sua dor, mas não posso fazer isso. Então, tente perseverar, tudo bem? Tenho certeza de que há boas coisas para você lá na frente.

– E se ninguém me aceitar? – Tommy perguntou.

– Eu pensava a mesma coisa. E se nenhuma firma de advocacia me quiser? Mas havia uma ainda melhor. Você vai encontrar uma universidade melhor. Tommy suspirou.

–Tomara! – ele disse.

– Pode acreditar em mim – o pai de Tommy afirmou. – Você representa o mundo para mim. Existe uma escola melhor esperando por você.

Medo

Os garotos têm problemas em demonstrar medo, do mesmo modo que não mostram sua raiva e dor. Eu sempre vou me lembrar do dia 12 de abril de 2007, o dia seguinte ao assassinato de 32 alunos da Virginia Tech, cometido por um estudante psicótico. Eu estava andando pelo campus enquanto esperava um segmento do telejornal Today tentando compreender aquelas mortes sem sentido. Estava frio, ventava, e os arrepios penetravam em meus ossos. Outros alunos andavam em círculos sem propósito, ainda em estado de choque. Alguns estavam sozinhos, a maioria em grupos – todos lutando para captar a enormidade daquele evento catastrófico, procurando consolar uns aos outros. Eu conseguia sentir a aflição e o medo reinantes e imaginava como os pais conversariam com seus filhos sobre o que tinha acontecido. Seria muito difícil discutir algo tão inconcebível, reconhecer seus temores e expressar a tristeza. Mas era exatamente disso que aqueles filhos precisavam – do encorajamento para falar sobre aquele trágico evento com os pais, que poderiam ouvi-los.

Uma das coisas mais importantes que você pode fazer é conversar com seu filho, procurar saber de seus temores. Seja falar a respeito de trovões e relâmpagos, cair de um balanço, embarcar num avião, ou um ataque terrorista iminente, seu trabalho é falar e ouvir, oferecer explicações e consolo. Um pai que diz para seu filho "engolir" ou "seja homem" está o afastando e o desencorajando a expressar qualquer tipo de emoção. Demonstre seus próprios medos para ele. Se o alarme do dos Estados Unidos contra ações terroristas se acender, não há motivo nenhum para negar suas apreensões. Não sufoque sua família com suas preocupações – especialmente se sua criança ainda for muito nova. Você pode ser franco e calmo mantendo o equilíbrio.

Há 15 anos, quando meus filhos e eu estávamos de férias na Jamaica, escalamos uma luxuriante cascata em Ocho Rios, onde precisávamos segurar em algumas cordas para nos apoiar. Não sei como, eu escorreguei, perdi o equilíbrio e comecei a cair pela cachoeira. – Pai! – meu filho gritou. Graças a Deus, consegui interromper a queda e pude subir de novo até ele. Dan pulou em meus braços e me deu um abraço apertado. Eu o confortei, embora meu coração ainda estivesse batendo acelerado. Quando falamos mais tarde sobre o acontecido, percebi como tinha sido importante que ele falasse sobre seus medos e tivesse a certeza de que nada muito terrível poderia ter acontecido comigo. E quando disse a meu filho que eu também tinha sentido medo, ele ficou bem aliviado. Gostou de saber que não era apenas ele que tinha ficado apavorado.

Mesmo aqueles temores benignos devem ser tratados seriamente. Trabalhei com um garoto de dez anos que tinha implorado aos pais que o deixassem ir a um acampamento de verão. Na noite anterior à partida, Jamie perguntou ao pai: – Será que a gente pode voltar pra casa se não gostar de acampar? O pai do garoto percebeu que ele estava com medo. – Você está com um pouco de medo de sair de casa, não está? – perguntou. Jamie confirmou, dizendo que não conhecia nenhum dos outros meninos. E se ele não gostasse das atividades? Em vez de desprezar suas preocupações, o pai falou com suavidade.

– Eu me lembro de ter sentido o mesmo medo que você – disse.

– O que você fez?

– Contei aos meus pais que estava morrendo de medo, e eles disseram que não precisava me preocupar – disse o pai de Jamie. – Para falar a verdade, isso não ajudou muito, mas fui assim mesmo participar do acampamento. E, no final das contas, aquelas foram as melhores férias de verão que tive em toda a minha infância. E começou a contar as brincadeiras que faziam até tarde da noite. Uma vez, eles equilibraram a lata de talco sobre a porta, que caiu na cabeça do coordenador quando este entrou no alojamento. Todos riram como doidos e ninguém confessou quem tinha feito aquilo. Jamie riu. – Sei muito bem que está um pouco nervoso com essa história do acampamento – disse-lhe o pai. – Vamos conversar sobre essas preocupações e ver se conseguimos encontrar um jeito de fazer você se sentir melhor. Mas também quero que você pense sobre quantas coisas divertidas poderá fazer por lá.

– Tá bom, pai, mas você inventou aquela história do talco? – Jamie perguntou.

– Claro que não! Aquilo aconteceu de verdade, e eu fui o cara que deu a idéia!

Esse mesmo momento poderia ter acontecido de forma diferente. Quando Jamie dissesse que estava com medo, o pai poderia afirmar que tudo iria correr bem, dar dois tapinhas nas costas do garoto e deixá-lo remoer seus temores na cama. Para muitos pais, esse tipo de consolo parece suficiente. Mas o pai de Jamie levou as coisas mais adiante, tentou falar sobre os medos do filho, e Jamie se recuperou e ficou relaxado em face dessa nova experiência, mais preparado para apreciá-la do que em buscar nela a confirmação de seus temores.

Os sentimentos não manifestados são obstáculos para a proximidade. Esconda-os e você se tornará refém do próprio desconforto. Mas se você os manifestar, sentirá alívio, compreensão e provavelmente se sentirá até um pouco mais amado por aqueles que significam tanto a você. Lembra-se do personagem Lester Burnham, interpretado por Kevin Spacey no filme *Beleza americana*, de 1999? A vida de Lester era chata e banal. Ele morava num subúrbio onde todas as casas eram iguais. Seu trabalho era entediante. Raramente deixava as pessoas saberem sobre seus sentimentos. Então, ele vê uma linda garota no time de basquete no colégio de sua filha e sente um despertar. Ele não mais iria reprimir suas emoções – iria viver a vida em sua plenitude, o que para ele significou fumar maconha, fazer exercícios e se divorciar da mulher. Só quando ele se solta consegue se expressar. O filme deveria se chamar "O despertar de um americano", porque Lester passou a dizer em voz alta tudo aquilo que estava pensando ou sentindo – e isso foi libertador para ele. O filme capta o tanto que os homens se mantêm cozinhando sob a superfície e como é a sensação de se sentirem libertados.

Os pais de hoje também precisam aprender a deixar as coisas e se libertarem. É uma boa atitude permitir que seu filho saiba aquilo que você está pensando e sentindo. Uma vez que ele veja que você está aberto às manifestações mais íntimas, estará aberto a fazer a mesma coisa. Como um pai, você pode romper o círculo emocional negativo das gerações anteriores.

CAPÍTULO 9

Projeto Pai
O papel da mãe

Não é fácil educar um pai nos dias de hoje.
– Uma mãe de 40 anos

Eu estava sentado num restaurante, pensando em como começar este capítulo, quando notei um pai e seu filho numa mesa próxima. Com três ou quatro anos, o menino brincava com a comida, sem comer nada. O pai estava começando a ficar impaciente. – Vamos, garoto, coma seus nuggets – ele pediu. E quando isso não funcionou, começaram as ameaças: – É melhor comer, senão...

Senão o quê? Ele não disse. De repente, pegou seu celular e fez uma chamada. Imaginei que fosse para a mãe. – Ele não quer comer de novo – o pai falou, num tom exasperado. O pai ouviu por alguns momentos, sorriu e respondeu: – Está bem, vou tentar. Ele se virou para o menino, pegou um nugget de frango e fingiu que o bolinho podia falar. – Por favor, não me coma! – disse o nugget apavorado, numa vozinha igual à do Mickey Mouse. O garotinho se empertigou e riu. Em minutos, a comida se transformou em uma presa. A criança pegava um nugget e mordia com um sorriso. Quando terminou, o pai pegou outro e disse: – É melhor não comer meu irmão! Claro, o irmão – o segundo nugget – foi devorado. Naquele instante, ambos estavam rindo juntos. O homem pegou seu celular e fez nova ligação para a esposa: – Deu certo! Ele comeu tudo. Valeu, querida. Te vejo mais tarde.

E lá estava. A mãe era a treinadora e o pai, o jogador. Eles estavam trabalhando juntos, jogando no mesmo time.

Se tudo fosse assim tão simples! Ao longo dos anos, muitas mães me disseram quanto era prazeroso ver os filhos e os pais em sincronia, e os pais também se sentiam bem quando estavam em ação. Então, como é possível que isso nem sempre aconteça? Você já ouviu um bocado de explicações, mas agora é o momento de colocar a última peça do quebra-cabeça no lugar. É você, mãe.

MÃES ASTUTAS FAVORECEM BONS PAIS

Aimee e Bob casaram-se havia 12 anos quando foram me ver. Aimee sabia que seu marido havia sido criado por um daqueles "pais das cavernas" tradicionais, mas Bob prometera que jamais agiria como ele. Depois que tiveram Wyatt, no entanto, ela percebeu que o esposo era feito da mesma massa. Seguindo o único estilo paterno que conhecia, Bob supôs que sua esposa iria trocar as fraldas do bebê, aquecer a mamadeira e acordar no meio da noite quando Wyatt chorasse. Aimee brincava com os amigos ao dizer que Bob segurava o bebê como se fosse uma melancia.

Mas ela estava frustrada. Aimee havia crescido com um pai participativo e queria que Bob sujasse as mãos tanto quanto ela. Então, decidiu se tornar aliada do marido, e não sua adversária. Após ver que muitos casais entraram em conflito pela divisão de responsabilidades, ela estava determinada a não cair na armadilha da "mãe-solteira". Ela não pretendia importuná-lo, senão ele se afastaria, mas isso não seria fácil. Bob cometia erros crassos até nas tarefas mais simples. Certo dia ele deixara o bebê na creche sem trocar as fraldas. Havia prometido colocar o nenê para dormir às oito, mas quando Aimee chegou em casa, às nove, Wyatt ainda estava acordado.

Então, resolveu educar o marido naquilo que chamou de "projeto pai". Aimee tinha logrado seu intento ao dizer a Bob que Wyatt adorava brincar com ele. Algumas vezes ela saía da sala para que o marido e o filho ficassem sozinhos para interagir. Quando Wyatt foi para a escolinha, e surgia uma lição ou um trabalho, ela pressionava Bob a dizer o que pensava sobre a tarefa. Aimee especificou algumas tarefas ao marido – checar a lição de casa, levar o menino ao ponto de ônibus. Em breve, Bob transformou essas atividades em hábito. E quando o time de beisebol de Wyatt precisou de um técnico, Bob se ofereceu como voluntário. Na verdade, não era o esporte que ele mais conhecia, mas foi a esposa quem o convenceu a fazer aquilo. E ela também participou, atendendo os telefonemas do marido, organizando o dia de levar as crianças da vizinhança à escola e até levando os equipamentos do time de beisebol, como se fosse uma treinadora assistente, porque era um compromisso dos dois, já que ambos eram pais que trabalhavam fora.

Algumas mães podem se sentir mal ao ter de organizar tais momentos paternos. – Ele devia assumir as coisas a fazer pelas crianças – uma mãe me disse. – Ele devia saber quando elas precisam de alguma coisa, do mesmo modo que eu faço. Mas a mãe precisa ser proativa com alguns homens porque eles simplesmente não sabem o que fazer. Focalize no que fazer em vez de no que não fazer. Afinal das contas, bons pais – assim como boas mães – são feitos, eles não nascem feitos. São homens que trabalham para equilibrar carreira e família.

Há cerca de 25 anos, meu pai teve uma conversa comigo na noite anterior ao meu casamento. Minha mãe havia morrido um ano antes e ele ainda estava procurando se reerguer. Meu pai detestava ficar sozinho e sentia muita falta dela. Ambos gostaríamos que ela estivesse lá naquele momento tão especial. – Talvez ela esteja – eu disse a ele. Esse foi um daqueles momentos de amargura na vida, quando a tristeza se encontra com a alegria. – Você sabe, garoto, sua mãe e eu tivemos uma vida muito boa – meu pai me disse. – As coisas não foram fáceis, mas conseguimos ir em frente. O único conselho que eu tenho para você é: lembre-se, o casamento não é para um, é para dois. Levei uma boa parte da vida para digerir tais palavras.

Todos acreditam que, em algum nível, a vida será muito mais fácil se nosso parceiro fizer as coisas do nosso jeito. Mas não é assim que o casamento funciona. Ele é um compromisso em constante movimento. Trata-se de aceitar a outra pessoa do jeito que ela é. Trata-se de compreender que sempre haverá alguns obstáculos no caminho. E quer você goste ou não, o estado de seu casamento tem tudo a ver com o tipo de pai ou mãe que você é. Sua felicidade ou tristeza filtra-se diretamente para seu filho. O esforço que você colocar em seu relacionamento enviará uma mensagem convincente para seu esposo e sua criança, quer seja a cooperação para resolver um problema ou o prolongamento de um combate. Se você, como mãe, pretende fazer de seu marido um soldado melhor e mais feliz, é melhor voltar ao básico primeiro – seu próprio casamento. O "projeto pai" de Aimee só foi bem-sucedido porque ela dedicou um tempo em ajudar o marido. Se Aimee esperasse que o esposo entendesse isso imediatamente, ficaria decepcionada todas as vezes que ele a desapontasse. Muitas esposas relutam em ter esse trabalho extra, mas vale a pena. Isso pode melhorar seu casamento e sua família. Então, faça uso deste capítulo como uma inspiração para seu próprio "projeto pai".

O primeiro passo para ajudar a melhorar as habilidades parentais do marido é organizá-lo. Muitas vezes, os pais precisam de ajuda para estabelecer prioridades. Eles querem ser pais em todas as ocasiões. Eles não querem reduzir a velocidade quando é hora de voltar para as aulas e existem toneladas de pequenas missões, por exemplo, mas muitos se sentem pressionados pelo tempo. As mães sabem exatamente o que é isso. E a maioria consegue se sair bem, apenas porque elas são extremamente organizadas. Se o seu marido tem problemas em sair cedo do escritório, ou controlar o estresse, ou saber como passar o tempo com seu filho, você precisa descobrir um jeito de como deixar as coisas mais fáceis para ele. Já vi mães criarem uma "agenda do pai" para seus maridos – elas cuidam dos bilhetes, dos mapas e dos horários para aquele fim de semana no qual pai e filho vão fazer um acampamento, por exemplo. Alguns pais acabam se acostumando com isso e continuam sendo homens das cavernas em vez de assumir a responsabilidade de arrumar um tempo para ficar com os filhos. Mas estou sendo realista e você também terá de ser, adaptando seus métodos segundo as atitudes e horários de seu marido. Organizar esses momentos ajuda seu casamento, porque você não ficará constantemente desapontada quando seu marido não o fizer por ele mesmo. E, afinal, o que conta é que pai e filho estão ficando próximos, certo? Os homens geralmente gostam de ficar um tempo com o filho e, no final, acabarão organizando seus passeios sozinhos. Você está apenas "lubrificando as rodas", dando uma partida para o relacionamento dos dois.

Algumas vezes, as mães são as únicas responsáveis pelo relacionamento próximo entre pai e filho. Bruce, vice-presidente de uma empresa de relações públicas, sabe que não consegue fazer tudo o que gostaria como pai. Seu horário de trabalho não permite. Sua esposa, Aileen, também vive ocupada tocando sua butique, mas Bruce diz que ela é a imagem da eficiência – e a família sobrevive por causa disso. – Aileen organiza os horários das crianças e me diz quando preciso fazer o quê. Eu dependo dela para organizar minha vida. E, para ser honesto, estou sempre tão ocupado no escritório que perco a noção do tempo. De vez em quando, Aileen precisa me ligar e me lembrar de que prometi chegar cedo em casa. Não é que eu não me importe. Estou ligado em nossa família e vou para casa jantar sempre que posso. É que ela é uma coordenadora melhor de tráfego do que eu. Bruce diz que retribui o árduo trabalho de Aileen ao controlar outros aspectos domésticos – pagar as contas, fazer os reparos, cuidar do jardim. Ele leva os filhos e as crianças dos vizinhos para cima e para baixo nos finais de semana e lava as roupas da casa aos domingos à noite. Aileen diz que a organização que ela montou dá certo para eles e não se sente aborrecida. Ela acha que está apenas organizando as atividades paternas, e não tentando fazer o trabalho paterno.

Normalmente, a maior parte da organização familiar sempre cai sobre os ombros da mãe. Algumas vezes isso funciona para uma família, porém quando foi feito com mútuo consentimento. Mas outras vezes isso não dá certo. Você tem então de pensar em alguma outra coisa para evitar que um prolongado ressentimento no relacionamento dos adultos também atinja as crianças. Não há nenhum benefício para os filhos ouvir discussões sobre o motivo de o pai não ter ido ao jogo. Quando você deseja ajudar seu marido a ser um pai melhor, ficará mais feliz. Eu entendo por que as mulheres se sentem frustradas com as atitudes relaxadas do marido, mas tal sentimento pode destruir um casamento. Então, eu incentivo as esposas a aceitar que sua vida pode correr melhor se "organizarem" os cuidados paternos de seus maridos.

A COMUNICAÇÃO INFLACIONADA QUE DIVIDE

Os homens pensam de modo diferente das mulheres. Estão mais interessados em soluções do que em análises, detestam se sentir controlados, e não gostam de admitir quando precisam de ajuda. Ponto principal – não espere que seu marido venha procurá-la se estiver com problemas. Intervenha, mas planeje sua abordagem. Se você aparecer com armas fumegantes, isso vai apenas deixá-lo furioso. Ao contrário, faça-o sentir que precisa dele. Ele quer a aprovação de seu filho e sua.

A popularidade de livros como *Men are from Mars, Women are from Venus* [*Homens são de Marte, mulheres são de Vênus]* de John Gray, ou *You Just Don't Understand* [*Você simplesmente não me entende]*, de Deborah Tannen, são evidências de como as falhas de comunicação marital estão alastradas. Com freqüência, o que importa é como dizemos e não o que dizemos. E a mesma coisa pode ser verificada em relação aos pais e mães que estão mergulhados até a cabeça na educação dos filhos. Um dos meus pacientes, Larry, me contou que sua esposa divaga de uma maneira sem propósito sempre que conversam sobre seus filhos. Ele se sente agradecido por ela cuidar das coisas, mas, depois de um longo dia, ficaria mais contente com uma versão reduzida do filme épico que a esposa faz. – Depois de um tempo, eu deixo de ouvi-la – ele disse. – Gosto de saber como estão as crianças, mas ela é prolixa demais. Perguntei a Larry se alguma vez ele tinha comentado isso com a esposa. – Sim, já falei, mas ela fica nervosa e diz, "Então não vou falar mais". Digo-lhe que não consigo absorver tanta informação, mas ela acha que eu não me importo.

Eu detesto dizer isso – as mulheres podem achar que estou sendo machista –, mas a maioria dos homens com quem conversei prefere quando vocês, mulheres, chegam ao ponto rapidamente. – Quando converso com ele, tento pensar como se aquilo fosse as manchetes de um telejornal – disse Peggy, a esposa de um paciente. – Primeiro, eu atraio sua atenção. Depois, preencho os detalhes. Ele fará mais perguntas e se envolverá naturalmente. Na semana passada, ele chegou do trabalho e eu disse: "Brady está com problemas de novo". Naturalmente, ele quis saber o que acontecera. Essa foi a minha dica. Contei que o professor tinha enviado um e-mail falando que nosso filho não estava fazendo os trabalhos de escola. Meu marido foi falar com Brady sem precisar que eu pedisse.

Vamos dizer que o marido chegasse em casa e Peggy dissesse: "Não agüento mais o Brady. Ele não está fazendo suas lições e eu conversei com seu professor, que não está nada contente e..." O marido de Peggy muito provavelmente teria se afastado. Os homens reagem melhor a resumos e notas. Quando as mulheres conversam com o marido como se estivessem falando com suas amigas, estarão fazendo um esforço desnecessário. Os homens até conseguem ter esse tipo de conversa. Eles apenas as detestam. Como escreveu certa vez o colunista Richard Cohen, do *Washington Post*: "Os homens fingem estar ouvindo, as mulheres fingem ter orgasmos".

Com certeza, haverá momentos em que você terá de provocar seu marido. Ele pode estar muito desinteressado da família ou ser um desses caras passivos que sempre precisam de um empurrão. Talvez ele se comporte como um oficial do exército dando ordens para todo mundo. Seja como for, recomendo que você primeiro faça cócegas nele com uma pena, em vez de acertá-lo na cabeça com uma marreta. Uma esposa estará pronta para a batalha se começar uma conversa com "Estou cansada do jeito que você trata nosso filho". É uma provocação que não oferece oportunidade de solução. Seu marido ficará na defensiva, vai xingá-la por mimar a criança, e de repente estarão brigando. Os homens gostam de se sentir necessários. E a maneira mais fácil de conseguir a atenção deles é pedindo ajuda. Eu chamo isso de "massagem no ego". Vamos dizer que o garoto de 12 anos foi pego matando aulas quando seu pai estava em viagem de negócios. Em vez de reclamar do quanto seu marido é tranqüilo ou de que ele não presta atenção ao Johnny, você pode dizer: "Nós temos um problema aqui e normalmente você é muito bom para resolver essas coisas. Espero que possa ajudar". Os homens reagem bem a esse tipo de colocação. Isso faz com que eles pensem numa solução. Subitamente, estarão a bordo.

Evite dizer coisas do tipo: "É melhor levar seu filho para jogar bola esta tarde". Isso deixa um homem enraivecido. Ele vai sentir como se você o estivesse mandando fazer alguma coisa. E os homens odeiam isso. Você pode tentar dizer: "Johnny queria lhe mostrar que aprendeu como fazer um arremesso no basquete". O pai vai entender e provavelmente irá procurar o filho. Outra sugestão: chegue ao ponto desejado expressando sua consideração por seu marido, mesmo que seja apenas porque ele levou o lixo para fora. As mulheres não percebem com que freqüência estão recapitulando o que os maridos não fazem, sem nunca lhes dar crédito por aquilo que realmente fizeram.

Para poder controlar de maneira efetiva a "mudança criativa do pai" é importante que você pense sobre quem seu marido é. Quais são suas raízes? Ele teve uma mãe autoritária e um pai passivo? Que tipo de comportamento ele traz para seu relacionamento? Ele anseia por mais afeição ou precisa de mais espaço? O que o motiva? Ele tem um modelo de amor paterno? Qual é esse modelo? As esposas que conseguem ver as coisas com base na perspectiva de seu esposo sempre desfrutam de mais facilidade para motivá-los a mudar. Quando você compreende o que está por trás de um comportamento ou de uma atitude, consegue mudar suas respostas e alterar o resultado para algo mais a seu gosto e que traga mais benefício para seu filho.

Foi isso que Stephanie fez. Ela procurou-me para falar sobre o filho, mas terminou comentando sobre seu casamento. – Meu marido fala mais do que faz – ela me contou. – Toda vez que eu lhe peço para fazer alguma coisa, sua resposta é "sem problema". Ele fala de modo tão animado que eu acredito. Mas com freqüência ele não faz nada. Com o passar dos anos, ela aprendeu que devia perguntar, depois que o marido assumisse um compromisso, "Você tem certeza de que quer fazer isso?". Se ele hesitasse, ou deixaria de lado o seu pedido ou enfatizaria que aquilo era importante para ela. – Isso dá muito certo quando tem a ver com nosso filho – ela disse. Ele faz a mesma coisa com o pai. Em vez de deixar que o pai não apareça e ficar desapontado, o rapaz pergunta uma segunda vez: "Você tem certeza de que quer me levar para aquele jogo a uma hora de distância? Se você não puder, eu arrumo uma carona". Não confunda isso com jogar a culpa no pai. Tanto a mãe quanto o filho simplesmente adotaram um estilo mais sincero. Isso dá ao pai a opção de recusar e não acumula a bagagem emocional de ele fazer uma promessa e não cumprir. Isso dá certo para aquela família.

Pense agora sobre os estilos de conversa de seu marido. Qual tipo de pistas ele envia? Como ele responde a você? E como você poderia ajustar suas próprias reações ou comportamentos para mudar isso? Por exemplo, se seu marido diz que está realmente abarrotado de trabalho no final de semana e você grita com ele por nunca estar disponível, a conversa pode terminar antes mesmo de começar. Ele vai retrucar que você sempre o critica e não entende a pressão sobre ele. Em vez disso, tente dizer: "Eu sei como as coisas estão difíceis para você agora, e me diga se eu posso fazer alguma coisa para ajudar, mas nosso filho ficará de coração partido se você perder a final do jogo dele no sábado. Então, tente reservar algumas horas para estar lá conosco".

Gerard era um tremendo gritador. Ele perdia a cabeça facilmente e brigava com todos os membros da família quando algo ia errado em casa, mesmo com coisas simples como a máquina de lavar quebrada. No começo, sua esposa Lea gritaria de volta e eles acabariam discutindo, o que invariavelmente levava a um beco sem saída. Com a prática, ela aprendeu uma abordagem diferente. Gerard chegava em casa do trabalho e dizia: "Esta casa está uma bagunça!" Em vez de ficar na defensiva, como costumava fazer, um dia ela retrucou: "Você está certo, Gerard. Temos de dar um jeito nisso. Vamos conversar e descobrir o que cada um de nós pode fazer". Gerard não ficou nervoso, e, embora relutante, sentou-se para uma discussão, percebendo, como diz o velho ditado, "Se você não é parte da solução, então é parte do problema".

Muitas esposas não percebem como o marido responde bem ao fato de se sentir protegido. As mães sabem que as crianças anseiam por isso. Especialmente quando são mais novas. E os homens normalmente respondem à complacência da própria mãe, que sua esposa considera errada e acha que sogras são intrometidas. Mas muitos homens me confessaram que eles sentem falta daqueles "acolchoados aquecidos" – sim, alguns homens usaram esta expressão – e da aceitação incondicional que recebiam da mãe durante o período de crescimento. Alguns poucos homens pedem esses cuidados diretamente. Eles não são programados dessa forma. Ainda assim, aceitam ser mimados de braços abertos e gostam imensamente quando isso lhes é oferecido gratuitamente. Tenho certeza de que muitas mulheres, ao lerem isso, pensarão: – O quê? Eu? Agir como a mãe dele? Nem pensar! Mas vocês precisam acreditar em mim, um pouco de proteção dá bons resultados com os homens.

Susan explicou isso tão bem quanto qualquer outra mulher com quem eu havia conversado. – Eu aprendi a parar de ficar de olho nos resultados faz muito tempo – ela me contou. – Meus pais viviam brigando e eu decidi que não seguiria o mesmo caminho. Franklin está longe de ser perfeito, mas eu também não sou. Eu procuro incentivá-lo a pedir ajuda quando precisar, principalmente quando se trata do nosso filho Mark. Se me relaciono com ele do jeito que eu quero que me trate, provavelmente, ele será mais compreensivo. Então, tento ser mais carinhosa e me lembrar do que ele gosta. Ele me ouve, e eu o ouço. Nós entramos em desacordo, brigamos, fazemos as pazes, fazemos amor. Tento ser o mais carinhosa possível com ele. E, desde cedo, percebi que se eu o incentivasse a ser um homem melhor, ele se tornaria um.

Uma advertência: seja cuidadosa para não confundir essa proteção e carinho com sufocamento. A proteção e o carinho são coisas boas, desde que não aconteçam em demasia. Os homens precisam de algum espaço e normalmente não suportam esposas os sufocando. Você pode perceber a diferença entre atenção e intrusão e, se não tomar cuidado, pode ceifar os benefícios de ter um marido mais compreensivo e um pai melhor.

Se você desejar maximizar sua influência, demonstre ao seu marido que ele é amado, apoiado e que pode ficar à vontade ao expressar seus sentimentos. No capítulo anterior, comentei sobre como um pai pode aprender a se manifestar de forma mais aberta e sentir-se seguro no processo, em especial com seu filho. Mas, como esposa, você pode ganhar pontos se declarar aquilo que não está dito: "Eu sei como você está nervoso por causa do câncer recorrente da sua mãe". "Eu gostaria de estrangular seu chefe por não ter lhe dado o devido crédito por aquela tarefa." Seu marido provavelmente ficará mais aberto quando se sentir compreendido; mesmo se ele se mantiver em silêncio, pode pressioná-lo um pouco. Ele vai se beneficiar quando ouvir você falando livremente sobre as mesmas emoções que ele está sentindo.

Warren descreveu a esposa como sua melhor amiga. – Posso falar com ela sobre qualquer assunto – ele me disse. – Eu respeito suas opiniões e sei que ela sempre pensa em meus melhores interesses, especialmente quando se trata de nosso filho. Ela normalmente enxerga coisas que eu não consigo.

MODERE SUAS EXPECTATIVAS E CRÍTICAS

Homens sempre serão homens. Você já ouviu isso antes. Mas por acaso aceitou a idéia? Pode ajudar se você for paciente com seu marido e entender as suas idiossincrasias. Não compare seu papel de pai com seu papel de mãe. Ele é um pai, não uma mãe-masculina. Seu casamento é uma aliança, não um torneio. Procure reconhecer os esforços dele, elogie-o quando puder e não hesite em sugerir que suba mais um degrau. Quando um homem sente que pode agradar à sua mulher e a seus filhos, ele se sente melhor.

Afrouxe as rédeas. Se ele a magoou anos atrás, indo jogar com os amigos no dia das mães, perdoe-o. Se ele esqueceu a reunião de pais na escola de seu filho, não jogue isso na cara dele durante semanas. Os pais vão cometer erros ao longo do caminho, assim como as mães. Ninguém precisa ser lembrado disso o tempo todo. Quando a sua relação permite erros, os dois são muito mais felizes.

Quando mantemos expectativas irrealistas em relação ao outro, vamos criticá-lo com freqüência. E foi a crítica excessiva que destruiu muitos casamentos. A crítica não é a mesma coisa que um retorno construtivo. Uma coisa é você dizer a um pai como ele poderia fazer algo melhor. Outra coisa é você lhe dizer tudo aquilo que ele fez de errado. Isso coloca um muro entre os dois e também entre você e seu filho. E o que é pior, o ataque sempre gera o contra-ataque. Quanto menos você criticar, em melhor situação ficará.

Cynthia era muito dura com o marido. Irv trabalhava bastante, tentava passar algum tempo com a família e ajudava nas tarefas da casa sempre que podia. Mas, com freqüência, se recolhia no escritório para pagar as contas e ler revistas. – Deus sabe o que mais ele faz por lá – Cynthia me disse, irritada pelo tempo que Irv passava ausente. Ela sempre entrava sem pedir licença e dizia: – Será que algum dia você vai sair de sua caverna? Isso não era a única coisa que a incomodava: Irv não ganhava muito dinheiro. Ela também não gostava do modo como ele se vestia. Também não era muito afetuoso com o filho. Ele me contou que se refugiava em seu escritório para escapar das reclamações constantes da mulher.

Nesta situação, eu me preocupava mais com os problemas de Cynthia do que de Irv. Ela estava irritada e deprimida, e tinha falsas expectativas. Depois de passar algum tempo com Cynthia, descobri que o pai dela era uma pessoa distante e retraída, e ela nutria esperanças de que seu marido fosse diferente. Porém, o que aconteceu foi que Irv era mais parecido com o pai do que ela podia ter pensado, e se ressentia por causa disso. As críticas incessantes de Cynthia eram a maneira que ela possuía para devolver ao marido toda a frustração que sentia por não ter sido amada. Finalmente, ela pôde expressar esses sentimentos diretamente a ele e eu o ajudei a entender as necessidades de sua esposa e a aprender a se sintonizar com elas. Assim, ele poderia deixar sua postura defensiva.

As implicâncias são menos destrutivas do que as críticas constantes, mas, ainda assim, fazem com que o homem se sinta controlado ou pressionado. Nina amava o marido, Patrick, e queria que ele fosse um bom pai, fazendo todo o possível para incentivar seu relacionamento com o filho. Ela pedia que Patrick jogasse bola com o menino depois do jantar e ele concordava. Mas, se depois de dez minutos Patrick ainda estivesse na sala, ela o lembraria novamente. Se o marido se sentasse para ler o jornal, ela gritaria da cozinha: "Quando é que vocês vão jogar?" Não era muito diferente quando Patrick ia ajudar na lição de casa do filho ou com relação às tarefas domésticas. Nina iria perturbá-lo até que ele se levantasse.

Nina e Patrick estavam fazendo terapia em conjunto quando ele explodiu com ela. – Nina, você passa tanto tempo me enchendo para fazer as coisas, que acabo fazendo o oposto – disse. Os homens preferem que as coisas sejam pedidas apenas uma vez, e eles fazem a tarefa quando se sentirem prontos. É uma questão de orgulho. Nina disse que não o perturbaria, se ele se levantasse na hora e fizesse o que ela pediu, o que era verdade. Então, Patrick assegurou que seria mais responsivo às suas solicitações. Em vez de sentar-se para ler o jornal, ele diria: "Vou ler por dez minutos e então levarei o menino para jogar". Esse trato foi muito útil para ela. Nina precisava ter certeza de que a família não ficaria destruída se ela parasse de irritá-lo.

SER UM BOM PAI É UM PRAZER

Sharon veio me ver porque descobriu o recibo de um clube de *strip-tease* na carteira do marido. Ele estava sempre em viagens de negócios e ela começara a se sentir distante dele. Passou a achar que não mais o conhecia. – Eu sei que isso é uma coisa idiota que esses caras fazem – Sharon me disse. – Ele disse que estava com seus colegas de trabalho. Tudo bem. Mas não posso evitar o pensamento de que eu estava em casa, dando comida ao nosso filho, levando-o para a piscina, lendo histórias para ele antes de dormir, enquanto meu marido vagabundeava. Eu disse a ele: – E quanto a nós? Ele não se parecia mais com um pai. Quando perguntei a Sharon sobre a vida sexual, ela revirou os olhos. – Ele ainda está interessado em mim – ela disse. – Mas eu acho nojento. Ele não estava pensando em mim ou em seu filho quando foi naquele clube, e então, por alguma razão, isso me impede de sentir atração por ele.

Os sentimentos de Sharon não me surpreenderam. Muitas mulheres só se sentem atraídas pelos pais que estão ativamente envolvidos com os filhos. As mulheres podem se retrair sexualmente quando o marido não ajuda em casa e podem mostrar-se mais disponíveis quando ele é cooperativo. Se Francine pedia ao marido para pegar seu lugar no rodízio das crianças ou levá-las ao cinema, ela dizia que assim ele receberia créditos no "banco". Isso não apenas fazia com que os dois flertassem, mas também dava um incentivo para que o marido de Francine se aperfeiçoasse. Poucas mulheres dizem ao marido que ser um bom pai pode ser algo excitante, mas ajuda quando elas o fazem.

O sexo tem algo que inspira os homens a se tornarem melhores. Muitas e muitas vezes, os maridos me confessaram que ficam mais maleáveis quando sentem que suas esposas estão sexualmente receptivas a eles, e que ficam mais ásperos quando elas não estão. É claro, as mulheres podem criar um caso convincente contra seus maridos por serem desatentos e por oprimirem seus desejos. Alguns anos atrás, em minha presença, uma mulher disse ao marido que o caminho para alcançar o meio de suas pernas era por intermédio de seu coração, e não pelo zíper das calças. A boa vontade é contagiosa numa família. Se o marido se sentir bem com relação a você, maior influência você terá sobre ele e sobre como ele se comporta com seu filho.

Anita estava furiosa com Kenny. Ele passava muito tempo no escritório, impingia a ela muita responsabilidade e não estava muito ligado ao filho de nove anos. – Algumas vezes eu me sinto muito sozinha – ela comentou. Kenny disse que gostaria de estar presente por mais tempo, que desejava que seu relacionamento fosse melhor.

– Mas Anita não facilita as coisas – ele disse. – Ela me critica demais e não me dá uma chance. Eu acho que é melhor desistir.

Perguntei com que freqüência eles faziam sexo. Anita zombou. – Eu não tenho vontade faz pelo menos um ano.

Um beco sem saída como este não é incomum – e é muito difícil encontrar uma solução para ele. Sugeri que os dois viessem para sessões individuais em que pudéssemos conversar mais a fundo sobre esses problemas.

Kenny se declarou culpado. Ele sabia que precisava se envolver mais como marido e pai. – Acredite-me, eu tenho tentado. Venho passando mais tempo em casa e me esforço para ficar um tempo com meu filho nos finais de semana, mas parece que não consigo sobrepujar a raiva de Anita. Acho que ela não consegue me perdoar.

Minha conversa com Anita foi diferente. Ela se lembrou de que procurou se aproximar de Kenny durante anos, mas ele simplesmente não estava disponível. Sua carreira vinha em primeiro – e a família estava em um distante segundo lugar. – Você acredita que ele ainda tenta fazer amor comigo? – ela disse.

– Eu acho que ele ainda deseja se aproximar de você – eu respondi.

– Porque ele está com tesão.

– Bem, pode ser, mas existem outros motivos também – eu disse. – Acho que ele quer você e sua família de volta. Ele tem admitido alguns erros e pretende corrigi-los. Tenho certeza de que realmente se importa com o filho de vocês e quer fazer as coisas direito. Você deve ter notado o esforço da parte dele, certo?

– Acho que sim – ela replicou. – Mas o que eu devo fazer agora?

– Anita, eu acho que vocês dois estão de mãos atadas e alguém deve ceder. Kenny não sabe mais o que fazer. Acredito que ele precisa ser chamado de volta ao relacionamento. Em alguns aspectos, você tem o poder de fazer isso. Então, eu acho que você poderia considerar o fato de dar-lhe alguma abertura sexual. Isso pode ser difícil, mas acho que seria bem recebido. Em certas ocasiões, dizer sim em vez de não pode causar um profundo impacto. Tenho ajudado outros casais nesse sentido.

Anita ficou quieta por um momento e sorriu ligeiramente. – Vou ter de pensar sobre isso – ela respondeu.

Uma semana mais tarde, Anita e Kenny estavam de volta ao meu consultório. Kenny começou com um sorriso. – Superamos um obstáculo na semana passada – ele relatou. Estava um pouco envergonhado, mas todos sabiam sobre o que ele estava falando. Anita sorriu.

– Isso quer dizer que vocês estão mais próximos?

– Ele tem sido mais atencioso – disse Anita. – Como o velho Kenny que eu conhecia.

– Você parece satisfeita.

– Espero que isso dure – ela disse, olhando Kenny de relance.

Eu os incentivei a continuar: – Esta é a primeira vez que eu os vejo tão felizes desde que os conheci.

Enquanto o sexo for feito com espírito de boa vontade, as mulheres podem usá-lo como uma ferramenta de barganha. Evitar o sexo como punição para um mau pai pode destruir um casamento. Não há incentivo para que esse pai melhore. Ele vai ficar ressentido e se sentindo controlado. Vai desejar ter casado com outra pessoa e querer ter sexo extra conjugal. Isso não é nem um pouco saudável.

MEU FILHO, MEU MARIDO

– Meu marido não consegue fazer nada direito – Alison exclamou. Ela atirou a bolsa dramaticamente no chão e se jogou no sofá. – Estou exausta. Chegou ao ponto em que ele nem consegue ser capaz de levar o lixo para fora. Tenho de obrigar meu filho a fazer isso. Eu não sei o que faria sem aquele menino. Alison estava fazendo terapia comigo havia alguns meses. Ela se sentia frustrada com o marido, mas decidida a ficar com ele. Alison não queria impingir um divórcio a Eli, seu filho de 13 anos. Ela começou a sessão reclamando do marido, mas logo estávamos falando sobre o recente acesso de raiva de Eli, que a estava incomodando.

Eli não podia fazer nada errado. Alison passava todo o seu tempo livre levando-o a museus, para jantar, ao cinema – tudo sem o marido. Ela o sufocava com afeição. Não era incomum para Alison chegar do trabalho, dar um beijo de "olá" no filho e ignorar o marido. Mas, na semana passada, ela disse, estava na cozinha fazendo lasanha quando Eli chegou do treino de futebol. Ele pegou alguns biscoitos e um copo de leite. Perguntou onde estava o pai, e Alison respondeu, enfastiada: – Onde você acha? Eli balançou a cabeça afirmativamente. O marido de Alison costumava trabalhar dez horas por dia. Eli disse à mãe que tinha marcado um gol no jogo. – Meu pai teria adorado – ele disse. Allison cortou-lhe a fala.

– Se seu pai alguma vez fosse aos jogos... ele bem que precisava começar a me ajudar por aqui. Ou vou ficar farta – ela disse. – Eu gostaria de ter sabido antes que estava me casando com alguém tão preguiçoso.

– Mas ele está trabalhando – Eli disse, defensivamente, como se ela estivesse falando sobre ele próprio.

– É, mas eu trabalho também – ela retrucou.

Eli jogou fora seu biscoito e saiu batendo os pés. – Você só se preocupa com você mesma.

Alison não conseguia entender por que o filho ficara tão zangado. Eli nunca tinha gritado com ela antes. Mas eu pude entender a história por trás daquelas palavras. Alison estava usando o filho para preencher um vazio criado pelo casamento infeliz e o tratava como se fosse seu marido. Ela se apoiava nele por afeição, para se sentir amada e necessária. E o fazia assumir algumas das responsabilidades do marido, como levar o lixo para fora. E vinha falando mal do marido como se o filho não tivesse nada em jogo naquele debate verbal. Sua explosão tinha deixado claro que Eli estava começando a se ressentir dela.

As mães podem se colocar entre os pais e os filhos, e o resultado disso será que seu relacionamento vai ser afetado. O exemplo de Alison é extremo, mas a influência das mães nem sempre é inocente. Elas podem encorajar – e desencorajar – que pai e filho passem algum tempo juntos; certas mães gostam de ter isso sob controle. Algumas mulheres particularmente vingativas desencorajam o relacionamento entre pai e filho, quando é conveniente para elas, por exemplo depois de terem uma briga com o marido. Vão arrastar os filhos para mais perto delas, esperando que isso faça com que o marido se sinta em situação de inferioridade. Alison pensou que seu filho perceberia quão estúpido seu pai era, mas estava tão cega por suas frustrações que não considerou o quanto estava magoando Eli ao denegrir o pai, o modelo do filho.

As mulheres que procuram nos filhos uma forma de preencher a ausência dos maridos são geralmente infelizes e solitárias. Elas atormentam os rapazes na esperança de criar um homem que não as decepcione tanto – o protótipo perfeito masculino. Mas no outro extremo de sua bajulação e atenção está apenas um garoto que gostaria de ser como o pai. Por isso, esses filhos sofrem uma tremenda pressão da mãe, fazendo-os se sentir sufocados. Quando ainda for criança, um filho vai seguir as orientações da mãe. Quando entra na adolescência, contudo, vai se rebelar e se tornar rancoroso. Ele percebe quanto a mãe está tentando controlá-lo e quanto se tornou distante do pai – isso irá afastá-los e é devastador para as mães que passaram os últimos dez anos ou mais fortalecendo a sua relação com o filho.

Algumas vezes, as mães colocam seus filhos bem no meio do casamento sem o perceber. Joan sempre criticava o marido na presença do filho. Isso aconteceu até em meu consultório. Ela reclamava sobre o tempo que o marido ficava no computador durante a noite. O marido negou. Joan se virou para Darby, um menino de 11 anos, implorando: – Diga a seu pai que estou certa, por favor. As bochechas de Darby ficaram vermelhas. Entrei na conversa e disse a Joan que envolver Darby não era construtivo. Perguntei-lhe se era feliz no casamento. Ela disse que não. Então, perguntei o mesmo ao marido. Ele respondeu que, na verdade, não era feliz. – Mas vocês dois amam seu filho, certo? Ambos balançaram a cabeça afirmativamente. – Bem, vai ser muito difícil para ele ter proximidade com qualquer um dos dois se vocês deixarem as coisas assim – eu disse. As crianças não deveriam ser obrigadas a tomar partido, especialmente contra um dos pais. Mas algumas vezes eles envolvem suas crianças nas coisas sem o perceber. Joan nunca havia pensado que Darby se importaria quando pedisse que ele a apoiasse. – Isso é verdade, Darby? – perguntei. Ele estava brincando com um elástico que tinha pegado em minha mesa. – Eu tenho medo que você fique brava comigo se eu não concordar – ele disse para a mãe. – Mas, se eu concordar, meu pai vai ficar bravo.

Em outras ocasiões, as mães se interpõem no caminho do pai e filhos de maneiras menos visíveis. Muitas esposas "interferem" por seu marido. Quando o pai chega tarde do trabalho, elas dão desculpas por ele. – Seu pai está trabalhando bastante. Se o pai perde a paciência e grita com as crianças, essas esposas irão dizer: "Não liguem, ele está de mau humor hoje". E se o pai esquece o jantar de homenagem ao filho, a mãe irá dizer: "Ele está com a cabeça cheia". As mulheres fazem isso para suavizar as tensões nos relacionamentos entre pais e filhos e para proteger suas crianças das decepções. Mas o que elas estão realmente fazendo é permitindo que o marido estrague as coisas da mesma maneira que uma pessoa querida permite que um alcoólatra continue bebendo. Ao apartar o pai, ela não vai lhe dar motivação para mudar.

Peggy, de 37 anos, está recém-casada, mas ela e o marido tiveram um filho alguns anos antes. Kirk, o pai, sempre se esquiva de suas responsabilidades. Mas isso nunca impediu que Peggy fosse às reuniões de seu grupo de leitura ou a seus jogos de tênis, deixando o filho de quatro anos com ele. Ela achava que o marido precisava aprender pela tentativa e erro – e estava certa. Sem ela por perto, o marido era obrigado a descobrir as coisas por si mesmo, e quase sempre o fazia. Isto pode parecer um conselho muito estranho, mas é algo para ser lembrado: deixe seu marido se ferrar. Muitas esposas tentam consertar os erros dos maridos e inventar desculpas para eles. Não faça isso. Deixe que ele bagunce, faça as perguntas certas e descubra as coisas sozinho.

Vamos dizer que seu marido está levando o garoto para patinar e você percebe que ele se esqueceu de fazer o lanche. Eu sei que é do instinto maternal correr para o carro com o pacote. Não. A hora do almoço vai chegar quando eles estiverem no ringue de patinação. Pai e filho ficarão com fome, e então o pai vai perceber que esqueceu alguma coisa. Não é que o garoto vá morrer de fome. O pai terá de se virar sozinho. Vamos dizer que seu marido está atrasado para a peça de teatro da escola. Quando seu filho perguntar por ele, não invente desculpas – deixe que o marido explique quando chegar. Seu marido pode colocar a fralda do jeito errado, sem querer. Mostre a ele como fazer. Mas, se acontecer de novo, não corrija. Deixe que o desastre aconteça e que seu marido se vire: – Querida, acho que tem alguma coisa errada com a fralda de Jada... Quando menciono que você pode oferecer oportunidades para ele exercer os cuidados paternos, eu não quero dizer que deve compensar isso trabalhando o dobro em casa. Isso é exaustivo e desnecessário. O homem não vai aprender como ser pai a não ser que seja permitido fazê-lo ou que você sutilmente o force a fazê-lo.

Essa mesma dinâmica – a mãe como intermediária – também ocorre por meio de conversas. Algumas mães bem-intencionadas advogam por seus filhos em vez de permitir que eles falem por si mesmos. Claro, existem ocasiões quando você precisa se envolver, por exemplo, como quando o pai está tratando seu filho de modo injusto ou sendo teimoso. Mas em geral isso é perigoso, porque desencoraja os garotos a falar diretamente com os pais, o que não é saudável. O papel da mãe não é explicar tudo. Mas se ela interpreta continuamente o que pais e filhos estão falando durante as conversas – ou transmite mensagens de um para o outro –, eles vão achar que é normal conversar assim... E não é.

Timmy, de nove anos, sempre contava tudo para sua mãe, Angela. – Meu pai está gritando comigo – ele dizia. – Meu pai não está me ajudando na lição. – Meu pai prometeu me levar na piscina e agora diz que não pode. Angela ouvia quando o filho reclamava. Ela se mostrava sempre compreensiva e dava apoio, dizendo: – Não se preocupe, vou conversar com ele sobre isso. Depois de me ouvir falar sobre esse mesmo assunto, Angela enviou-me um e-mail. Ela explicou que havia mudado de tática. Hoje, se seu filho se queixa, ela diz: – Vou falar com seu pai, mas seria melhor se ele ouvisse isso de você. Angela disse que no começo o garoto resistia em conversar com o pai sobre seus sentimentos – falamos disso em capítulos anteriores. Mas Timmy percebeu que seu pai jamais saberia o que estava sentindo se não conversasse com ele. No início seu relacionamento era rígido. O pai não estava acostumado a ter de se explicar e ficou na defensiva. Com o tempo, eles aprenderam a se comunicar diretamente.

As mães geralmente reúnem as informações familiares. Elas observam seus filhos de perto e fazem um monte de perguntas quando não sabem direito o que está acontecendo, e não hesitam em telefonar para os amigos quando precisam. Por isso, elas costumam aprender coisas sobre seus filhos bem antes dos maridos. Mas não deixe o pai desinformado. Embora eu a encoraje a permitir que seu marido faça as besteiras e aprenda, não acredito que se deva mantê-lo à margem da situação. Faça as coisas supondo que seu marido está preocupado e deseja saber tudo sobre as crianças, mas não permita que esse papel se torne a única maneira de ele conseguir informações. Você não é a assessora de imprensa dele.

Todas as noites, depois do jantar, Celia e Brett sentavam-se por alguns minutos para falar sobre os filhos. Ela dizia ao marido o que o filho estava fazendo, quanta lição de casa ele tinha e até com quem tinha brincado naquela tarde – informações que o pai deveria ter. De vez em quando, e não intencionalmente, Brett se desligava, mas Celia insistia para que ele prestasse atenção. Brett não gostava dessa atitude da esposa, mas no fundo sabia que precisava ser chamado a atenção. Ele aprendia muito naqueles poucos minutos. E isso fazia com que o relacionamento corresse suavemente. – Meu filho não parece se importar quando eu digo: "Sua mãe me contou que você..." Ele fica feliz quando lhe faço perguntas. Isso soa como um símbolo de Yin-Yang? E é. No final das contas, pais e mães podem recuperar as coisas onde o outro deixou e criar um círculo contínuo de paternidade cooperativa.

Fique certa de consultar seu marido em decisões, importantes ou não, e que estejam relacionadas com seu filho. Seja qual acampamento escolher ou seja a permissão para ele ir sozinho com os amigos ao shopping. Discuta os eventos assim que eles surgirem, procure alcançar um consenso e apresente uma opinião única. Os rapazes são conhecidos por jogar um dos pais contra o outro quando é do interesse deles. Quem nunca viu um adolescente, na loja de esportes, dizer ao pai: "Minha mãe disse que eu posso comprar um novo par de tênis"? Mas quando o pai experiente checa com a esposa, ele ouve: "Nada disso, eu comprei um tenis novo para ele no mês passado".

Então, mães, deixem os pais informados. No final, toda a família ficará mais próxima.

DEZ DICAS IMPORTANTES PARA AS MÃES

1. Estimule o pai a ser participativo.
2. Não fique melindrada ao lembrar seu marido do que fazer como pai.
3. Cuidado com a voz crítica/implicante.
4. Incentive seu filho a falar por si mesmo com o pai.
5. Deixe seu marido errar. Não compense sempre suas deficiências.

6. Seja paciente com seu filho e marido.
7. Lembre-se: os pais não são mães-masculinas.
8. Nunca peça a seu filho para dar razão a um dos lados quando discute com o pai dele.
9. Ensine sem julgamento.
10. Chegue ao "x" da questão rapidamente – então, elabore.

CAPÍTULO 10

As DEZ MELHORES DICAS PARA OS PAIS

Está com pressa para resumir os pontos principais deste livro? Aqui estão alguns conselhos claros e simples, consagrados pelo uso, e que contribuem para aperfeiçoar e melhorar o relacionamento entre pais e filhos. Imagine cada um deles como sendo uma baliza – uma espécie de padrão de medida pelo qual possa avaliar seu progresso. Se você realmente deseja manter as coisas andando, pergunte às pessoas que ama como está se saindo e receba as respostas de coração aberto. E não se esqueça do velho ditado: "É bom ser importante, mas é mais importante ser bom".

AS DEZ MELHORES DICAS PARA OS PAIS

1. Alcance um equilíbrio confortável entre vida profissional e família.
2. Faça as pazes com seu próprio pai.
3. Manifeste seus sentimentos abertamente e incentive seu filho a fazer o mesmo.
4. Esteja "totalmente presente" quando na companhia de seu filho (sem desculpas, por favor).
5. Incentive seu filho a fazer o melhor. Lembre-o de que isso é gratificante de acordo com as circunstâncias.
6. Sirva de modelo para os comportamentos que estiver pregando.
7. Leia nas entrelinhas. Os filhos nem sempre querem dizer o que estão falando. ("Tudo bem, pai, você não precisa ir ao meu torneio de natação.")
8. Reconheça suas próprias deficiências e encoraje seu filho a fazer o mesmo.
9. Evite superficialidades desdenhosas: "Ele sabe o quanto o amo". "Eu gostaria de poder ter estado lá."
10. Nunca diga a seu filho para "engolir o que sente".

Agir como um verdadeiro pai é sua oportunidade de experimentar novamente a magia da infância, a montanha-russa da adolescência e a transição gradual para o papel adulto. Você vai experimentar solavancos na estrada e ocasiões em que se sentirá como se as muralhas de Jericó estivessem desmoronando. Mas elas raramente caem. Quando penso sobre os momentos especiais de minha vida, nenhum deles se compara com a alegria que eu senti ao assistir meus filhos rindo, brincando e compreendendo as maravilhas do mundo que estavam à sua volta. Agora, posso rir de seus protestos adolescentes em relação aos meus valores, estilo de vida e expectativas. E talvez eles estivessem certos, eu não sabia tanto quanto achava que soubesse. Porém, do fundo do coração, eu sinto orgulho ao vê-los se tornando admiráveis jovens adultos, lançando suas âncoras e embarcando em suas próprias jornadas. Eu sei que dei uma pequena contribuição para isso.

Existe muita coisa nesse papel de ser pai. É uma mistura intrigante de simplicidade e complexidade, ternura e rigidez. Você precisa estar alerta para seu filho – amá-lo, guiá-lo e ouvi-lo. Haverá momentos em que o amor que você ofereceu não será devolvido da maneira correta, no momento certo, ou na quantidade certa. Mas enquanto você caminha pelo outono de sua vida, olhará para os dias em que educava suas crianças e poderá sentir aquele calor no coração e o bem-estar de sua alma. Seu filho vai carregar a tocha em seu lugar e lembrar com carinho o maior presente que você lhe deu – você, completamente.

Gostaria de deixar com você algumas palavras inspiradoras de *The Velveteen Rabbit*, um conto clássico infantil que li muitas vezes, ao longo dos anos, para minhas crianças, para as pessoas que eu amo e para mim mesmo. Esse conto capta a essência de tudo aquilo que eu venho tentando transmitir aos pais e às mães ao longo deste livro. Leia as palavras, medite sobre elas e permita que elas o inspirem:

– O que é real? – perguntou o coelho um dia.

– Real não é como você é fabricado – disse o Cavalo de Pele. – É algo que acontece com você. Quando uma criança o ama por um longo, longo tempo, não apenas para brincar com você, mas ama você realmente, então você se torna real.

– Isso machuca? – perguntou o coelho.

– Às vezes – disse o Cavalo de Pele, porque ele era sempre sincero. – Quando você é real, não se preocupa em ser machucado.

– Isso tudo acontece de repente, como quando alguém lhe dá corda, ou acontece aos poucos?

– Isso não acontece tudo de uma vez – disse o Cavalo de Pele. – Você se transforma. Demora um longo tempo. Por isso, não acontece freqüentemente com as pessoas que se quebram facilmente, que têm bordas afiadas ou que precisam ser guardadas com cuidado. Geralmente, quando você se torna real, a maior parte de seu cabelo foi amorosamente arrancada e seus olhos caem, você fica frouxo nas juntas e muito surrado. Mas essas coisas não importam mais, porque uma vez que você é real, não pode ser feio, exceto para as pessoas que não o compreendem.

Para os pais em toda a parte: que vocês todos se transformem em pais plenamente presentes.

AGRADECIMENTOS

Sou muito grato a todos os pais e filhos que partilharam sua vida comigo ao longo dos anos. Suas histórias agradáveis e sensatas foram a inspiração para este livro. Por motivo de confidencialidade, as histórias deste livro são uma combinação das entrevistas com homens, amigos e pacientes. Os nomes foram modificados e as identidades, ocultadas. Minha agente, Gail Ross, foi fundamental no desenvolvimento de minhas idéias, traduzindo-as numa proposta que fosse viável para um livro. Ela estava sempre presente quando precisei e me orientou durante todo o processo.

Um agradecimento especial para minha co-autora Brooke Lea Foster, com quem foi um absoluto prazer trabalhar. Ela prestou uma inestimável contribuição editorial e criativa e é uma escritora nota 10. Apreciei enormemente sua paciência com minhas ruminações, com meus textos precocemente cortados e com os telefonemas aparentemente intermináveis. Estou satisfeito por têla encontrado. E, naturalmente, meu editor na Free Press, Leslie Meredith, que elaborou o processo doloroso de revisão e ofereceu retornos imensamente úteis e em tempo hábil.

Dra. Susan Gordon, parceira, amiga e experiente terapeuta, emprestou seu apoio e visão profissionais para a criação deste livro. E, finalmente, meus agradecimentos a todos os meus amigos e colegas, especialmente Marcia Katz, que revisou o manuscrito da perspectiva dos pais.

ÍNDICE

Este livro foi impresso pela Prol Editora Gráfica
para a Editora Prumo Ltda.